名师名校名校长

凝聚名师共识
固定名师关怀
打造名师品牌
培育名师群体

顾明远题

浙江省项香女名师工作室
台州市项香女名师工作室

指向核心素养的
高中语文
作业设计

项香女 ◎ 主编

中国文联出版社

图书在版编目（CIP）数据

指向核心素养的高中语文作业设计 / 项香女主编. 北京：中国文联出版社，2024. 7. — ISBN 978-7-5190-5576-9

Ⅰ. G633.302

中国国家版本馆CIP数据核字第2024LC7452号

主　　编　项香女
责任编辑　刘　旭
责任校对　秀点校对
装帧设计　刘贝贝　李　娜

出版发行　中国文联出版社有限公司
社　　址　北京市朝阳区农展馆南里10号　　邮编　100125
电　　话　010-85923025（发行部）　010-85923091（总编室）
经　　销　全国新华书店等
印　　刷　三河市龙大印装有限公司

开　　本　710毫米×1000毫米　1/16
印　　张　17
字　　数　278千字
版　　次　2025年3月第1版第1次印刷
定　　价　58.00元

编 委 会

主编：项香女

编委：（以姓氏笔画排序）

王伟平　石飞燕　朱敏丽　苏　素

李　燕　张凤琴　张志磊　张君飞

张　杰　陈　优　陈　佳　陈　宵

林柄兵　金伟方　金阳春　金灿灿

金建永　周　刚　庞加栋　郑秀敏

龚小华　蒋　丽　谢微萍　蔡湖海

潘慧群　潘国良

序言

不畏蹭蹬再出发，蹀躞之积致千里

深耕语文教坛的教师，是令人尊敬的。

面临课程改革时，不断守正创新的语文人，更令人钦佩。

揆诸当下，各省市使用统编版高中语文教材教学已经完成一个循环，每位一线教师都在“三新”（新课标、新教材、新高考）背景下进行积极的实践活动，都在课堂教学中落实语文学科核心素养。而教师所研究的作业设计是对课堂教学作业的整体规划，是实现学生核心素养培育的落脚点。美国教育心理学家加涅提出：“教学设计是一个系统化规划教学系统的过程，而教学开发是执行计划的过程。”作业设计是教学设计中的重要一环，是用系统的方法落实学情。在教学设计中，作业设计依据单元学习目标、课程流程，选择适当的教学策略与方法来辅助学生理解教材内容，提升素养。作业设计和实施的质量在某种程度上影响着课程目标的达成，进而影响教育目标的实现与学生的全面发展。因此，设计科学而合理的作业就显得格外重要。

本书中这些有温度、有深度的作业设计案例，体现出了老师们的用心。在设计中老师们既观照了大单元教学的共性，又呈现出设计中的个性。“路漫漫其修远兮”，上下求索的老师们通过不断的学习，提升了自己的能力，立足教学实际，设计出更有益于提升语文核心素养的作业，我想本书一定会在教学上给一线教师很大的启发。

老师们的作业设计体现了基础性和科学性。在大单元或者是单元视域下以“课”为单位的作业设计中，有的老师为单元的整体作业设计起了适宜的名字。潘国良老师将必修上册第一单元的作业设计命名为《有意味的形式　有传承的文化——统编版高中语文必修上册第一单元作业设计思考》，指向教学目标和重难点；龚小华老师将必修上册第四单元的作业设计命名为《高中语文社会实践类作业的优化和实施策略——以统编高中语文必修上册第四单元作业为例》，指向知识在生活中的运用，目的是提高学生解决生活实际问题的能力；石飞燕老师《以“大观念”统摄“单元学历案”设计的策略与思考 ——以统编版高中语文必修上册第八单元作业设计为例》将单元目标下的课时目标及活动设计分解、细化，来设计课时目标以及相应的活动进阶方案；张凤琴老师将《整体与序列并举，传承与创新齐飞——统编版高中语文必修上册第三单元作业设计》设计出三类作业：基础理解型作业、鉴赏分析型作业、综合实践型作业，层层深入。老师们的作业设计思想符合课程标准要求，秉持以生为本的宗旨，设计目标明确，教学目标、学情分析、作业设计意图等环节完整，能够有效发挥对教与学的促进与纠正作用，体现作业巩固评价、学业诊断等功能。老师们的设计发挥了语文课程的独特功能，促进了学生的语文学科核心素养的全面发展。

老师们的作业设计还体现了适切性，即体现高中语文学科课程特征，契合学生年龄、心理特点。李燕老师将必修上册第六单元作业设计为《求“学”之术，思“辨”之道——核心素养视域下统编版高中语文必修上册第六单元作业设计》，在预习作业阶段设置了个性化预学任务单、精细化预学任务卡，设置分层、弹性与个性化作业，以满足学生个性化的学习需求；张志磊老师的设计中让小组成员完成的关于“熟悉的劳动者”的人物短评，给出了“人物短评写作样表”，明确了评价指标并引导学生自评；郑秀敏老师的作业设计中也有个性化预习，旨在落实文言知识的个性精细，指向核心知识点和易错易混知识点；庞加栋老师在第四单元“逻辑的力量”作业设计中围绕“逻辑”展开业务设计，分为“发现潜藏的逻辑谬误”作业任务设计、“归纳推理”作业任务设计、“驳论”作业任务设计；金阳春老师的作业设计整体采取比较阅读，设计了三组共10多道题；蔡湖海老师将统编版高中语文必修下册第五单元作业设计为立足单元主题“时代与抱负”，明确本单元所选择的实用性文本涉及的演讲稿和书信两种文体，立足教材内容对这两种文体展开梳理。老师们针对不同层次的学生，设置分层、弹性与个性化作业，以满足学生个性化的学习需求。

老师们的作业设计体现了激励性和创新性。陈优老师的设计指向三条路径的作业整合，即阅读与鉴赏、表达与交流、梳理与探究；金灿灿老师作业设计后的“反思评价表”别具一格，对作业设计从育人为本、目标一致、设计科学、类型多样、难度适宜、时间合适、体现差异、结构合理八个方面进行反思，以改进和完善作业的设计；张君飞老师遵循作业评价的原则，突破原有的作业设计思维，采取灵活多样的方式方法，引导学生进行深入思考，激发学生用更开阔的视野、更深邃的目光看待学科相关问题；张杰老师的《写作视频拍摄脚本，聚焦蒙太奇艺术，完成微电影拍摄——统编版高中语文必修上册第七单元“人与自然”作业设计》缘起《中学语文教学参考》发表过的关于史铁生的一篇文章，将作业设计成假如学生是导演，要拍摄史铁生在地坛中的所见所闻，展现他在地坛中所完成的沉思之旅，会如何呈现镜头呢？设计总的学习任务，在这个情境任务的落实中，极具创新性。苏素老师将《紧扣核心素养，遵循认知规律：让单元作业的“实践味”浓起来——以统编版高中语文必修下册第四单元为例》设计了跨媒介宣传推广方案，形式新颖。潘慧群老师在《依文而制，循体而作：让单元作业的“文体味”鲜明起来》单元设计中使用了大量的评价量表，以此来把握不同体式作品的风格特点，学习其写作技巧，欣赏富有时代特征的表达艺术。老师们遵循作业设计的原则，在设计的过程中，有效发挥作业的激励作用，采取学生喜闻乐见、兴趣盎然的形式，注重培养学生对语文的学习兴趣，激发了学生的学习与探索热情。

老师们的作业设计有助于发挥语文课程的独特功能，促进语文学科核心素养全面发展。作业设计围绕培养学生通过对语文课程的学习逐步形成适应社会发展的语文思维品质和语文能力。金建永老师《修辞立其诚，言文知情理——学习任务群视域下统编版高中语文选择性必修下册第三单元作业设计构想》聚焦文化价值，领悟精神内涵；蒋丽老师《理性地思考与表达——统编版高中语文必修下册第八单元作业设计》，让学生通过本单元的学习，感受到作者在面对国家问题时的理性思考与表达，领略作品中绝妙的思维与逻辑语言，从而培养思维素质，理解作品中的家国情怀，成为具有责任与担当的国家公民。

另外，老师们的作业设计关注了作业的实效性。谢微萍老师针对当下作业在实际中落实的“四无”问题，在必修下册第二单元的作业设计中，将学生的表演体验作为作业的基础，进而考量作业的效度；金伟方老师则用《联类·规整·印证——统编版高中语文必修下册第三单元“探索与发现”作业设计例谈》将必修下册第三单元的作业进行了图表化的设计，呈现了单元任务的整体处理和有效性归纳；林柄兵老师的《观乎文，成于研——以统编版高中语文选择性必修上册第二单元作业设计为例》以选择性必修上册第二单元的第三个研习任务为例，通过“梳理和探究”等途径，将“语言建构与运用”这一核心素养落到实处；陈宵老师关于选择性必修中册第二单元的作业设计，以文体区分为抓手，以学业质量水平为依据，将革命传统作品的时代性、永恒性转化为学生作业的实操性。

老师们还关注高考，以考促教。周刚老师的必修下册第一单元的作业设计命名为《“教—学—评”一致视域下的单元作业设计——以统编版高中语文必修下册第一单元为例》，从《中国高考评价体系》出发，尝试使“教—学—评”趋向一致，并在情境设计中有所体现，由知识走向素养本位的考查，凸显了高考指挥棒的作用。王伟平老师《虚构与真实，观察与批判 ——统编版高中语文必修下册第六单元作业设计》及时捕捉到新高考的评价变化意味着教学要转型，教师要及时开阔教学视野，提高对教材的钻研能力、整体把握能力，进行合理的作业设计，依托教材解读创设任务情境。陈佳老师《聚焦素养：教考同质，读写共生——统编版高中语文选择性必修下册第二单元作业设计》关注考点，对接教材；朱敏丽老师以选择性必修下册第四单元为例的高中语文自主作业设计《“道”亦有道，行则将至——以统编版高中语文选择性必修下册第四单元为例的自主作业设计》紧扣高考核心知识，夯实内化学习内容。

综上所述，我看到了老师们强烈的探索欲和进取心。据我的不完全统计，老师们的设计以学习任务的形式展开，各种活动兼有评价量表、反思表，形式多样。作业设计的类型有：艺术熏陶类，如朗诵比赛、课本影视剧研讨会等；实践研习类，如演讲比赛、辩论会、读书分享会等；专题研讨类，如教材研习会等；社会参与类，如社会调查报告会等。此外，还有多学科融合类、群文比较阅读类及项目学习类等。也有的老师在探索信息化背景下教与学方式的转变，未来也可以探索创设线上线下一体式“混合式”学习生态类型。

陶行知先生说：“好的先生不是教书，不是教学生，乃是教学生学。”好的作业设计正是引领学生自主完成学习的关键一环，能够引导学生了解教材，激发学生的学习热情，拓展学生的思维能力。让我们关注学生，像以上老师们一样，不畏蹭蹬再出发，蹀躞之积致千里！希望我们能创造出更科学和多元的作业设计，促进学生核心素养的形成和发展。

连中国

2023年6月于北京

目录

上篇　统编版高中语文必修作业设计

下篇　统编版高中语文选择性必修作业设计

上 篇

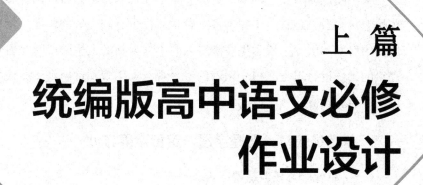

统编版高中语文必修作业设计

有意味的形式，有传承的文化

——统编版高中语文必修上册第一单元作业设计思考

台州市第一中学　潘国良

统编版高中语文必修上册第一单元以“青春的价值”为单元人文主题，属于“文学阅读与写作”学习任务群，本单元选入诗歌和小说两种文学体裁，从作品选材来看，题材、主题丰富，背景年代也有相当大的跨度，旨在通过经典作品的启发和引导，使学生在刚进入高中这一新的人生阶段时对青春的内涵、青年的责任进行思考，树立正确的世界观、人生观和价值观，养成积极向上、奋发有为的人格。

一、立足教材，把握学理，定位素养作业

（一）单元学习任务理解

《普通高中语文课程标准（2017年版2020年修订）》（以下简称“新课标”）提出，“文学阅读与写作”学习任务群旨在引导学生阅读古今中外诗歌、散文、小说、剧本等不同体裁的优秀文学作品，使学生在感受形象、品味语言、体验情感的过程中提升文学欣赏能力，并尝试文学写作，撰写文学评论，借以提高审美鉴赏能力和表达交流能力。

单元导读对本单元学习目标提出了两方面的要求：一方面是价值观念培育的要求，从“青春的价值”角度思考作品意蕴，并结合自己的体验，敞开心扉，追求真理，拥抱未来；另一方面是关键能力培育的要求，“理解诗歌运用意象抒发感情的手法”“从语言、形象、情感等不同角度欣赏作品”“尝试写

作诗歌”。因此，在本单元的作业设计中，需要围绕“青春的价值”主题和文学作品的欣赏与理解，引导学生在对学习进行思考的过程中，将自我放置于中国传统文化的理想志向和新时代的责任担当这一主题上，结合新诗文体的表达特征，沟通传统与现代，体悟新时代背景下文学创作主题和审美的变化。

本单元学习任务涵盖了大单元学习内容，体现了“青春的价值”和“关键能力”的要求：任务一要求学生抓住作品中最让自己感动的细节与同学一起讨论“青春的价值”这一话题，需要学生仔细阅读作品，引发共鸣，合作开展讨论，从而明确价值体现；任务二是围绕“意象”和“诗歌语言”探讨欣赏诗歌的方法，揣摩作品的意蕴和情感，感受不同的风格；任务三是欣赏小说的描写艺术，揣摩人物心理，分析典型细节，都直接指向了对形式文学欣赏能力的提升，包含了知识、思维能力和审美能力的要求，需要一个过程性、层级性的学习；任务四是进行诗歌创作，并汇编为诗集，是需要学生进行学习结果的总结和输出的，属于实践性作业。

同时，我们也要关注到，在全部五册共28个单元中，只有本单元比较集中地出现了现代诗歌体裁，此外就只有选择性必修下册第2单元中艾青的《大堰河——我的保姆》和徐志摩的《再别康桥》，而古典诗歌课文的数量远多于现代诗，因此本单元的作业设计应观照现代诗文体特征，以点带面，以新鉴古。为了更好地体现新课标精神，落实新课标要求，需要创新教材体系设计：横向上，本单元要以学习任务群“文学阅读与写作”和人文主题“青春的价值”双线设计单元作业；纵向上，要适当打通本单元与必修上册第六单元和古诗词诵读单元的壁垒，拓展中国诗歌的发展历程，在“语言建构与运用”“审美鉴赏与创造”的基础上，落实“文化传承与理解”的语文学科核心素养。还要尽量考虑作业设计的衔接性、阶梯性和序列性，体现“大单元”“大概念”“大融合”理念，实现核心素养的有序层级提升。

（二）单元作业目标设定

依据新课标理念，“教—学—评”一体化的作业设计应在汲取以往作业设计优长的基础上，围绕“学生中心”的价值取向来重构“学习作业”。“教”是教师的课程指导，“学”是学生的课程学习，“评”则是对学习行为及其效果的评价诊断。

从文体特征来看，五首诗歌现代诗和旧体诗交织，为抒情性作品，小说也是诗化小说，在叙事中凸显抒情功能。因此，在语言建构与运用上，需要把握诗歌抒情和小说叙事抒情的特点，既能区别文体特有的表达方式，也能把握共同的特征，从语言、形象和情感等不同角度获得审美体验。

从创作背景来看，入选作品的创作时代和作品中的人物都处于社会的动荡变革时期，而其理想追求正遭遇时代的考验，作者在个人与时代的冲突中实现逐渐明晰自我认知，坚定前进道路，从而获得对青春价值的肯定。

从内容主题来看，本单元作品都重在抒发青春情怀，作者在创作作品时都处于风华正茂的青春时期，或感时忧国、抒发情怀，或感悟人生、思考未来，表达的主题有战争时期的青春理想和牺牲、变革时期的青春激情和奉献、和平时期的青春坚守和追求等，都旨在表达青春时期的责任担当与理想信念，正符合刚从初中升入高中的学生对于自己身份转变的重新定位与认知。

基于以上学理分析，本单元作业设计目标为：

（1）阅读与鉴赏：诵读诗歌，阅读小说，鉴赏作品中的关键意象，把握主要手法，理解作品中的形象，结合作品的背景感受其中蕴含的情感，唤醒自我的青春情感。

（2）梳理与探究：比较新诗与古典诗，把握新诗在语言、意境、情感等方面对古典诗歌的创新突破和传承，把握文学和文化的传承与发展。

（3）表达与交流：尝试诗歌创作，能够用新诗的语言形式和丰富的意象来表达自己对青春的感悟与思考，并相互交流自己的创作成果。

二、整合路径，形旨相谐，设计素养作业

（一）预习作业：知人论世，承古启新

作业一：整理作者和作品人物的相关信息，比较不同年代的青年人所遇到的不同的青春处境或困境。联系自身实际，讨论自身面临的青春处境，见表1。

表1

课文	作者或人物	作者或人物年代	作者或人物年龄	作者或人物处境	我的青春处境
《沁园春·长沙》	毛泽东	1925年	32岁		
《立在地球边上放号》	郭沫若	1919年9、10月	27岁		
《红烛》	闻一多	1923年	24岁		
《峨日朵雪峰之侧》	昌　耀	1962年8月2日初稿	26岁		
		1983年7月27日删定	47岁		
《致云雀》	雪　莱	1820年夏	28岁		
《百合花》	小通讯员	1946年中秋	19岁		
《哦，香雪》	香　雪	改革开放之初	17岁		

作业二：整理本单元诗歌中和小说中的意象，对照古典诗歌，列举包含这些意象的古典诗句，指出这些意象在古典诗词中的内涵，与教材中的现代诗歌意象进行比较，初步思考古典诗与现代诗中意象内涵的异同，见表2。

表2

课文	意象	课文中的内涵	包含意象的古典诗句	中国古典诗歌意象内涵
《沁园春·长沙》	寒秋			
	湘江			
	万山、百舸、鹰、鱼			
	中流			
	飞舟			
《立在地球边上放号》	白云			
	北冰洋、太平洋			
	洪涛			
	巨人			

续表

课文	意象	课文中的内涵	包含意象的古典诗句	中国古典诗歌意象内涵
《红烛》	红烛			
《峨日朵雪峰之侧》	太阳			
	雄鹰、雪豹			
	蜘蛛			
《致云雀》	云雀			
	诗人			
	少女			
	萤火虫			
	玫瑰			

注：学生可以自行从课文中添加相应的意象。

设计说明：

（1）知人论世是文学作品鉴赏的重要原则，也是帮助学生较快感受和理解作者寄托于作品中的感情的方法。而作业中以了解作者的年代、年龄和处境为预习方向，让学生结合自己的时代和青春处境，引导学生在与不同年代的“同龄人”的比较中获得共鸣，从而达到“以意逆志”的鉴赏目的，让学生用自己的心灵去探寻诗人的心灵踪迹，明了诗人之用心所在，从而唤醒自身的理想追求，理解“一代人有一代人的使命，一代人有一代人的责任”的内涵。

（2）理解意象的内涵是解读诗歌的首要路径，单元说明和任务中都要对意象有明确详细的要求，现代诗歌中的意象理解和组合方式与古典诗歌相比有着较大的创新和发展，而入“太平洋”等意象则因时代的原因在古典诗歌中不会出现。学生对古典诗歌的学习比重较大，对古典诗歌的鉴赏较为熟悉，因此预习作业希望通过勾连学生过去的学习经验，在自己相对熟悉的学习认知范围内去拓展相对模式的学习领域，快速地抓住诗歌意象的鉴赏方法，并且能够对相同的意象在古今诗歌中相同或不同的内涵及理解方式进行比较思考，逐步理解文学作品中的文化传承与发展。

（二）过程性作业

作业一：整合意象，探究诗歌主题意蕴

在学习、诵读课文的基础上，对课文关键意象、意象内涵、所采用的手法、塑造的形象和抒发的情感进行全面梳理、总结，见表3。

表3

文章	核心意象	意象特征	意象内涵	意象手法	人物形象	抒发情感
《沁园春·长沙》	万类、少年					
《立在地球边上放号》	巨人					
《红烛》	红烛					
《峨日朵雪峰之侧》	太阳、雄鹰、雪豹、蜘蛛					
《致云雀》	云雀、诗人、少女、萤火虫、玫瑰					
《百合花》	百合花					
《哦，香雪》	铅笔盒					

设计说明：

本单元的课文虽然主题上都指向青春价值，但是文体和题材较为丰富，风格差异很大。毛泽东的《沁园春·长沙》豪迈大气，洋溢着不可抗拒的青春热情，特别是对当时社会的思考和改造世界的雄心壮志有着强烈的感染力，可以激励学生不断进取、奉献社会的决心和信心。郭沫若的《立在地球边上放号》有着鲜明的“五四”色彩，其“狂飙突进”的格调，具有强烈的感召力，有利于学生认识“五四”精神，理解当时青年的理想与奋斗，它鲜明的诗风也体现出诗人在诗歌艺术上的求索与大胆创新。闻一多的《红烛》体现出的诗与人的高度统一，会让学生对先辈产生由衷的崇敬，诗作中为理想献身的精神令人尤为震撼。当代诗人昌耀的《峨日朵雪峰之侧》情感较为沉郁，既有激情的表达，也有理性的思考，又经过了长时间的沉淀，所以具有一定的语义复杂性，这恰恰有利于学生在文学鉴赏上学习对复杂文本的解读技巧。英国浪漫主义诗人雪莱的代表作《致云雀》以云雀为歌咏对象，从多个方面对云雀进行了描写

和赞美，歌颂了理想、欢乐与光明。诗人还以云雀自比，表达了改造社会的坚定决心。这些作品都会对学生的性格塑造和理想成形起到良好的作用。

因此，在课文学习后对于单元知识进行整合，引导学生对核心意象和辅助意象、意象共同性和独特性、意象表现手法等进行解读，既符合新课标大单元的理念，也有利于学生学习习惯和思维的培养。

作业二：对比细节，寻找新诗形式表达效果

反复诵读下列文本，寻找其中差异，比较这些差异在诵读节奏、情感表达、语言效果等方面的不同。

课内文本一：

啊啊！我眼前来了的滚滚的洪涛哟！
啊啊！
不断的毁坏，
不断的创造，
不断的努力哟！

啊啊！我眼前来了的滚滚的洪涛哟！
啊啊！不断的毁坏，不断的创造，不断的努力哟！

差异：____
____

效果：____
____

课内文本二：

红烛啊，
既制了，便烧着。
烧吧，烧吧。
烧破世人的梦，
烧沸世人的血，
也救出他们的灵魂，
也捣破他们的监狱。

红烛啊！
既制了，便烧着！
烧吧！烧吧！
烧破世人的梦，
烧沸世人的血——
也救出他们的灵魂，
也捣破他们的监狱！

差异：______________________________

____

效果：______________________________

____

课内文本三：

朝向峨日朵之雪彷徨许久的太阳
正决然跃入一片引力无穷的山海。
石砾不时滑坡，
引动棕色深渊自上而下的一派嚣鸣，
像军旅远去的喊杀声。

朝向峨日朵之雪彷徨许久的太阳
正决然跃入一片引力无穷的
山海。石砾不时滑坡，
引动棕色深渊自上而下的一派嚣鸣，
像军旅远去的喊杀声。

差异：____

____

效果：____

____

拓展文本一：

撑着油纸伞，独自彷徨在悠长、悠长又寂寥的雨巷，
我希望逢着一个丁香一样地结着愁怨的姑娘。

撑着油纸伞，
独自彷徨在悠长、
悠长又寂寥的雨巷
我希望逢着一个丁香一样地
结着愁怨的姑娘

撑着油纸伞，独自
彷徨在悠长、悠长
又寂寥的雨巷
我希望逢着
一个丁香一样地
结着愁怨的姑娘

差异：____

____

效果：____

____

拓展文本二：

豹（节选）
辛郁
一匹
豹在旷野尽头
蹲着
不知为什么

豹（节选）
辛郁
一匹
豹　　　在旷野尽头
蹲着
不知为什么

差异：____

____

效果：____

____

设计说明：

《毛诗序》中说：“情动于中而形于言。”通过新诗与古典诗歌的对比，学生很容易发现新诗在语言形式上的变革与创新，如标点符号的使用、换行自由、断句自由、韵律自由、现代诗语言，而作业的目的就在于让学生在反复诵读中感受这样的变革给诗歌作品的表达和抒情上带来的不同效果。课内文本一中的换行使诗歌的气势无法保持连贯，从而影响“五四”时期的诗歌那种狂飙突进的表达，文本三则聚焦于断句给诗歌的节奏和视觉画面的营造带来的效果。拓展文本一使用经典的现代诗，让学生感受到语言的形式本身带给诗歌的节奏和情绪，文本二则让学生感受到语言的形式有视觉效果，它可以直接参与抒情和形象塑造，文本二也可以使用徐志摩《雪花的快乐》。以上这些新诗语言形式的效果都是古典诗限于格式而无法达到的。

作业三：比较排序，把握文学发展传承脉络

根据对诗歌的品读赏析，试着对以下几首“五四”以后的新诗根据创作时间顺序进行排列，并且从诗歌语言形式的角度陈述排序的理由。

① 郭沫若《立在地球边上放号》（1919）

② 闻一多《红烛》（1923）

③ 戴望舒《雨巷》（1927）

④ 艾青《我爱这土地》（1938）

⑤ 徐志摩《雪花的快乐》（1924）

排序：____

____

理由：____

____

设计说明：

现代诗歌变革性的出现，打破所有古典诗歌常规，是一种试验、一种探索，但是现代诗歌逐渐发展成熟，我们会发现现代诗的创作逐渐回归诗歌本身的审美形式，古典诗歌的特征也开始在现代诗歌中得以体现，如闻一多等诗人提出的“音乐美、绘画美、建筑美”的主张，语言的形式、韵律借鉴或者是继承了古典诗歌中美的部分，在自由中蕴含规律，最终为情感的抒发服务。因此作业三选择的几首诗歌正体现了“五四”以后的现代诗创作诗行结构上、韵律上、意象显与隐程度上的发展，学生若能敏锐地发现其中规律，排序自然不难，作业三更希望得到的是学生在排序理由上的陈述。

（三）实践性作业

作业一：改写诗歌，体悟诗歌审美本质

使用现代诗歌语言形式特征，改写一首“废话体”现代诗，让它变得有“诗味”。

对白云的赞美：
天上的白云真白啊
真的，很白很白
非常白
非常非常十分白
极其白 / 贼白
简直白死了
啊——

设计说明：

现代诗情感抒发自由、浓烈而直接，语言的自由组合，带来了诗歌审美空间的扩张，但也在一定程度上损害了审美品质：新诗无韵无体，缺乏格律诗抑扬顿挫的音韵美；采用散文化的白话句法，诗歌与散文的界限也变得模糊，很多早期的新诗作品直白浅露，成了“白话”。当代网络上出现的一些“废话体”诗更是伤害了诗歌的诗意。通过对诗歌的改写，既能让学生将现代诗有审美性的语言、意象、手法等语言形式融入其中，体会到诗歌语言的凝练性、形象性和跳跃性，又能让学生体会到改写后诗歌的诗味是如何体现出来的，也为学生主动创作诗歌做伏笔。

作业二：诗歌创作，抒写自我青春模样

根据新诗语言形式的特征，结合自己的思考，围绕“青春与理想”写一首现代诗。

诗歌创作评估量表见表4。

表4

序号	评估项目		分值（满分100）	分数	评分理由
1	意象	丰富性	10		
2		组合方式	10		
3		独特性	10		
4	语言	凝练性	10		
5		跳跃性	10		
6		个性化	10		
7	意蕴	显隐程度	10		
8		多元性	10		
9	修改	打磨语言	5		
10		更换意象	5		

作业三：分享并修改

与同学分享自己创作的诗歌，相互提出修改建议，完善自己的作品，然后将同学们创作的诗歌制作为诗集，诗集要求设计出名字、封面、前言，分专栏并拟出专栏名称。

设计说明：

创作诗歌既是单元任务的要求，也是学以致用的必然要求，学生在诗歌创作中必然会经历主题确定、意象选择、语言推敲等过程，从而学会尝试思考自己的青春状态，追求自己的人生价值，提炼自己的生命主题。而与同学分享诗歌，共同制作班级诗集，就是引导学生主动分享、相互激励、共同进步。在制作诗集的过程中，学生的语言品质、思维品质、团队能力等都能得到锻炼，制作好的诗集也成为班级文化建设的重要组成部分。

三、承上启下，依体探理，反思素养作业

（一）素养为靶，实现能力提升

作业是检测、诊断、评价以及改进教学的基本依据，其重要目的在于帮助学生巩固必备知识，训练关键能力，形成学科思维，提升学科核心素养。因此，作业设计要突出学生主体地位，就必须贴合学生的学习水平，符合学生的成长需求，指向学生知识掌握与能力提升的疑惑之处。同时，语文作业要努力创设真实的情境，就更需要实现学生由解答问题到解决问题的能力提升。

（二）融通为要，实现系统整合

"三新"背景下，语文教学更强调大单元教学，作业设计也应有相应的思考和调整，突出统整性，融通单元内课文之间的联系和单元之间的联系，通过整合后的阅读与鉴赏、表达与交流、梳理与探究等作业实践活动，来完成该单元的核心任务，达成总体的核心素养目标。

（三）价值为道，实现立德树人

统编教材每个单元都包含了必备品格和关键能力的目标要求。学生进入高中阶段，正值青春年华，需要建立身份认同、培养价值观和人生观的关键时期，语文教学需要在经典作品的教学过程中引导学生对时代责任、理想信念等进行思考，发挥语文教学的育人功能，达到立德树人的根本目标。

“双新”背景下的情境作业设计思路

——以统编版高中语文必修上册第二单元为例

温岭市第二中学　张志磊

2019年，新教材启用，新课程、新教材的“双新”的理念正式成为主流的教育观。“双新”理念旨在打破传统教学方式，明确了要以学生为中心，以培育学生的核心素养为终极目的。与先前的教材相比，2019年版的高中语文统编教材不再设课后“思考与练习”，而以每课的“学习提示”和单元后的“单元学习任务”取而代之，原本细致而具体的训练指令被综合甚至抽象的任务指导替代，缺少必要的操作指导。面对这样的情况，教师需要更新、转变教学观念，由“教教材”变成“用教材”，在设计作业时，可以考虑设计对学生综合素养能力提升比较显著的情境式作业，充分地发挥学生的主体性，使学生在探究、反思、批判、质疑的思维场中完成既定任务，提升思维能力。那么，如何设计一份高质量的情境作业呢？我认为可以从以下几个方面来思考。

一、落实课程目标、着眼语文学科素养是情境作业设计的前提

高中语文学科的课程目标要求学生能够通过阅读与鉴赏、表达与交流，梳理与探究等语文学习活动，在语言建构与运用、思维发展与提升、审美鉴赏与创造、文化传承与理解等方面都获得进一步的发展，坚定文化自信，自觉弘扬社会主义核心价值观，树立积极向上的人生理想，为全面发展和终身发展奠定基础。而语文学科核心素养是学生在积极的语言实践活动中积累与建构起来，并在真实的语言应用情境中表现出来的语言能力及其品质，是学生在语文学习

中获得的语文知识与语言能力、思维方法与思维品质以及情感、态度与价值观的综合体现。[1]由于这些必备品格和关键能力不能直接传递，学生只有在尽力解决真实情境问题的过程中才能获得。因此，落实课程目标和语文学科核心素养，既是我们设计情境作业的出发点，也是归宿。学业质量标准就是以本学科核心素养及其表现水平为主要维度，结合学习内容，对学生学业成就的表现进行总体评价。

二、创设“真实”情境是情境作业设计的关键

新课标将语文实践活动情境主要分为个人体验情境、社会生活情境和学科认知情境这三类，其中个人体验情境和社会生活情境应该是最能贴近学生心智水平，最能真正激发学生的学习热情，最能催生学生主动参与的内驱力情境。学生只有在真实而感兴趣的情境中完成作业，才有可能最大限度地锻炼自己的语言建构能力，并在运用多种方法整理自己积累的语言材料的同时，通过对获得的信息进行分析进而解决具体问题。同时，学生还能对作品的内容和形式做出自己的评价，运用所学的知识对学习中遇到的一些文化现象发表自己的看法，进而提升自己的思维品质。因此，设计的情境真实与否、贴近学生的生活与否，将会成为提高作业有效性的关键。

例如，通过对必修上册第二单元人文主题分析，结合该单元所在的任务群，以及学生学情，我们可以设计这样的作业情境：五一国际劳动节即将到来，校团委面向高一年级征集一期以“最美劳动者”为主题的黑板报，优秀作品将在全校的宣传栏展出。请大家自己组队、召集队友，并根据你的团队设计一个方案。要求：概括介绍劳动者的典型事迹，对劳动者的行为做出评价，体现出劳动的价值和意义，表达对劳动者的赞美以及正确的劳动观。在黑板报的设计上力求布局合理，内容丰富多样，能体现出设计者创造性的劳动成果。很显然，这个实践活动与学生的个人体验情境和社会生活情境吻合度较高，所有学生都可以参与，且积极性很高，能够真正地体现出学生的主体地位。根据这

① 中华人民共和国教育部. 普通高中语文课程标准（2017年版）［M］. 北京：人民教育出版社，2017.

个实践活动，我们可以设计这样的作业任务：

作业任务一：以表格的形式，梳理《喜看稻菽千重浪——记首届国家最高科技奖获得者袁隆平》《心有一团火，温暖众人心》《“探界者”钟扬》三篇人物通讯中主要人物的典型事迹，归纳人物身上所体现的精神，概括出作者所要表达的主要观点。

从标题拟写、文本结构、材料选择、镜头特写、适度想象等角度分析三篇人物通讯作品，探讨优秀人物通讯的写作方法，总结优秀人物通讯的评选标准。

作业任务二：深入研读《以工匠精神雕琢时代品质》，用思维导图概括文章的写作思路，分析文章观点和事实的关联，结合课外阅读，从多个角度诠释工匠精神的内涵。

阅读三则材料，思考对同一个新闻事实，三篇报道侧重点分别是什么？为何会出现这样的情况？

（1）2017年8月10日，《人民日报》吴月辉文章《“墨子号”，抢占量子科技创新制高点》。

（2）2017年12月，《自然》伊丽莎白·吉布尼《一位把量子通信带到天空又带回地球的物理学家》。

（3）2018年5月，日本《读卖新闻》文章《中国实验设施瞄准一流》。

作业任务三：借助工具书或网络，在深入理解《芣苢》《插秧歌》的基础上，将这两首诗歌改写成为散文小片段（150字左右），主题要鲜明，能够体现出劳动之美。小组内交流、朗诵。

搜集中国古诗词中有关劳动场面的名句、名篇，组内互相交流。

作业任务四：参考单元任务，精选典型事例，紧扣细节描写，以你熟悉的劳动者为写作对象，写一篇不少于800字的文章。

从小组成员完成的关于“熟悉的劳动者”的作品中选择一篇大家一致认可的文章，选择一个角度，完成一则600—800字的人物短评。人物短评写作样表见表1。

表1

评价指标	指标描述	学生自评	小组互评
典型事迹叙述	人物事迹叙述要得当精要，能体现主要人物的重要精神品质	优秀（10分） 良好（8分） 合格（6分）	优秀（10分） 良好（8分） 合格（6分）
主要观点表达	事实判断准确，观点清晰，对人物的评价中肯且有深度	优秀（10分） 良好（8分） 合格（6分）	优秀（10分） 良好（8分） 合格（6分）
文章结构层次	文章结构明了，有比较清晰的逻辑结构	优秀（10分） 良好（8分） 合格（6分）	优秀（10分） 良好（8分） 合格（6分）
写作背景意义	能激发、唤起读者对于劳动者品质、工匠精神等精神内涵的珍视和敬仰	优秀（10分） 良好（8分） 合格（6分）	优秀（10分） 良好（8分） 合格（6分）
作者鲜明立场	有鲜明的立场和态度，有积极向上的价值观，能体现出对新时期劳动观的新理解	优秀（10分） 良好（8分） 合格（6分）	优秀（10分） 良好（8分） 合格（6分）

作业任务五：在完成上述四个作业任务之后，各小组根据要求完成初步的黑板报设计。根据评分标准对学生设计的黑板报方案和优秀习作进行评比；选出优秀的设计方案，拍照后在班级微信群或QQ群等平台推介；最后确定本班的参赛作品并上送校团委参评。黑板报评分表见表2。

表2

内容（30分）	版面布局（20分）	文字（20分）	刊头（10分）	插图（10分）	创意（10分）
主题鲜明，积极向上，内容充实	设计合理，编排得当，版面整洁，视觉效果好	文字字迹工整清晰，字距和行距适当	能适应板报的主题思想，标题醒目，文章色彩与文字色彩要有区别	插图大小和位置合适，能反映和突出主题，起到画龙点睛的作用，图案简练，色彩丰富	形式新颖，有创意

上述的学习情境，无疑是真实的、贴近学生的、符合学生真实学情的，也是学生所感兴趣的。在这样一个真实学习情境的引领下，紧紧围绕着课程目标来设置学习任务，通过阅读鉴赏、梳理探究、表达与交流三条路径，引领学生不断深入文本，在理解的基础上，提高自己的思维品质和能力，从而提升自己的核心素养。

三、基于单元学习任务、依托文本是情境作业设计的基础

统编教材的编排是从18个学习任务群出发的，而语文课本编排设计的最基本单位是单元，所以我们的作业设计也应该依托单元。统编教材的单元学习不同于以往版本教材中的单元学习，是基于课程目标与学科核心素养、由教师基于学生学情、结合教材意图设计的充分整合的语言文字学习情境，有针对性地解决问题的完整学习过程。面对这一系列任务，学生会经历多样化的学习活动，有快速浏览、跳读猜读，有带着问题读书，有根据具体学习任务读写结合的阅读，读书方法和阅读策略的学习水到渠成。以学习者为中心的教学，决定了单元不再只是文本中心式的讲解，而是围绕某个任务专题的学习，根据相关要求，设计文本中的重点问题，创设与课文相关联的任务情境。

例如，统编教材必修上册第二单元的单元学习任务既有关于“劳动光荣”主题的，也有关于“实用性阅读与表达”学习任务群的，本单元主要收录了通讯报道三篇、新闻评论一篇、描写劳动的古诗两首，分别是《喜看稻菽千重浪——记首届国家最高科技奖获得者袁隆平》《心有一团火，温暖众人心》《“探界者”钟扬》《以工匠精神雕琢时代品质》《芣苢》《插秧歌》。教师应准确把握课程目标，从单元学习任务出发，引导学生深刻体会“劳动最光荣、劳动最崇高、劳动最伟大、劳动最美丽”的思想，认识“劳动改造世界、劳动创造文明”的道理，形成正确的劳动观念。在此基础上，我们可以设计这样的任务情境：五一国际劳动节即将到来，校团委面向高一年级征集一期以“最美劳动者”为主题的黑板报，优秀作品将在全校的宣传栏展出。在这个过程中，学生彼此展示自己选定的人物，通过交流确定最后的“最美劳动者”。各小组通过交流展示自己小组的作业成果——黑板报，使同学们对各小组“劳动者”及其“劳动事迹”有了深刻的认识和评价，同时对“最美劳动者”产

生了敬佩之情。在这个交流学习的过程中，学生不仅学会选取典型事迹体现人物精神，通过细节刻画人物形象的方法，还学到如何有针对性地表达自己的观点。通过作业成果的展示，学生也加深了对劳动和劳动的意义的认识，从而树立正确的劳动观、价值观。

如果教师布置的作业，没有引导学生深入文本，从文字中寻找信息，那么这份作业的质量一定是大打折扣的，不能真正意义上地提高学生的素养能力。因此，课后作业的任务设计要有一定的目的性和针对性，不能设计一些浮于表面的、“空而泛”的、无从下手的或者轻而易举就得出答案的作业。

例如，我们在完成作业任务一时，需要回归到文本，细读《喜看稻菽千重浪——记首届国家最高科技奖获得者袁隆平》这篇文章中主要人物的典型事迹，为了归纳人物的品质精神，我们需要关注作者在塑造人物时所用到的细节描写，从这些细节中逐渐归纳出人物的精神的品质。通过对《喜看稻菽千重浪——记首届国家最高科技奖获得者袁隆平》中“杂交水稻养不养人的争论”典型事例的分析，我们可以归纳出袁隆平的强烈的责任感和无畏的勇气；通过对《心有一团火，温暖众人心》中“张秉贵为何不自己买了糖送小女孩一块，非得拿掉一块”典型事例的分析，我们可以归纳出张秉贵细心周到、不假公济私的品质；通过对《“探界者”钟扬》中“钟扬自作主张开结婚证明”典型事例的分析，我们可以归纳出钟扬的执着、大胆和平凡中有趣的一面。学生在深入文本、精读文本的同时，也会逐渐掌握使用“细节描写”的手法和通过典型事例来突出人物精神品质的写作技巧。

如果教师在处理教材的时候，缺乏整体单元意识，就会很容易导致基于单篇课文的碎片化学习，设计的作业虽然符合课文内容，但并不一定符合教学的内容，很难实现单元目标，而且容易耗费有限的学习时间，进而影响学生思维能力的提高，影响学生核心素养的提升。如果教师设计的作业，不能够引导学生深挖文本，不能够激发学生的阅读能力，那么一切的阅读都是低效的。所以教师应该培养自己的整合能力，基于单元任务，从任务情境出发，先设计综合性的且必须深入探究才能解决的高阶问题，然后再设计一系列有助于解决高阶问题的小问题。

四、基于学生学情，是情境作业设计的客观要求

学生是学习的主体，更是完成作业的主体。在保证基本目标达成的基础上，情境作业设计应适合高中生的知识经验和认知水平，应该设计符合学生最近发展区的要求的作业，内容安排应由简到丰，由浅到深，由单一到综合，形式要生动活泼，富有趣味。只有设计出这样的作业，才可以真正有助于学生的语文学习能力和学生核心素养的提升。如果教材的课后作业设计没有贴合学生的实际学习水平，不符合学生的成长需求，不能够指向学生知识掌握与能力提升的关键之处，做不到有的放矢，精准设计，那么这个作业设计也就失去了它存在的价值和意义。所以，情境作业的设计必须符合学生学情。

例如，上文提到的作业任务一：从标题拟写、文本结构、材料选择、镜头特写、适度想象等角度分析三篇人物通讯作品，探讨优秀人物通讯的写作方法，总结优秀人物通讯的评选标准。这个作业任务主要是基于高一新生现有知识能力和认知水平设计的，学生经过三年初中知识的学习和积累，已经具备了辨识、分析、比较、归纳和概括基本语言现象的能力，基本可以独自完成梳理三篇通讯中人物的典型事迹，通过典型事迹归纳人物的精神品质，并归纳出作者所要表达的主要观点这一作业任务。高一的学生基本具备了对获得的信息及其表述的逻辑做出评价、利用获得的信息分析并解决具体问题、有理有据地表达自己的观点和阐述自己的发现的能力。因此，结合梳理的课文知识，分析讨论优秀人物通讯的写作方法，总结优秀人物通讯的评选标准，这一作业任务也应该能够顺利完成。所以一份高质量的作业，一定是符合学生学情的。

五、形成成果，是情境作业设计的目的

“学习成果”，其核心要素既不是传统考试测试的分数，也不是学生完成课程学习后获得的相对应的认定学分，而是经历学习后学生真正拥有的重要学科知识、学科关键能力和必备品格。面向真实学习的语文课程不仅仅是为了让学生习得一些知识或技能，更是为了让学生进入全面、具体的语文学习过程中。我们的课堂，单元和课程在逻辑上应该从想要达到的学习成果导出，而不是从我们所擅长的教法、教材和活动导出，与教材配套的课后作业也应该如

此。学习成果导向的作业以高中语文单元教学为依据，使语文学习有了明确的目标和内容，真正做到了把学生“能够学到什么”和“学会了什么”作为课程和教学的指归。

如果语文学科的核心素养不以具体化的成果载体呈现，语文学科素养测评将陷入模糊化的陷阱。语文学科素养测评一直以来都是课程评价的一个痛点，其困难之处就在于如何寻找合适的情境或任务来帮助教师判断学生的素养表现。具体、明确的语文学习成果在很大程度上能够充当测评推断的依据。例如，在必修上册第二单元的作业情境任务中，最终学生要进行成果展示。首先，学生要完成一份自己设计的“黑板报”（可以以手抄报的形式呈现），不论是板报的版面布局还是内容的取舍都需自己独立完成。其次，各小组通过交流推荐，在集合大家意见的基础上，完成一份小组的作品，最后参加班级“黑板报”的评选，这也是成果展示的一种方式。班级作品，通过评比打分，确定优秀作品，最后汲取全部同学的智慧，完成最后的作业，并且上送学校参评。

作业成果既是作业设计和作业完成过程的出发点，也是归宿。作业成果反馈过程全部围绕作业成果展开，又呼应作业成果的达成。学生在交流修改作业成果的过程中，比较感知内容上的优劣，在一次次的推荐评比中，培养了“感受和体验相应作品的语言、形象和情感之美，能欣赏、鉴别和评价不同时代、风格的作品”的审美鉴赏和创造能力。

六、结语

情境式的课后作业充分体现以学生为主体，以学生的学习为中心，作业是基于课程目标，以及单元学习任务设计的作业问题；作业是在相对固定的时间内，通过学生不断努力，持续完成任务的过程，并且与高一学生的真实生活相关联，是真实生活情境下的“微项目”；学生通过交流或展示自己或者小组的作品成果，可以验证个体和小组运用基础知识和技能的水平。这样的作业设计，既是丰富学生表现性和过程性作业成果的重要载体，也可体现教师教学观念的转变：从关注知识、技能和课程内容的教学，到关注学生的主动学习、提升学生比较思维能力、提升语文学科的核心素养。

整体与序列并举，传承与创新齐飞

——统编版高中语文必修上册第三单元作业设计

台州市第一中学　张凤琴

高中语文统编教材必修上册第三单元归属18个学习任务群中的“文学阅读与写作”任务群。本单元为该学习任务群对应五个单元中的第二个，以“诗意人生”为人文主题，从古代诗歌角度承担“文学阅读与写作”的学习任务。新课标指出：“本任务群旨在引导学生阅读古今中外诗歌、散文、小说、剧本等不同体裁的优秀文学作品，使学生在感受形象、品味语言、体验情感的过程中提升文学欣赏能力，并尝试文学写作，撰写文学评论，借以提高审美鉴赏能力和表达交流能力。”这是一个以综合实践活动为主的单元，作品都是优秀的古诗词，因此，在进行本单元作业设计的过程中，应多关注核心素养“审美鉴赏与创造”“文化传承与理解”方面；在核心素养和单元任务视域下，引导学生在真实的语文生活情境中体验古诗词、传承古诗词，并应用评论古诗词，形成特定的语文素养，实现教—学—评的一致性与整体性，让整体与序列并举、传承与创新齐飞。

一、立足整体教学，系统把握定位

立足整个单元，以单元视角观照作业设计，设计出科学性、整体性的单元作业，既能让学生进一步巩固和延伸课堂，又能从宏观角度确保单元作业设计与单元教学更加融洽，从微观角度调整单元作业题型，进而真正提升单元作业设计的核心素养培育效果。因此，在设计本单元作业设计时，可以立足整体教学，系统把握定位：把握学习目标，细化教学任务；审读学习提示，明确设计方向；依托作业目标，优化作业设计。

（一）把握学习目标，细化教学任务

必修上册第三单元任务细化表见表1。

表1

单元	单元导语目标要求	单元学习任务	课文
第三单元	学习本单元，要逐步掌握古诗词鉴赏的基本方法，认识古诗词的当代价值，增强对中华优秀传统文化的传承意识。要在诵读和想象中感受诗歌的意境，欣赏其独特的艺术魅力；感受诗人的精神世界，体会诗人对社会的思考与对人生的感悟，提高自身的思想修养和文化品位；尝试写作文学短评	古诗词中常常寄寓着诗人对社会的思考和对人生的感悟。阅读本单元诗作，可以采用知人论世的方法，通过了解诗人的生平、创作背景等，深入理解作品。古诗词是中华传统文化的精华，具有很强的音乐性。建议组织一次班级诗歌朗诵会，通过多种形式的朗诵，体会古诗词的音韵美。优秀的古诗词作品往往具有深刻的意蕴和独特的艺术匠心，学习欣赏时应当重点关注，细加品味	7《短歌行》《归园田居（其一）》 8《梦游天姥吟留别》《登高》 9《念奴娇·赤壁怀古》《永遇乐·京口北固亭怀古》《声声慢》

（二）审读学习提示，明确设计方向

本单元学习提示：

曹操的《短歌行》和陶渊明的《归园田居（其一）》均为古体诗，但在语言风格和表达技巧上有很大不同……要在诵读中体会两首诗不同的韵律、节奏和表达技巧，结合诗人的身世领悟诗中的思想感情。

李白、杜甫和白居易在中国古典诗歌史上具有重要的地位。这里各选入他们的一首经典诗作。这几首诗体式不同，抒发的情感和创作手法也各不相同，诵读时要细加体会。

品读本课的三首宋词，感受其不同的风格特点，体会这些词作是如何表现词人不同的思想情感的。

与律诗相比，词的声韵、句式、节奏等有着更多的变化，显得更为自由灵活，诵读时注意体会这一点。

（三）依托作业目标，优化作业设计

单元作业目标既是学生进一步自我厘清的过程，也有助于学生及家长更好地理解作业的意义，以实现作业效能的最大化。王月芬教授在《重构作业：课程视域下的单元作业》一书中提出，“一个完整的单元作业目标应包含行为主体、行为表现、行为条件及表现程度这四项基本要素”，这同样可以作为单元作业表述的技术性支持。依据这一表述，在聚焦单元学习目标和学习任务，研读单元导语、单元学习提示之后，确定本单元的作业目标：首先，学生通过诵读与鉴赏、梳理与探究、交流与表达等学习方式，在梳理诗人的写作背景之后，赏析诗词的语言体式、意象情感，积累言语经验，发现、体悟诗人的风格；其次，选择背景音乐，参与班级诵读大赛；最后，在深读作品的基础上，撰写诗歌短评。从而深深体会中华文化的核心思想理念和人文精神，增强文化自信，理解、认同、热爱中华文化，继承、弘扬中华优秀传统文化，让中华优秀传统文化在继承中创新，在创新中发展，真正实现作业设计的终极目标——育人。

二、分层设计作业，由浅入深漫溯

本研究紧紧围绕单元目标和单元作业目标，围绕单元学习任务的落实，设计“就感触最深的一点”为主题的文学评论作品作为单元作业的核心作业，以作品的初读感受与体式梳理、意象赏析与背景情感探究、班级诵读大赛与文学短评撰写等设计基础理解型作业、鉴赏分析型作业、综合实践型作业三个层级的作业。推动学生学习由浅层走向深层，由零散走向序列，层层递进，让作业不仅成为对课堂教学中知识与技能巩固的手段，而且能更好地促进学生全面发展。三类作业明细见表2。

表2

作业类型	作业任务
基础理解型作业	初读诗歌，梳理诗人生命轨迹
鉴赏分析型作业	梳理体式，动手删改认清形貌
	梳理“酒”“月”，洞察独特生命表达
	追溯背景，领略诗人时代风度
综合实践型作业	真情演诵，自评互评最佳风采
	短评写作，文化传承创新和鸣

三、作业有序呈现，体验传承创新

（一）课堂前置作业

作业任务：利用课余时间，借助互联网和其他资源查找资料，填写曹操、陶渊明、李白、杜甫、白居易、苏轼、辛弃疾、李清照八位诗人的履历表，见表3。

表3

履历表	
姓名	
职业	
主要经历	
主要作品	
作品风格	
创作背景	
后世评价	

作业设计意图：依据高中语文课程标准和学生具体学情，紧扣教学目标，着力引导学生初读诗歌时，通过查阅资料梳理诗人生命轨迹，对作者有一个较全面的了解，知人论世，为接下来理解诗歌的情感、走进诗人的精神世界等做铺垫。这不仅有助于学生主动建立起新旧知识联系，为新课提供准备资料，更重要的是能教会学生如何建构完整的思维体系。这样将会大大减少课堂环节中因思考时间不够导致的灌输式教学情况的发生，达到课堂中进行合作学习、探究学习的目的，更大程度地提高学生的学习积极性和课堂的学习效率，并为其树立终身学习的理念和培养其个性发展奠定基础。

（二）课后序列作业

1. 认清形貌，培养学生直觉思维

作业任务一：梳理诗歌体式

研究者梳理《短歌行》《归园田居（其一）》《梦游天姥吟留别》《登高》《琵琶行并序》五首诗歌的诗体、韵律、字法、句法、章法与风格；梳理《念奴娇·赤壁怀古》《永遇乐·京口北固亭怀古》《声声慢》三首词的词牌

名及其来源典故、字数、句式、韵律、修辞与风格。

作业任务二：删改比较体式

在不改变句意的基础上，遵从删去虚词，删去同义反复，删去修饰语、双音节变单音节等原则，将五言的《归园田居（其一）》改成四言的体式。并比较四言与五言在理解程度上的难易与描述画面上的异同。同时，将七言的《登高》进行删改，分别改为四言与五言。以“万里悲秋常作客，百年多病独登台”一句为例，在句意不变的基础上，可改为五言诗“悲秋常作客，多病独登台”，也可改为四言诗“万里悲秋，百年多病”。

作业设计意图：王荣生教授指出：“依据文本体式，是文本解读的基本通则。好的阅读教学，往往基于合适的文本解读，即依据体式的文本解读。”可见，诗歌的解读应从外部入手，逐渐深入内里。而一首诗歌最为直观的形式即其体式特征。结合本单元导语提示：本单元汇集了不同时期、不同体式的诗词名作。故此，在教材的编排上，编者意图也是希望通过不同体式的作品，加强学生诗词鉴赏能力，这就要求教师做文本解读时要重视文体定位。面对什么样的课文，就要依据其文本体式，还给它什么样的课堂。

此次作业设计以言数这一诗歌体式作为切入点，设置一系列学习任务和梳理、删改有关的作业，比较不同言数在表情达意上的区别，学生就会体验发现四言、五言、七言诗歌各自的特点：四言质朴刚健，有着粗犷宏大的霸气；五言造境抒情，有着精描细画的雅正；七言文繁意丰，有着缠绵悱恻的幽思。

而读词时，通过梳理词牌名的来源、典故与字数多少的作业，学生就能整体感知不同词牌的不同风格：“念奴娇”词牌的高亢嘹亮、挺拔豪壮，“永遇乐”词牌的纡徐和缓、韵稀绵长，“声声慢”词牌的如泣如诉、愁苦忧伤。还能通过字数多少，发现《念奴娇·赤壁怀古》《永遇乐·京口北固亭怀古》都是长调，《声声慢》是中调，也是字数最多的中调，且比较舒缓、丰满，更适合于表现复杂多样的现实生活。

总之，上述梳理、删改的作业设置，就可激发学生对古诗词主动学习的兴趣，培养学生的直觉思维和主动探究能力，体验古诗词的外在体式，为他们鉴赏古诗词提供一条新的学习路径。

2. 赏析“酒”“月”，洞察独特生命表达

作业任务一：梳理“酒”“月”，探究情感要旨

小组合作，借助相关资源，结合对八首诗词的理解，概括八首诗词中相同意象“酒”“月”的不同特点，并结合课堂的学习，进一步探究理解八首诗词的内涵和生命诗意（社会思考、人生感悟）。“酒”“月”意象一览表见表4。

表4

	酒有关的诗句	月有关的诗句	诗词内涵与生命诗意
《短歌行》			
《归园田居（其一）》			
《梦游天姥吟留别》			
《登高》			
《琵琶行并序》			
《念奴娇·赤壁怀古》			
《永遇乐·京口北固亭怀古》			
《声声慢》			

作业任务二：调动经验，走进诗人心魂

（1）《唐宋词与人生》一文中说道：“而唯有这样的读词之法——读者尽可能地调动自身的人生经验和艺术想象力，以吾身入乎其中而涵泳玩索之，这才能真正把词读深读透。”请运用这种读词之法，从以下任务中任选一个完成。

① 结合《念奴娇·赤壁怀古》中的内容，为苏轼与周瑜设计一段跨越千年的对白。400字左右。

② 结合《永遇乐·京口北固亭怀古》中的内容，替辛弃疾给朝廷上表一封奏疏。400字左右。

③ 结合《声声慢》中的内容，以李清照的口吻给其亡夫赵明诚写一封信。400字左右。

（2）阅读下列对联，请你选择一副，说出它歌颂的是哪位文人，并为这位文人写一段颁奖词。要求：至少运用一种修辞手法，不超过70个字。

① 闺中苏辛，别是一家，史家称道传孤本；词里三瘦，堪叹婕妤，金石录中寄深情。

② 铁板铜琶，继东坡高唱大江东去；美芹悲黍，冀南宋莫随鸿雁南飞。

③ 诗史数千言，秋天一鹄先生骨；草堂三五里，春水群鸥野老心。

我选择（　　），这副对联歌颂的是（　　）。

颁奖词：____

（3）陶渊明、李白、杜甫、白居易、苏轼、辛弃疾、李清照……许多诗人都在人生“失意”之中创造了不朽的“诗意”杰作，并将失意活成诗意。请任意选取一位诗人，结合他的经历，谈谈你对“诗意生活”的看法。

作业设计意图：古诗词中常常借助意象寄寓诗人对社会的思考和对人生的感悟，而八位诗人都运用了相同的“酒”“月”诗歌意象，来表达自己独特的生命体悟。

作业任务一是布置梳理八首诗词中“酒”“月”意象的句子，并探究“酒”“月”蕴藏着的生命诗意、情感要旨，实际上是让学生对作品内涵意蕴及主人公形象进行赏析、提炼。也达成了本单元学习任务中提出的要求：优秀的古诗词作品往往具有深刻的意蕴和独特的艺术匠心，学习欣赏时应当重点关注，细加品味。

新课标强调，“语文实践活动情境主要包括个人体验情境、社会生活情境和学科认知情境”。情境是语文作业的依据，实践活动是语文作业的落实方式，最终目的是提升学生的语文核心素养。而作业任务二的特点是给学生创设了真实的个人体验情境，以此来训练学生语言文字的运用能力。目的就在于让学生调动自己的人生经验，通过将诗词改写成其他文体的篇章活动与浅谈八位诗人的“失意”与“诗意”，让学生与诗人心灵相通，逐渐深入挖掘领会诗词的情感要旨，体味诗人深邃的思想、多样的人生，加深对社会的思考，增强对人生的感悟，由表及里、由形式到内容，真正“知人”，走进诗人心魂。

3. 追溯背景，领略诗人时代风度

作业任务一：自主查阅诗人所处时代相关资料，完成表5。

表5

	时代	时代特征
《短歌行》	东汉	
《归园田居（其一）》	东晋	

续 表

	时代	时代特征
《梦游天姥吟留别》	盛唐	
《登高》	中唐	
《琵琶行并序》	中唐	
《念奴娇·赤壁怀古》	北宋	
《永遇乐·京口北固亭怀古》	南宋	
《声声慢》	南宋	

作业任务二：搜集具有同时代特征的其他诗人的诗作，完成时代·生命·作品一览表，见表6。

表6

流离乱世	
魏晋风骨	
盛唐气象	
中唐苦吟	
北宋士族	
动荡南宋	

作业设计意图：将诗人所处时代的特征与其他类似风格的作品相关联，通过比较阅读，相互勾连，有利于学生更为全面系统地把握同一时代的生命气象以及不同时代的精神风貌，也更为全面地理解时代下本单元诗词诗人的生命之魂，知人又论世。

4. 真情演诵，延续理解诗词魅力

以小组为单位，分工合作，选择一首诗词设计演诵脚本，配乐，准备参加班级演诵大赛，展现各组诗词演诵风采，选出最佳演诵小组。具体作业任务为：

作业任务一：课下自读老师提供的选文《普通话吟诵教程》（徐健顺著，广西师范大学出版社2018年5月第1版），体会古诗词朗诵符号的作用，掌握古诗词朗诵技巧，并参考老师提供的朗诵脚本和演唱脚本，把握歌诵技巧，动情歌诵。

作业任务二：下载、学习参考本诗歌欣赏的名家朗诵或演唱音频、视频资料，课后自主录制音频，打包上传网盘。

作业任务三：选择其中一首古诗词配乐，可以推荐1—3个配乐版本，并结合诗词内容说明配乐理由。

作业任务四：以小组为单位，参加班级演诵大赛，展现各组诗词演诵风采。

作业任务五：对照评价量表，按自评50%+互评50%的比例计算总分，选出最佳合作奖、最佳演诵者、最佳配乐奖，并说明理由。

作业设计意图： 让学生选择自己喜欢的诗词来演诵，能确保每个层次的他们都能找到自己的“最近发展区”。

布置作业让学生挑选合适的背景音乐去配乐，有助于学生对作品风格的整体把握，促进深度学习。

最后让学生配乐诵读，有能力的同学不限于诵读，还可以用现代歌曲的曲调来翻唱，或自己谱曲吟唱，设计这样的作业较能考量学生的实践能力和综合能力：既能达到学生百分百的参与效果，又能检测、进一步深化学生对诗词语言的细节品味和对本单元诗词的理解程度，也能通过演诵、吟唱、翻唱不同特征的古体诗、律诗、词等个性化的操作，让学生在唇齿吟咏之间品味诗词之美，将诗词这一丰富的文化宝藏滋养身心，内化成学生人格的一部分，培养学生的语感和感受美、欣赏美、创造美的能力，提高他们的思想修养和文化品位，提升他们的审美体验，更能培养学生对中国传统文化的认同感，坚定传统文化自信，传承古诗词，有助于完成立德树人的根本任务，完成实现提升学生综合素养、育人的终极目标。

演诵比赛结束后，再组织班级全体成员进行互评、自评，最终评选出“最佳合作奖”节目、“最佳演诵奖”节目、“最佳配乐奖”节目。新课标中倡导课程评价要有整体发展意识，要方式恰当，主体多元，因此，具体的评价标准也是学生共同探讨商量制定的，老师只是给予一定的支持。此作业设置，考虑的不仅仅是学生的学习结果，更多的是学生的学习过程和过程性、多元性评价。

5. 短评写作，文化传承创新和鸣

阅读文学作品时，从自己的感受出发，用简要的文字把自己对作品的理解、分析和评价写出来，就是文学短评。写文学短评要善于聚焦，从“小”处切入，主要运用叙议结合的方式，在适当复述、介绍或者引用作品内容的基础上，展开分析和评论。

作业任务一：阅读大师评论文，认真学习并圈点勾画。

作业任务二：从八首诗词中自主选择一首，从语言体式、意象手法或内容情感等角度中任选一个，结合具体的诗句和自己的理解思考，就你感触最深的一点，写一则800字左右的文学短评。并交流分享。

感触点参考：李白《梦游天姥吟留别》中跌宕起伏的情绪流转、深沉复杂的人生之思，杜甫《登高》中蕴含的身世之悲和忧国之情，白居易《琵琶行》中对音乐的传神描写，李清照《声声慢》中别出心裁的叠词运用等。

作业设计意图：我们都知道，教师是课堂的支持者、合作者和引导者。在撰写文学短评前，教师提供了大师评论文的支架，并让学生总结出文学短评的角度，充分体现了以学生为主体的教学理念。

同时，学生通过前面环节的学习，已对作品的语言体式、构思技巧、意象情感、风格手法等有了自己的理解，以此为抓手，再分析与评价，可以更好地训练学生观点的表达，提升学生的阅读鉴赏能力和文学评论能力，更好地传承古诗词，激发学生的创造力，促进学生对课内知识的迁移和运用，实现课内与课外的有效融合，从而实现知识的跃迁与优化。

四、传承创新落实，作业目标达成

本单元作业设计立足单元整体教学，从适应高考要求的角度，根据新课标中“学业质量水平4”的要求设计教学和作业读写目标任务，确认作业设计的目标导向，以单元视角观照作业设计，确保单元作业设计与单元教学更加融洽，微观调整单元作业题型，实现教—学—评真正的一致性、整体性。紧紧围绕“就感触最深的一点”为主题的文学评论作品这一单元作业核心作业，通过梳理体式、赏析意象、浅谈看法、诵读评论等方式进行教学，并设置相应相关的作业，洞悉诗人生命表达，探究诗人生命情怀，走进诗人生命世界，评论诗人诗意点滴，体验古诗词、传承古诗词、创新古诗词，实现教—学—评的一致性。

从价值原点上看，本单元的作业设计真正提高了单元作业设计的核心素养培养效果，为实现育人的终极目标奠定了基础；从作业标准上看，本单元的作业设计以大单元教学为导向，充分发挥了学生的自主性和能动性，注重知识构建的系统性、整体性与层次性，有助于学生关键能力和思维品质的有效提升；从问题导向上看，本单元的作业设计解决了长久以来语文课程作业布置过程中的功能单一、目标意识匮乏、难度不当、针对性不强、结构不合理、差异性缺乏等诸多常态性问题，尤其是有效解决了“作业内容与教学相脱节”这一核心问题；从作例体系的建构上看，本单元属于18个学习任务群中的“文学阅读与写作”任务群对应五个单元中的第二个，课标中明确指出“课内阅读篇目中中国古代优秀作品应占1/2”，本单元的作业设计便是其中的一大实践。学生通过自己的梳理探究、阅读鉴赏、演诵表达，在继承中创新，在创新中发展，真正理解、认同、热爱中华优秀传统文化。

总之，本单元的作业设计，为整个大单元教学提供了新方向和新路径，也进一步撬动了教学变革，作业案例的研究值得我们为此不断探索！

高中语文社会实践类作业的优化和实施策略

——以统编版高中语文必修上册第四单元作业为例

浙江省台州市仙居县城峰中学　龚小华

随着统编版高中语文新教材的使用，作业问题也引发广泛关注。笔者通过调研和实践发现，必修上册第四单元“家乡文化生活”的作业存在三个比较集中的问题：第一，缺乏高效情境的导引，任务“大而空”，学生做作业的兴趣不浓；第二，任务综合性强，实施路径不明确，师生感觉无从下手；第三，作业费时耗力，学生反馈没时间做。基于上述原因，此单元的作业常常被老师们弃置不用或简单带过，这不利于新课程的推进和学生语文核心素养的提升。笔者通过教学实践得出，可以从“情境优化”“项目化实施”“作业弹性设置”三个方面，来助推实践类作业的完成。

一、优化作业情境，激活学习兴趣

《普通高中语文课程标准（2017年版）》对“情境”表述有：“真实、富有意义的语文实践活动情境是学生语文学科素养形成、发展和表现的载体。语文实践活动情境主要包括个人体验情境、社会生活情境和学科认知情境。”

统编版高中语文必修上册第四单元是“家乡文化生活”，编者设计单元作业时考虑的是全国各地学生，呈现的作业任务会比较“大”，对此，我们教师在布置作业的时候，可以结合地域特点对作业题进行优化设计。

必修上册第四单元“记录家乡的人和物”作业原题，如下：

我们居住的家乡有着各类人物、多样景致和独特风俗，承载着我们丰富的记忆与情感。也许某个人物留下了动人的故事，也许某幢建筑有着不朽的价值，也许某个物件有着特殊的来历，这些都值得我们寻访探究。参考下面的活动提示，采访有关人物，了解家乡的人、物、历史、习俗等，并收集相关的文献资料和实物资料，写一篇《家乡人物（风物）志》。

对于这道作业题的情境，笔者认为可以有三种优化方案：

（一）化虚为实，让作业情境落地

这道作业题，任务指向“对家乡人、物、历史、风俗的调查”，笔者认为这个题中的“也许某个人物”“某幢建筑”“某个物件”等表述，说法太笼统，可以设置得更具体形象一点，这样更容易唤起学生的情感共鸣和兴趣，并为学生的广泛思考提供思维依据。可修改情境如下：

你可曾见过神仙居痴情的“将军”守望沉睡的“美人”？你可曾听过翁森“四时读书”、项斯“逢人说项”、吴氏“一门六十多进士”的故事？你可曾了解过皤滩古街上的盐路文化？仙居，我们可爱的故乡，它的身上还有哪些不为我们所熟悉的地方呢？假期开始了，请你以“探景师”的身份介绍家乡的一处名胜古迹（一个人物、一种文化现象亦可），并撰写一份调查报告。

这个作业情境与原题比，优势在于：第一，化虚为实，把“遗迹”“人物”“文化”这样抽象的概念替换成诸如“将军岩”“翁森”“盐路文化”这样具体的点，作业有了具体的参照。第二，起到了“情感渲染”的作用，用排比造势，罗列一串地方景点、名人、文化，唤起学生的文化认同感，激发了学生探究的浓厚兴趣。

（二）分层设计，实施精准研究

上述作业设计，是把情境具体化，它的优势是选择多元，弊端是选择太多可能会导致不容易实施，还可能会出现全班研究方向的同一性。为此，笔者把作业题一分为“三”，进行分层设计，既能让学生自主选择，又能让学生进行精准研究，设计如下：

国庆节社会实践作业：《吾心归处是吾乡》（从以下三项作业中任选一项完成）

作业一

情境任务：你可曾见过神仙居痴情的“将军”守望沉睡的“美人”？你

可曾见过皤滩古街上历经沧桑的龙形古街和盐铺码头？你可曾见过韦羌山千仞绝壁上的蝌蚪奇文？你可曾见过月塘村下赵巷口屹立着的那根古朴典雅的石灯柱？仙居，我们可爱的故乡，它的身上还有哪些不为我们所熟悉的地方呢？

作业要求：仙居有很多历史悠久的建筑、古迹，请你选择其中的一处，通过上网查询、实地探访等方式撰写一份调查报告。

作业二

情境任务：仙居地处浙江东南，秀水青山，人才辈出。晚唐有著名诗人项斯，是台州府第一位进士；宋代有陈仁玉，他写下了世界第一部《菌谱》；元代有柯九思，善诗文，工书、画，时人称为“三绝”；现代有玻璃雕花大师吴子熊、书法家徐子久等。其实在你身边还有许多名不见经传却怀揣文化或技艺的传承人。

作业要求：请你选择一位仙居籍文化人物或手工艺人，通过上网查询、实地访谈等方式，探访名人故居和名人故事等，完成一份调查报告。

作业三

情境任务：一方水土养一方人，仙居，这座积淀了几千年神韵的悠悠古城，承载着仙居人独有的文化内涵。这里有风味多样的特色美食，这里有软哝的吴地民歌小调，这里有源远流长的氏族文化和佛道文化，这里还有别具一格的文化习俗和生活方式等。仙居，还有很多值得我们探寻的文化和生活。

作业要求：请你选择一种仙居文化现象，通过上网查询、实地调研等方式，完成一份调查报告。

这个作业把一道题拆成了三道题，人物、景物、文化，分三项完成。这样做的优点有：第一，作业指向性更明确，学生不用纠结研究方向，只要任选一样，同小组成员合作完成即可；第二，作业更加精细化，几乎每项作业都有2—3组成员承担，有利于精品作业的形成；第三，既保证了作业的多样性，也保留了学生选择的多元性，还大大节约了研究时间。

（三）变式设计，“花”样落实知识点

“家乡文化生活”单元作业的作业目标，是完成一份关于家乡的调查报告，作业任务重，学生时间有限。在这种情况下，笔者想到用“一材多用”来推进作业的完成。所谓“一材多用”，是指同一则材料可以用于对不同知识点的作业设计。笔者对第四单元“家乡文化生活”专题，做过“一材多用”的作业设计，即立足“皤滩古街”这一乡土资源，完成“访谈”“导游词撰写”“评论或建议”等指向“调查报告撰写”能力培养的子任务，设计如下：

皤滩古街是仙居的文化明信片。请你利用假期，完成一次“皤滩文化之旅”，并完成以下作业：

（1）访谈：皤滩古街上有许多古老的遗迹和故事，请你探访居住在古街内的老人，做一期“皤滩故事”的访谈，录制视频或音频。

（2）导游词撰写：以“拍客”身份，移步换景，介绍龙形古街、无骨花灯、“三透九门堂”民宅古居等遗迹，拍摄视频并撰写导游词。

（3）撰写诗评：上网查询描写皤滩古镇的诗歌，如清代陈忠平的《皤滩古镇》：“水陆通衢旧埠头，五溪汇接海东流。千家牙匮俱颓剥，九折龙街自曲幽。劫换仍存读书院，客来争睹买春楼。繁华莫道今难再，盛世人间好冶游。”

根据此诗，写一段诗评。

（4）撰写调查报告：围绕皤滩古街的传说典故很多，最具代表是“古盐路”。满目沧桑的皤滩古街，人道它曾经繁华无限，是东南古盐路的中转站。不过，有人质疑这种观点，你怎么看？学生可据此话题开展调查研究，撰写一则调查报告。

这个作业设计，运用“皤滩古街”这一个文化元素，串联“访谈”“导游词”“诗评”“调查报告”四个语文知识点，学生可以做到“一景”通“四关”，优化后的作业，省时省力，有趣好玩。

二、以项目化学习，助推作业实施

实践类作业的实施，最大的困难是任务庞杂、综合性强，教材中没有提供明确的实施路径，师生不知道从何入手。笔者认为可以利用项目化学习方式，来助推实践类作业的实施。“项目化学习是学生基于真实的问题情境，建构知识与技能，解决问题，形成独立思维与语文核心素养的学习方式”，它打破了传统的教授式教学，学生变成了学习的主体，它更注重学生思维和能力的培养。笔者将结合第四单元，具体说明如何运用项目化的方式开展实践类作业。

（一）创设作业情境，开启调查之旅

“具有挑战性的可持续研究的真实情境”，是项目之始，也指向项目的最终目标成果。不过，必修上册第四单元的作业，已经预设了“任务情境”，老师们可以直接布置作业任务，也可以对任务稍做优化后再使用，关于这一点，在第一部分已经具体说明。

笔者所在语文组，在高一上学期国庆假期，布置了“吾心归处是吾乡”的作业总任务，分别设置了“秀水神山访遗迹”“人杰地灵话人物”“继古开今抒文化”三项子任务，让学生开展对家乡文化生活的调查研究。在这次作业活动中，涌现了很多想法别致的研究方向，“建筑遗迹类”的研究有“仙居三塔——试与‘雷锋’比短长”“探访仙居版‘千与千寻’——洪崖洞”“仙居的‘布达拉宫’——安岭民居调查”等，“文化现象类”的研究有“吴侬软语‘味’仙居”“浙东诗与路——仙居诗人寻访”等，“人物类”的研究有“天姥山下吴氏一族”“‘逢人说项’就是你——项斯”等。有创意的作业情境，可以激发学生的研究兴趣，激发他们的奇思妙想。

（二）搭建学习支架，化繁为简促实施

“家乡文化生活”社会调查这项作业，任务庞杂，需要“访谈”“调查报告撰写”等知识支撑，还会涉及一些跨学科技术，如“录制视频”等，所以，需要老师们提前为学生搭建一些作业支架。作业支架是教师为学生高质量完成作业所提供的有效支持和帮助，如作业模板、评价量规、可供参考的学习资源等。

1. 提供学习资源，搭建知识性支架

调查报告是在调查研究的基础上形成文字材料，调研的工作一般包括“明确调查的目的”“学习有关调查的政策和知识”“拟定调查提纲”“收集、分析、研究”“撰写调查报告”。

而学生对这些知识是欠缺的，他们需要通过学习获得。必修上册第四单元中，选录了王思斌的《访谈法》和毛泽东的《调查的技术》，教师可组织学生学习这两篇文章，以便了解关于访谈和调查的基础知识。但是光学习这两篇文章，还是不够的，可以让学生自行上网查阅一些有关“家乡文化生活”调查报告之类的文字，这样会有一个更直接的参照。另外，也可以让学生观看一些文化访谈类节目，如“舌尖上的中国”“还有诗和远方”等节目，这样可以很直观地了解调查和访谈的知识和技能，从而为接下来的作业活动做准备。

2. 提供作业范例，搭建示范性支架

所谓“范例”，是“对精选的、具体的、简洁的事例、题例进行学习的一种方法”。如果能给学生提供一些现成的同题材的社会调查的文本范例，学生对于如何完成一份社会调查报告，就会更加胸有成竹。

比如，这次语文组在布置这项调查研究的作业时，为学生提供了两篇范文。一篇是《官路堰渠坝塘文化》，这是一篇研究仙居官路镇堰渠坝塘文化的文章，非常适合学生参考学习如何撰写“建筑遗迹”类的调查报告；另一篇是2022届毕业生的一个作业成果《诗与远方》，这是笔者2020年的课题“以项目化学习推进古诗词单元统整的教学策略研究”中的一个案例，是研究“神仙居文化”的一个项目化学习，刚好和这次“家乡文化生活”的研究有重合，也可以作为学习参考。

3. 提供活动思路，搭建导向性表格

实践类作业付诸实施的时候，最大的困难，是没有规划好活动路径，学生无从下手。所以，项目化学习要提前设计好活动过程。

首先，成立学习小组，确定研究方向。比如，研究仙居白塔的同学可以组队探访神仙居、皤滩古街等，研究淡竹的同学可以探访蝌蚪文、原始森林，研究广度的同学可以探访广度寺、三井寺等。为了便于开展活动，可事先做一张分工合作表，这样何时何地何人该做什么，都有据可依。以“浙东诗与路——仙居诗人寻访”调研为例，小组合作意向表见表1。

表1

	调研的乡土资源	地标	各组人员及分工	
小组1	项斯的诗	项斯坑村	1. 总策划	
小组2	翁森的诗	双庙下翁村	2. 文稿撰写	
小组3	吴氏一族的诗	白塔高迁	3. 访谈主持	
……	……		4. 技术编辑	

其次，具体实施调查研究，初步整理文字、图片、视频等资料，然后在研究资料的基础上反复修改，形成调查报告。为了便于随行记录，最好也能设计一张表格，这样可以把重要的内容记录到表格，方便整理修改。这张表格在单元作业中有提供，师生也可以自己重新设计一张，还是以“浙东诗与路——仙居诗人寻访”调研表格为例，走进项斯设计，见表2。

表2

前期资料查询	1. 项斯生平 2. 项斯的代表诗作《长安退将》《江村夜泊》……
项斯坑村走访	1. 项斯故居（图片、资料等） 2. 走访项斯村人（访谈后人对于项斯的了解） 3. 项斯文化的传承现状（如仙居第五小学的“项斯文化建设”等）
发展建议	……

（三）创设多元评价，多重鼓励促实施

1.“物化”作业成果，推广优秀作品

所谓作业成果“物化”，其实就是作业实物化。比如第一单元的诗集、第七单元的散文集就是以文字的形式“物化”作业，而第四单元的“家乡文化生活”调查报告则要求用文字、视频等形式对作业“物化”。

不同地域的学生会选择不同的家乡元素开展作业，最后呈现的作业成果必然也丰富多彩，把作业成果汇集成册后就是一本“仙居物语”，把优秀作品编辑成册，建立作业档案，并运用巡演、公众号宣传、校际交流等方式进行宣传展示，分享学习，这样能够激发学生做作业的兴趣，增加学生的学习成就感，也方便学习成果的宣传推广。

2. 制定作业反馈表，收集学生多元评价

新课标提出“评价要多元”，主要体现在“评价的主体、评价的方式，评价的内容、评价的过程、评价的结果”要多元，而制定评价量表可以很好地解决作业评价的问题。“评价量表是用不同的数值来代表自己的某种态度，目的是将非数量化的问题加以量化考核。”评价量规，是他人对自己作业成果的反馈，学生可以从反馈中总结得与失，明确努力的方向，获得学习成就感。

三、作业完成要有弹性设置

“当代文化参与”这项作业于学生而言，还有一个巨大的障碍是时间。高中学习非常紧张，这也是实践类作业常常被忽视的原因。笔者认为，作业要讲究弹性，主要体现在作业的难度设计和作业的完成时间。

1. 立足学情设置弹性作业，让学生拥有自主选择的空间

以“吴侬软语‘味’仙居”为例，这项作业研究范围涉及“仙居古音词”“仙居惯用语”“民谣”等，可根据学生特长，群策群力共同完成。

2. 立足进度设置弹性作业，让学生拥有充足的完成时间

对于综合性强的实践类作业，我们要有作业前置意识，即实地调查前的任何工作，教师可以用“前置作业”的形式提前布置，让学生利用平时在校和周末的时间逐步完成。需要学生进行实地调研的部分则可以利用假期来完成。

3. 分工合作，集思广益

分工合作可以是班内小组间的合作，也可以是班级之间的合作。比如，家乡文化生活之“人物”“建筑遗迹”“文化风俗”的调查研究，可以分别布置给三个组完成；班级之间也可以进行分工合作，如笔者所在语文组的六位老师就进行了合作，两位老师各自负责一个专题，然后又把专题细化为若干小专题。

求“学”之术，思“辨”之道

——核心素养视域下统编版高中语文必修上册第六单元作业设计

桐乡市高级中学　李燕

一、立足教材，把握学情，定位素养作业

（一）以学习任务群的精准把握为前提

统编版必修上册第六单元属于“思辨性阅读与表达”任务群，关于此任务群，新课标是这样要求的：“引导学生学习思辨性阅读和表达，发展实证、推理、批判与发现的能力，增强思维的逻辑性和深刻性，认清事物的本质，辨别是非、善恶、美丑，提高理性思维水平。”根据新课标要求，本单元要引导学生进行思辨性阅读和思辨性表达，通过阅读与鉴赏、表达与交流、梳理与探究等语文学习活动，力求学生能思辨性地把握古今中外论说名篇中作者的观点态度和思维方式，尝试从各个角度以恰当的方式有针对性地发表和阐明自己的观点，以发展学生的辩证思维和批判性思维能力，培养学生思维的逻辑性。

在统编版必修教材中，涉及“思辨性阅读与表达”的任务群一共有3个单元，在必修上册中只有1个单元，另外2个单元在必修下册教材中。由此，为了更好地体现课标精神，落实课标要求，需要创新教材体系设计：横向上，本单元要以学习任务群“思辨性阅读与表达”和人文主题“学习之道”双线设计单元作业（见表1）；纵向上，要打通这3个相同任务群单元的壁垒，以必修上册第六单元为起始单元，以必修下册第八单元为收束单元，中间尽量考虑到作业设计的衔接性、阶梯性和序列性，以不区分同一任务群在不同单元内的各自侧重点（见表2），体现“大单元”“大概念”“大融合”理念，实现核心素养的

有序层级提升。

表1

单元	学习任务群	人文主题	语文素养	课文	写作
第六单元	思辨性阅读与表达	学习之道：把握学习的价值、意义、原则和方法，通过读书和学习提升自身修养，培养终身学习的理念；借助理性思维，认清事物的本质，辨别是非、善恶和美丑	1. 借助注释和工具书，读懂古代思辨性作品，探究其中蕴含的文化内容和传统思维方式。 2. 准确把握和评价作者的观点和态度，理解阐述观点的方法和逻辑，学习有针对性地表达观点。 3. 学会发现问题，从合理的角度以恰当的方式阐述自己的看法，论述合理，语言准确，以理服人	《劝学》、《师说》、《反对党八股》（节选）、《拿来主义》、《读书：目的和前提》、《上图书馆》	议论要有针对性

表2

书册	单元	人文主题	思辨性阅读侧重点	思辨性表达侧重点
必修上册	第六单元	学习之道	1. 准确把握作者的观点和态度。 2. 关注作者思考问题的角度	1. 有针对性地表达观点。 2. 说理方法的选用
必修下册	第一单元	中华文明之光	1. 整体把握选篇的思想内涵。 2. 认识经典选篇的文化价值和现代意义。 3. 尝试理性评价历史叙述中体现的思想观念。 4. 辩证地认识历史人物和历史事件	1. 理解作品的说理技巧和表达风格。 2. 批判性思考，理性阐述自己观点
必修下册	第八单元	责任与担当	1. 领会作者的观点及其现实针对性。 2. 鉴赏说理艺术。 3. 学会在辩证分析与合理推论的基础上进行理性判断。 4. 养成大胆质疑、缜密推断的批判性思维习惯	1. 理解作品的现实针对性。 2. 评估作者观点、论证的合理性。 3. 学会论证自己观点

（二）以单元导读的精准阐述为引领

必修上册第六单元，选取了两篇古代传统论说名篇《劝学》《师说》以及议论文典范之作《反对党八股》（节选）、《拿来主义》，这四篇文章以议论为主，思辨性较强，后两篇文章《读书：目的和前提》《上图书馆》都是随笔，在读书感悟中融入一定的思辨性内容。

在学习本单元时，单元导读要求以“学习之道”为核心，通过梳理、探究与反思，形成正确的学习观，改进学习方法，提高学习能力。要准确把握作者的观点和态度，关注作者思考问题的角度，学习他们有针对性地表达观点的方法；学会发现问题，从合适的角度以恰当的方式阐述自己的看法。

根据单元导读要求，学习是永恒的话题，本单元的作业设计应当围绕探索学习之道展开，在针对学习意义的探寻中，在学习态度、方法的启迪中，通过个性化的作业设计引导学生表达独特的学习感受，涵养语文学科核心素养。

（三）以单元学习任务的精准理解为追求

本单元的单元学习任务涵盖整个大单元学习的内容，注重人文主题和单元学习目标共同落实。基于本单元的课文和单元主题，单元学习任务一设计了“从几篇课文中摘录一些名言警句，谈谈自己的心得体会”以及分享阅读场景感受、难忘的读书经历等任务，这些都要求基于学生的真实生活情境。单元学习任务二旨在进行文本整合，要求学生梳理各个作者的论述思路，体会其说理艺术，看看作者如何阐释“学习之道”；强调学生主体参与，分析对比和比喻在阐发观点上的作用；分析作者如何层层辩驳剖析，并有针对性地提出主张。而单元学习任务三转向思辨性表达，请学生以“‘劝学’新说”为题进行写作实践。三组任务前后衔接连贯，是一组结构化、序列化的语文实践活动，也从内在引导作业设计的层级性和结构化。

二、整合学习路径，设计素养作业

根据以上学理依据，设计如下素养作业。以“学习之道”为核心，设计课前预习作业和课后统整作业两部分。

第一部分：课前预习作业

引入预习作业，旨在个性精细。

借助注释和工具书，翻译《劝学》《师说》这两篇文言文，自主完成个性化预习任务单和精细化预学任务卡，有疑问的地方先由小组合作探讨的方式尝试解决，重难点的地方由教师进行支架帮助。

（一）个性化预学任务单

作业任务：个性化预学任务单

作业要求：请你制作个性化预学任务单（见表3），选择印象深刻的文言字词，按照下列表格形式挑选并整理，整理系统全面准确的同学在班级展示。

表3

任务	《劝学》	《师说》
重点实词		
重点虚词		
通假字		
词类活用		
一词多义		
古今异义		
特殊句式		
我的疑问		

（二）精细化预学任务卡

作业任务：精细化预学任务卡

作业要求：制作精细化预学任务卡，对六大类文言字词进行精细化拓展整理，按照下列表格形式整理拓展，整理系统全面的作业在班级展示。精细化预学任务卡，见表4。

表4

序号	字、词	义项	原句例句	联系旧知
1				
2				
……				
序号	字、词	义项	原句例句	联系旧知
1	示例：乎（虚词）	介词，比	以吾一日长乎尔	生乎吾前（《师说》）
2	示例：道（实词）	自然规律	臣之所好者道也	吾师道也（《师说》）
……				

“个性化预学任务单”和“精细化预学任务卡”两项作业主要为了落实文言文中“言”的基础知识。学生借助注释和工具书，尝试翻译文言文，自主完成，有疑问的地方尝试小组合作探讨，重难点的地方由教师进行支架帮助。改变之前以“教”为主导的教学模式，通过学生自主合作探究，提高学生自主学习的能力。

第二部分：课后统整作业

（一）锚定思维统整，梳理学习之“道”

作业要求：寻“道”——观点和依据

作业目标：初读《劝学》《师说》《反对党八股》和《拿来主义》，联系作者的思想主张和写作背景，准确把握作者的观点和态度，关注作者思考问题的角度，分析作者提出观点的依据，为下一步探究论证结构与论证方法做铺垫。

该阶段的作业设计主要指向“语言梳理与探究”核心素养。

作业任务一：横向比较，梳理思想观点

在进行群文作业设计时，梳理文本的中心思想是学习任务的基点。借助表格或思维导图可一目了然地探究文本思想观点的异同，可以建立下列作业项目表格，见表5。

表5

文本	表现思想观点的语句	思想观点概括	观点依据	写作背景
《劝学》				
《师说》				
《反对党八股》（节选）				
《拿来主义》				

借助横向比较的表格，梳理《劝学》《师说》这两篇文章在思想观点、观点依据、写作背景上的不同特点，可以初步达成“准确把握作者的观点和态度，关注作者思考问题的角度”这一作业目标。

作业任务二：纵向参证，援古证今思“道”

不同的文本背后指向不同的议论侧重点，不同的议论侧重点代表不同的精神内涵。教师给予学生一定的支架帮助，借鉴前人阅读古代典籍著作彼此参证的方法，师生共同对学习内容进行质疑、思考和探究，尝试经典作品之间的彼此参证，借助各种资料进行更宽、更广视角的发散性思考。“学习之道”探究问题漂流卡见表6。

表6

课文	作者	参证文本	主张成因	学习的意义	学习的态度与方法	“学习之道”
《劝学》	荀　子	《劝学》（其他节选段落）				
《师说》	韩　愈	《原道》（节选）				
《反对党八股》（节选）	毛泽东	《改造我们的学习》				
《拿来主义》	鲁　迅	《文化偏至论》				

借助“问题漂流卡”，可以比较阅读，更好地探究主张产生的成因，辅助理解“学习之道”。倪文锦认为，群文阅读对学生所产生的潜移默化、文化熏陶的作用较之单文本阅读要广泛得多、深厚得多、持久得多。无论从知人论世还是从文本拓展阅读的角度，都可以更广域、更客观地提升学生的思维探究和

思考能力，进而养成思维统整的能力。

（二）厘清“道”之逻辑，涵养“论证”素养

作业要求：悟“道”——论证结构

作业目标：品读《劝学》《师说》《反对党八股》《拿来主义》《读书：目的和前提》《上图书馆》，探究作者论述的针对性和概括性之间的关系，学习论证方法，梳理论证结构，体会课文思路的清晰和思维的缜密。

该阶段的作业设计主要指向“思维发展与提升”核心素养。

作业任务一：思维助力，探究论证过程

根据文本内容，梳理《劝学》《师说》《反对党八股》《拿来主义》《读书：目的和前提》《上图书馆》这六篇文章阐述观点主张的论证方法和论证过程，制作思维导图。

作业任务二：考情观照，建构论证逻辑

表7是近两年全国卷中有关“论证”考点的考情表，结合表中内容，尝试从全国卷中选择一篇文本，梳理其论证思路。

表7

时间（年）	试卷	题目	考查能力点
2022	全国新高考I卷	4. 请简要分析材料一和材料二的论证思路	分析论证思路
2022	全国新高考Ⅱ卷	4. “己所不欲，勿施于人”出自《论语》，现已成为国际社会公认的处理人际关系和国际关系的黄金准则。请结合材料一对这一现象加以分析	迁移论证能力
2022	全国甲卷	2. 下列对原文论证的相关分析，不正确的一项是	分析论证
2022	全国乙卷	2. 下列对原文论证的相关分析，正确的一项是	分析论证
2021	全国新高考I卷	4. 请简要分析材料一和材料二的论证思路	分析论证思路
2021	全国新高考Ⅱ卷	4. 请简要分析文章的论证结构	分析论证结构
2021	全国甲卷	2. 下列对原文论证的相关分析，不正确的一项是	分析论证
2021	全国乙卷	2. 下列对原文论证的相关分析，正确的一项是	分析论证

"学科教学的核心是学科思维的培养"。以作业任务为导引，借助思辨性阅读思维助力脚手架和高考真题研究，学生能够真正深入文章思路架构，辨析文本内部观点材料推论之间的关系，为提升学生的思维能力奠定基础，又使学生在探究中加深对文本结构框架的认识，让作业设计重拾思辨与理性意味。

（三）明辨"道"之选择，探究论述立场

作业要求：明"道"——经验与立场

作业目标：研读《劝学》《师说》《反对党八股》《拿来主义》，探究作者个人经历、经验的叙述与立场、观点之间的关系。

该阶段的作业设计主要指向"审美鉴赏与创造"核心素养。

作业任务一：巧设思辨点，明晰议论针对性

基于这4篇文章的文本创作目的，借助文本中的矛盾思辨点，以问题驱动学生对文本论述进行针对性的深度探究。

1.《劝学》矛盾思辨点：《劝学》中强调学习要积累，而今ChatGPT如火如荼，很多学生认为只要借助ChatGPT即可更好地帮助学习，积累没啥必要，对此，你怎么看?

2.《师说》矛盾思辨点：韩愈曾经在《重答李翊书》中说："言辞之不酬，礼貌之不答，虽孔子不得行于互乡，宜乎余之不为也。苟来者，吾斯进之而已矣，乌待其礼逾而情过乎？"为了"广圣人之道"，他以热情的、尊重的态度对待向他请教的青年，这样会不会存在"礼逾""情过"的问题？请谈谈你的看法。

3.《反对党八股》矛盾思辨点：《反对党八股》是毛泽东于1942年2月8日在延安干部会上的讲话。当时，抗日战争处于最艰难的相持阶段，根据地的生存尚且艰难，但是中国共产党人仍然花费宝贵的时间和精力讨论文风问题，其原因何在?

4.《拿来主义》矛盾思辨点：1934年3月，邵洵美说鲁迅的杂文"强词夺理"，"意气多于议论，捏造多于实证"。对此，你怎么看?

借助对这4篇文章矛盾思辨点的探究，引导学生探究问题背后的创作时代、论述立场、论述目的、论述对象、论述针对性。对于文本解读，固于历史语境，则只能看到论证严谨；跳出历史语境，则只能看到破绽百出，只有两者结合才能看懂“论述针对性”。所谓思辨性阅读，就是与文本、与作者对话，入乎其内，理解其观点和做法的合理性（历史的合理性、目的的合理性），出乎其外，全面认识事物，培养思维的逻辑性和思辨性。

作业任务二：融入情境，思考论述选择

研读《劝学》《师说》《反对党八股》《拿来主义》，在历史语境中和时代语境中分别探究文章独特的意义。《劝学》《师说》《反对党八股》《拿来主义》不同语境意义观照表见表8。

表8

	《劝学》	《师说》	《反对党八股》	《拿来主义》
生活在作者那个时代的你，如何看待该文本的意义？				
生活在当代的你，如何看待该文本的意义？				
你的结论				

“文章合为时而著，诗歌合为事而作。”基于不同时代，每一篇文章具有不同时代的不同针对性，学生通过比较式研读，会发现每位作者所做的文章都带有自己的论述针对性，甚至不同人解读同一篇文章也会有不同的发现。论述是一种选择，观照论述选择，确立论述立场，是选择对自己想表达的主旨而选择的论证方式和论证结构，以此来表达自己强烈的立场。论述立场决定论述目的、论述对象、论述情感、论述方式。

（四）推“陈”出“新”表达，创生“道”之内涵

作业要求：化道——思辨与表达

作业目标：准确把握作者的观点和态度，关注作者思考问题的角度，有针对性地表达观点方法，从合适的角度以恰当的方式阐述自己的看法，开展实践性学习、探究性学习。

该阶段的作业设计主要指向“文化传承与理解”核心素养。

作业任务一：高阶思辨，古今学习争鸣

作业形式：辩论赛

作业内容：假如荀子、韩愈、毛泽东、鲁迅可以面对面交流，主题为“学习之道”，他们会如何交流和对辩？论说学习的意义、态度与方法？

具体要求：请你从下面的“组合”中选择一组人物，写出模拟辩论过程。

①荀子与韩愈　②毛泽东与鲁迅　③荀子与毛泽东　④韩愈与鲁迅

詹丹老师说：“文本解读在立足整体的视野下，既可以向内探究更细小的局部关系，也可以向外探究文本外部的制约因素和潜在影响。”以作者视角，设想辩论情境。学生对文本内容及其承载的文化内涵的思考不应仅仅局限于教材的单元学习主题上，不同文本的丰富思辨空间为学生提供了理解感悟“学习之道”的不同角度。通过辩论赛，能让学生既忠实、扎实地理解文本，也尝试站在当代立场反思古人思想的立场，实现与作者的“穿越性对话”，进行个性化的思考，习得思辨性的“学习观”。

作业任务二：价值思辨，赋能“学习之道”

作业内容：处于信息时代，我们的学习目的与意义、途径与方法发生了哪些变化？结合今天的生活，说说古人的学习哪些值得借鉴，哪些需要更新并赋予新的内涵。

作业题目：“劝学新说”

作业流程：

（1）拟定本次演讲稿的评价标准。

（2）按照演讲要求和评价标准撰写演讲稿。

（3）学生互评，每班推选出4—5名同学进行演讲比赛。

（4）制定演讲评分表。

（5）进行演讲比赛并评出一、二、三等奖。

作业评价标准：

（1）论述的针对性与概括性方面：针对具体情境下的“学习”现象和问题展开论述，透视现象，揭示本质，论述既有很强的针对性，也有高度的概括性。

（2）论证方法的选用方面：能根据具体情境和立场观点，灵活运用多种论证方法，把个别之事和一般之理深度结合在一起，说理透彻而有说服力。

（3）演讲的常规要求方面：有清晰的演讲目的与对象意识，表达准确流畅，富有节奏感，讲究演讲技巧，动作恰当，精神饱满，具有很强的感染力。

以上是作业设计的最后一个任务，也是整个设计的核心任务，前面几个任务的完成，主要为了最后一个任务的能力迁移。通过辩论和演讲，辩证认识“学习之道”，就学习的历史价值、时代意义，运用历史眼光和现代观念进行审视，辩证分析，让“学习之道”永远具有历久弥新的时代意义与“我”之“新解”，才能实现经典文本的时代性继承和转化，真正提高学生的语文学科核心素养。

三、作业设计综述

本单元的作业设计以新课标、新教材、新高考为导引，以必备知识积累、关键能力提升为过程，以发展语文学科核心素养为指归。

核心素养视域下的作业设计，应基于学理认知，定位素养作业；整合学习路径，设计素养作业。以学习任务群的精准把握为前提，以单元导读的精准阐述为引领，以单元学习任务的精准理解为追求。力求整合学习情境、学习内容、学习方法和学习资源，灵活设计基础作业、拓展作业、迁移作业，引导学生在丰富多元的作业中提升思辨能力，在个性化的阅读和表达中提升学生的语文核心素养。

求“学”之术，思“辨”之道，术为道梯，道术相融。面向未来的作业，不是教给学生一种特定的工具之术，而是教给他们一种思维方法，此之谓“道”。作业设计的背后，不仅是教学方法——“术”的更新，更是育人方式——“道”的转变，共同指向更好的立德树人。

写作视频拍摄脚本，聚焦蒙太奇艺术，完成微电影拍摄

——统编版高中语文必修上册第七单元“人与自然”作业设计

温州市龙湾中学　张杰

一、设计意图

必修上册第七单元“人与自然”主题所选取的五篇文章，都是写景抒情的散文名篇。“学习提示”告诉我们：大自然已深深融入人类的精神世界，成为人类的心灵寄托。我们通过学习文学作品对自然的描写反观自然，可以提升对自然美的感悟力，激发对自然与生活的热爱之情。

本次作业设计，以“聚焦蒙太奇艺术，如何写作视频拍摄脚本”为目标，遵循两个原则：一是以课本为依托，以学情为基础。充分结合“选文”特点和“如何做到情景交融”的写作训练。二是教学设计要贴近学生的“学情”，聚焦蒙太奇艺术，实施有针对性的脚本写作指导。重在引导学生通过读写学习与探讨，体会民族审美心理，提升文学欣赏品位，并重新建构自己的世界观、人生观、价值观。

二、设计缘起

2022年2月，《中学语文教学参考》发表了温州中学李铮铮老师的《自我超越　个体救赎——〈我与地坛〉情境任务设计》一文，李老师以“遗憾的是，斯人已去，《我与地坛》终究没有拍摄成电影。假如你是导演，要拍摄史铁生

在地坛中的所见所闻，展现他在地坛中所完成的沉思之旅，会如何呈现你的镜头呢？”落实在情境任务中，李老师的两个环节引发我的注意，其中第一个环节以“镜头：与地坛的初次相遇”为目标，设计了三个要点：镜头时间，镜头内容，镜头选择。第二个环节以“镜头：地坛中的所见所闻”为目标，设计了镜头说明。

这里特意选取了李铮铮老师的课例环节来引出我的作业设计内容。李老师的课例中对“镜头说明”做了以下的尝试：

李铮铮《自我超越　个体救赎——〈我与地坛〉情境任务设计》课例

【镜头说明】

任务：小组合作探究，请参考“与地坛的初次相遇”的镜头说明，选择你要拍摄的“史铁生在地坛中的所见所闻”的一组镜头，并陈述镜头说明。

要求：①镜头说明要有文本佐证；②镜头要呈现史铁生在地坛中所完成的沉思之旅的某段过程。（客观镜头）

（空镜头）夕阳、老柏树、野草荒藤

（长镜头，只拍背影）史铁生摇着轮椅进入地坛

【主观镜头】

（长镜头）古殿檐头、门壁、高墙、玉砌雕栏

【拍摄理由】

地坛的衰败和史铁生的命运相契合，但地坛还有另一面等待着他去发现

……

这里设计了以拍摄镜头的要求，采用“主观镜头”与“客观镜头”，“长镜头”与“空镜头”交错，创作视频拍摄脚本，聚焦蒙太奇艺术，完成微电影拍摄的整体框架。切合了“人与自然”单元主题的作业设计要求。

三、实施步骤

（一）写作视频拍摄脚本

1. 知识储备

分镜头脚本的格式：

分镜头脚本并没有固定的标准格式，一般由镜号、景别、镜头技巧、画面内容、时长、旁白、音乐和备注等内容构成。以下为各项内容的作用：

（1）镜号：镜头进行组接的顺序号。

（2）景别：被拍摄主体在画面中所占比例的大小，主要包括远景、全景、中景、近景、特写等。另外，如果镜头有起幅或落幅变化，也需在此项表明，如“全→中”或“特→中”等景别变化。

（3）镜头技巧：拍摄时所采用的技法，如推、拉、摇、移等。

（4）画面内容：将当前镜头中需要拍摄或表现的具体内容，以文字的形式表达出来，需通俗易懂，不宜过于抽象。

（5）时长：镜头剪辑后的时间长度，通常精确到秒，可以用“s”表示简写。

（6）对白：当前镜头画面中所包含的对话、独白或旁白等人声。

（7）音乐：当前镜头画面所需要的配乐和音效。

（8）备注：其他需要补充的内容。

2. 写作视频拍摄脚本

示例：这是为朱自清的《荷塘月色》第四段“月下荷塘”拟写的拍摄视频脚本。

【构思卡片1】

人物设置：朱自清

场景设置：月下荷塘

提取景物：荷叶、荷花、荷香、荷波、流水

确定景别与镜头移动方式：①近景→全景，摄像机固定，缓缓地左右摇动，扫过荷塘，对象：荷塘里的荷叶。②特写，摄像机的镜头推至荷花上，荷花的颜色是白色，表现出“袅娜”“娇羞”“明亮”的特点（形状各异，姿态多样，富有韵味）。③中景，镜头慢慢摇动，运用通感的手法，来处理远处歌声传来的状态。④全景，镜头拉近，通过刚才的“微风过处”，来表现荷塘里的荷叶、荷花在微风的吹拂下颤动的样子，同时也表现出荷波凝碧的状态。⑤ 近景，拉近，只听得流水声，却无法看到颜色，只觉得荷叶更加风致。

选择声音：舒缓的音乐，来营造出一种朦胧、静谧的意境与氛围。

撰写旁白：文本内容。

【写作展示】

《荷塘月色》第四段“月下荷塘”拟写拍摄视频脚本，见表1。

表1

镜号	景别	镜头技巧	画面内容	时长	旁白	音乐	备注
1	近景 ↓ 全景	摇	摄像机固定，缓缓地左右摇动，扫过荷塘，对象：荷塘里的荷叶	6s	曲曲折折的荷塘上面……像亭亭的舞女的裙	用舒缓的音乐，来营造出一种朦胧、静谧的意境与氛围	
2	特写	推	摄像机的镜头推至荷花上，荷花的颜色是白色，表现出“袅娜”“娇羞”“明亮”的特点	8s	层层的叶子中间……又如刚出浴的美人		
3	中景	摇	镜头慢慢摇动，运用通感的手法，来处理远处歌声传来的状态	3s	微风过处……渺茫的歌声似的		
4	全景	拉	镜头拉近，通过刚才的“微风过处”，来表现荷塘里的荷叶、荷花在微风的吹拂下颤动的样子，同时也表现出荷波凝碧的状态	6s	这时候叶子与花……有了一道凝碧的波痕		
5	近景	拉	只听得流水声，却无法看到颜色，只觉得荷叶风致	4s	叶子底下是脉脉的流水……		

【作业设计】

活动任务1：我们将拍摄《赤壁赋》的第一段“夜游赤壁”的桥段，请同学们根据《荷塘月色》“月下荷塘”视频脚本写作流程，有步骤地完成以下内容。

【构思卡片2】

人物设置：

场景设置：

提取景物：

确定景别与镜头移动方式：

选择声音：

撰写旁白：

【写作练习】

《赤壁赋》的第一段“夜游赤壁”的桥段视频脚本，见表2。

表2

镜号	景别	镜头技巧	画面内容	时长	旁白	音乐	备注

活动任务2：根据以上内容的呈现，我们大致了解了视频脚本写作的要素及相关步骤，请同学们阅读本单元中你最有感想的文本段落，与小组同学合作，尝试拟写一则视频脚本。

说明：活动任务1通过“月下荷塘”已有的视频脚本写作，为同学们建构了脚本写作的框架，搭建了视频脚本写作的平台；活动任务2旨在让学生通过案例分析，进一步理解上一个任务中提出的相关概念的梳理与运用。采用小组合作的形式，既加强了学生的个体写作能力，也丰富了小组合作探究的精神，为更好地完成写作任务、完成视频拍摄做好文字的准备工作。

（二）聚焦蒙太奇艺术

1. 知识储备

根据影视作品内容的叙述方式和表现形式，可把蒙太奇划分为叙事蒙太奇和表现蒙太奇。其中表现蒙太奇可细分为抒情蒙太奇、隐喻蒙太奇、对比蒙太奇、心理蒙太奇等类型。

（1）抒情蒙太奇

抒情蒙太奇在保证叙事和描写连贯的基础上，着重表现超越剧情之上的思想和情感。最常见的是在一段叙事段落完成之后，恰当地插入带有情绪情感描写色彩的空镜头。

（2）隐喻蒙太奇

隐喻蒙太奇是将两组外表毫不相干的镜头或场景交替出现，含蓄地表达导演的某种意图。通俗来讲，就是利用某种事物或画面效果，将内容隐晦地表达出来，以此引发观众联想，从而领会导演想要表达的内在寓意。

（3）对比蒙太奇

对比蒙太奇是通过不同镜头或场面，在内容、形式等方面制造强烈反差，使其产生相互对比、相互冲突，以此来表达某种特殊含义，或强化画面想要表达的内容与思想。这种蒙太奇类似于文学作品中的对比描写，包括一些形式上的对比，如声音的强与弱、色彩的冷与暖、画面的动与静、光线的明与暗等。

（4）心理蒙太奇

心理蒙太奇是通过画面镜头组接或声画的有机结合，来展示人物内心世界的一种蒙太奇技巧。它作为描写人物心理活动的重要手段，经常与交叉蒙太奇混用，来表现梦境、回忆、闪念、幻觉等精神活动。

（“蒙太奇”定义摘自高倩、李俊、黄珏涵主编的《微电影制作教程》）

2. 活动实践

以下内容接事例《荷塘月色》第四段“月下荷塘”拟写的拍摄视频脚本。

【作业设计】

活动任务3：梁鸿说：“每一个写作对象的选择，都是基于生命中最深的冲动！”首先我们确定散文写作中的写作对象，《故都的秋》《荷塘月色》《我与地坛》描写的是同一座城市的景物，呈现出多姿多样的美，运用抒情蒙太奇艺术，有步骤地完成以下内容。

【构思卡片3】

人物设置：

场景设置：

提取景物：

确定景别与镜头移动方式：

选择声音：

撰写旁白：

【写作练习】

表3

《　　》的桥段视频脚本							
镜号	景别	镜头技巧	画面内容	时长	旁白	音乐	备注

活动任务4：看过了现当代作家们眼中的景与人，体会了他们激情自然、独抒性灵的品性，我们也要关注古代文人笔下的山水和人生，去感知登山临水，安放心灵的痛快。

“仁者乐山，智者乐水”素来是中华文化的传统，苏轼的《赤壁赋》，姚鼐的《登泰山记》中的山水景物都蕴含着丰富的情感或哲思。请尝试运用隐喻蒙太奇艺术，有步骤地完成以下内容。

【构思卡片4】

人物设置：

场景设置：

提取景物：

确定景别与镜头移动方式：

选择声音：

撰写旁白：

【写作练习】

表4

《　　》的桥段视频脚本							
镜号	景别	镜头技巧	画面内容	时长	旁白	音乐	备注

说明：活动任务3，作为同一城市（北平/北京）的景物，呈现出别样的风姿，适合用抒情蒙太奇艺术呈现其内核。三篇文章写作的点很多，这种开放式的问题，不拘泥于答案，有助于充分地发挥学生的主观能动性。

活动任务4旨在让学生透过景物理解背后的哲思，建构抒情散文中的造境审美与哲学超越，引导学生，运用隐喻蒙太奇艺术从山水景物中找寻哲思美，并根据文本内容理解作者在困境中如何突围，最后结合文案，完成对视频的拍摄。

附：

参考答案

【构思卡片2】

1. 人物设置：苏子与友人。

2. 场景设置：赤壁夜景。

3. 提取景物：赤壁、长江、扁舟、清风、白露、月亮等。

4. 确定景别与镜头移动方式：先用推镜头，特写七月既望，皓月当空，星河皎洁，再用拉镜头，全景再现月光之下，朦胧雾气笼罩江面，水光接天的开阔场景，再用推镜头由全景慢慢拉近中景再到近景，表现“苏子与客泛舟，游于赤壁之下”“举酒属客，诵明月之诗，歌窈窕之章”的情景，以及苏子与客无拘无束的畅游之乐。

5. 声音：舒缓、悠扬的乐曲。

6. 旁白：使用原文诗句内容作为旁白，更贴近文本。

【写作练习】

《赤壁赋》的第一段“夜游赤壁”的桥段视频脚本							
镜号	景别	镜头技巧	画面内容	时长	旁白	音乐	备注
1	特写	推	月光皎洁	3s	壬戌之秋，七月既望	悠扬、舒缓的乐曲	
2	全景	拉	白露横江、水光接天	6s	凌万顷之茫然，浩浩乎……遗世独立		
3	中景	推	苏子与客泛舟，游于赤壁之下	8s	清风徐来，水波不兴。月出于……斗牛之间		
4	近景	推	举酒属客，诵明月之诗、歌窈窕之章	18s	诵《诗经·陈风·月出》：“月出皎兮……劳心惨兮。”		

【构思卡片3】

1. 人物设置：都市闲人与其熟人。

2. 场景设置：桥头树底闲话秋雨。

3. 提取景物：灰沉沉天底，凉风，秋雨，云，太阳，青布单衣或夹袄，烟管。

4. 确定景别与镜头移动方式：先用推镜头，特写灰沉沉的天底，再用拉镜头，全景再现树叶翻动，雨点打在树叶上的场景，再用推镜头由全景逐渐拉向远景，表现“云散，天青，太阳露出脸”，再用推镜头由远景镜头逐渐拉近到近景，体现“都市闲人闲话秋雨”特点，表现出人物内心的闲适心境。

5. 选择声音：体现北平特色的京韵大鼓。

6. 撰写旁白：用文中原句。

【写作练习】

《故都的秋》的“桥头树底闲话秋雨”的桥段视频脚本

镜号	景别	镜头技巧	画面内容	时长	旁白	音乐	备注
1	特写	推	灰沉沉的天底	5s	灰沉沉的天底下	京戏或京韵大鼓	
2	全景	拉	树叶翻动，雨点打在树叶上的场景	6s	忽而来一阵凉风，便息列索落地下起雨来了		
3	远景	推	由全景逐渐拉向远景，表现“云散，天青，太阳露出脸”	8s	一层雨过……太阳又露出脸来了		
4	近景	拉	都市闲人闲话秋雨	18s	着着很厚的青布单衣……“可不是吗？一层秋雨一层凉啦”		

【构思卡片4】

1. 人物设置：姚鼐与朱孝纯。

2. 场景设置：日观亭。

3. 提取景物：大风、雪、云、红日、山峰。

4. 确定景别与镜头移动方式：先固定摄像机，摇镜头，近景“大风扬积雪击面”，再用推镜头，近景到全景，体现“亭东自足下皆云漫。稍见云中白若樗蒱数十立者，山也”的场景，再用推镜头由全景逐渐拉向远景，特写表现“日出，正赤如丹，红光动摇承之”的场景，再用推镜头由远景镜头逐渐拉近到近景，转向摇镜头，呈现“日观以西峰”情形，表现出作者的心境。泰山日出之景的整体意境是阳刚、雄健、博大的，有一种壮大、威严、向上的力量。而此时辞官而心情低落的姚鼐在除夕这一特殊的日子里登泰山观日出而得到的精神激励，确实是不一般的。

5. 选择声音：先舒缓，后激越，最后舒缓的音乐。

6. 撰写旁白：用文中原句。

《登泰山记》的“日观亭观日出”的桥段视频脚本

镜号	景别	镜头技巧	画面内容	时长	旁白	音乐	备注
1	近景	摇	先固定摄像机，摇镜头，近景“大风扬积雪击面”，表现出此时观日出之艰难	8s	戊申晦……大风扬积雪击面	先舒缓，后激越，最后舒缓的音乐	
2	全景	推	再用推镜头，近景到全景，体现“亭东自足下皆云漫。稍见云中白若樗蒱数十立者，山也”的场景	6s	亭东自足下皆云漫……山也		
3	远景 ↓ 特写	推	再用推镜头由全景逐渐拉向远景，特写表现“日出，正赤如丹，红光动摇承之”的场景	20s	极天云一线异色……此东海也		
4	近景	拉 ↓ 摇	再用推镜头由远景镜头逐渐拉近到近景，转向摇镜头，呈现“日观以西峰”情形	10s	回视日观以西峰……而皆若偻		

以“大观念”统摄“单元学历案”设计的策略与思考

——以统编版高中语文必修上册第八单元作业设计为例

诸暨二中　石飞燕

为落实立德树人的根本任务，《普通高中语文课程标准（2017年版）》将学科核心素养作为学科育人目标。发展核心素养需要“新教学”，“新教学”呼唤教学设计的转型，要求突破“知识点+课时+作业”的传统教学设计格局，贯彻“学为中心”的理念。以“大观念”统摄的“单元学历案”设计是实现“新教学”的有效载体。

一、“单元学历案”是落实核心素养的必要前提

传统的作业设计都是以“课时”为单位，注重知识的分解，逐个进行落实，忽视知识的关联与统整。这样的作业设计，学生的学习是只见“树木”，不见“森林”，缺乏整体认知，不知道为什么学，学了有什么用，也不知道如何去应用，难以实现迁移。而核心素养的培育超越了单纯的知识点的识记与技能训练，强调知识学习从理解到应用，进而有助于养成学生于真实情境中解决问题的能力。因此，基于核心素养的作业设计强调知识统整与结构化，教学设计必须提高站位，从“知识点+课时+作业”走向“素养目标+单元”。

二、“单元学历案”是落实核心素养的有效载体

所谓“单元学历案”，是指教师围绕一个具体的学习单元，从期望“学会什么”出发，设计并展示“学生何以学会”的过程，以便于学生自主建构或社会建构经验或知识的专业方案。“单元学历案”的学习过程设计时注重学习进阶、经验建构、学以致用，教—学—评一致性技术的运用，使学生明白学习的意义，主动参与和反思，促进核心素养的发展。

三、以“大观念”统摄的“单元学历案”设计进阶

以“大观念”统摄的“单元学历案”设计分六个步骤：第一步，根据划分好的单元，提炼大观念；第二步，设计单元及课时目标；第三步，设计评价任务；第四步，设计活动过程；第五步，作业检测；第六步：反思创新。（图1）

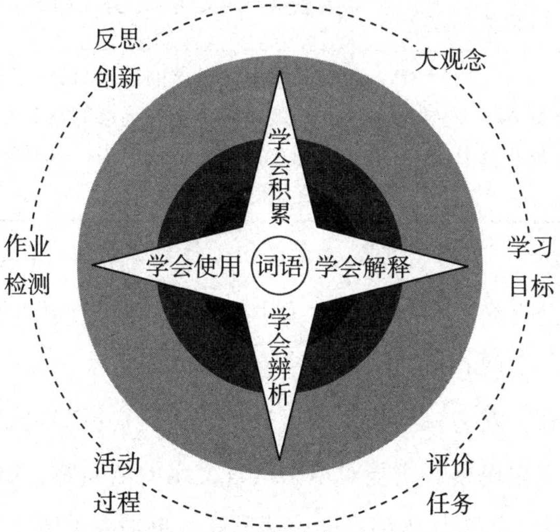

图1

（一）提炼大观念

“单元学历案”是以“单元”为基本设计单位，而“大观念”作为单元的统摄中心，要求教师在理解课程标准、充分解读和挖掘单元内各课时的意义、形成对单元的整体认知、领会单元内容的育人价值等基础上进行提炼。

笔者以必修上册第八单元为例，呈现大观念提炼的过程，具体分三步。

1. 研读教材

统编版高中语文教材必修上册第八单元“词语积累与词语解释”对应的是“语言积累、梳理与探究”学习任务群。组织本单元的学习活动时，首先应该创设真实的生活情境，让词语学习在真实的生活情境中发生；其次，词语的学习离不开文化的引领，“语言积累、梳理与探究”任务群中提到的核心目标任务为“体会汉字、汉语与中华传统文化的关系及汉语的民族特性，增强热爱祖国语言文字的感情”。“词语积累与词语解释”任务单元（8课时），见表1。

表1

学习任务	教学内容	教学主题	课时
丰富词语的积累	词典、吕叔湘等大家作品	引导学生关注词汇系统性，增强积累的方法，探究词语中所蕴含的文化信息	3
把握古今词义的联系与区别	古汉语字典、课内文本古今异义等现象	梳理探究，了解词汇与社会生活的紧密关系以及词义演变的方式和规律	2
词义的辨析和词语的使用	词典、统编版教材必修上册	引导学生在具体的言语材料中辨析词义的细微差异，把握词语的意义和用法，锻炼在思考语言现象中提升对生活、社会文化的认知能力	3

2. 研读“课标”

本单元以“语言的积累与运用”为主题，通过对“词语的积累、解释及运用”的学习，使学生留心生活中的词语，寻找学习资源，在真实情境中进行自主且有深度的探究，助力思维的发展提升，认识语言运用规律及背后折射出的时代生活特征和文化现象，增强对祖国语言文字的认同感，增强文化自信，进而体会语言不仅是文化的载体和重要表达形式，更是人类历史的活化石。

3. 提炼大观念

在厘清单元内容、明确课标要求的基础上，梳理出单元的核心元素——“词语”“社会生活”“文化”“变化”“规律”等，由此，明确以“词语：社会生活和文化的见证”为主概念展开教学，让学生了解词语在特定生活情境、文化情境中的产生、构成、演变和使用规律，使之成为相互关联的节点，并向外延伸出分支，形成了一张完整的知识网络图，如图2所示。

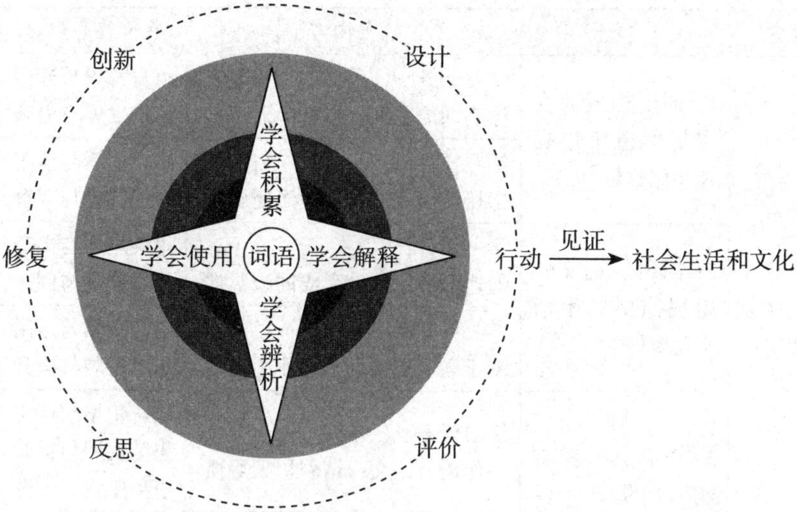

图2

（二）根据大观念规划单元内容与课时

大观念联结教学内容，统摄单元的教—学—评全过程。大观念通常可以分解成若干个子观念，这些子观念在局部发挥影响，相互作用。因此，在提炼大观念后，还要做好大观念的分解，每个子观念对应相应的课时内容，承载不同的核心素养。

1. 分解大观念

结合本单元的内容和主题，将大观念分解成以下三个子观念：①词语构成演变中折射造字依据和文化背景；②词语、词义使用规律中的生活文化属性；③语言认知鉴赏能力的提升，涵养文化底蕴及文化自信。

以上三个子观念，一方面相互独立又相互依存，形成了一条词语积累、解释及运用的统摄性纽带，另一方面三个子观念和大观念具有内在联系、内在协调和整体发展，它们围绕大观念有机生长，既是单元学习的逻辑起点，又是单元学习的目的指归。

2. 依据子观念规划课时内容

“词语：社会生活和文化的见证”学习单元（8课时），见表2。

表2

<table>
<tr><th>大观念</th><th>子观念</th><th>任务内容</th><th>指向核心素养</th><th>课时</th></tr>
<tr><td rowspan="6">词语：社会生活和文化的见证</td><td rowspan="2">1. 词语构成演变中折射造字依据和文化背景</td><td>学习任务一：
绘制词语手卡，丰富词语积累</td><td>语言积累与运用
思维发展与提升</td><td>1</td></tr>
<tr><td>学习任务二：
探秘词语传承，掌握演变规律</td><td>语言积累与运用
文化传承与理解</td><td>1</td></tr>
<tr><td rowspan="2">2. 词语、词义使用规律中的生活文化属性</td><td>学习任务三：
勾连语境比较，完成词语鉴赏</td><td>思维发展与提升
审美鉴赏与创造</td><td>1</td></tr>
<tr><td>学习任务四：
基于词语积累，了解使用规律</td><td>语言积累与运用
思维发展与提升</td><td>1</td></tr>
<tr><td rowspan="2">3. 语言认知鉴赏能力的提升，涵养文化底蕴及文化自信</td><td>学习任务五：
写作语言论文，培养积累习惯</td><td>语言积累与运用
思维发展与提升
审美鉴赏与创造</td><td>2</td></tr>
<tr><td>学习任务六：
多样评价反馈，提升语言素养</td><td>语言积累与运用
思维发展与提升
文化传承与理解</td><td>2</td></tr>
</table>

在大观念的统领下，沿着“词语：社会生活和文化的见证”这条主线，规划本单元的课时学习，明确子观念与课时内容、学科核心素养的对应关系。

（三）设计单元和课时目标

单元目标的设计需要依据课程标准，结合教材和学情，做到明确、具体、可操作、可评价，并指向核心素养。

确定本单元的目标如下：

（1）通过系统、有计划的梳理、积累，扩大词汇量，丰富词语积累。

（2）通过多种阅读途径，探究词义的演变规律对文化传承和发展的重要影响。

（3）通过辨析词义的细微差异，探究语言文字运用规律，提升语言能力和思维品质。

（4）通过表达交流，感受祖国语言文字的独特魅力，增强热爱祖国语言文字的感情。

本单元课时目标和活动进阶方案设计如下，见表3。

表3

任务内容	课时目标	活动设计
学习任务一：绘制词语手卡，丰富词语积累	通过教材的阅读明确词语积累的学习目标，理解词语积累、梳理的必要性以及词语积累梳理的方法	活动一：认真阅读教材第八单元，进行圈点批注，理解教材内容，阅读过程如有疑问，可以提出来与老师、同学们探讨
		活动二：请同学们根据教材内容，总结积累、梳理词语的价值意义，概括梳理词语的方法，完成学习笔记
学习任务二：探秘词语传承，掌握演变规律	以活动来促进学生理解词语的演变，构建汉语与古代汉语的桥梁，感受中华文明绵长强劲的生命力	活动一：请同学们绘制思维导图，从词义的角度分析同一词语的不同含义的变化历程
		活动二：通过小组集体交流，分析词语本义在演变过程中折射出的造词依据及其文化背景
		活动三：TED（技术、娱乐、设计）演讲，梳理介绍词语演变过程，解说其所蕴含的社会文化信息
学习任务三：勾连语境比较，完成词语鉴赏	引导学生根据语境鉴赏词语，强化学生词语解释与文本解读之间关系密切的意识	活动一：从整理的手卡中选择至少3个词语，对其在不同语境中的使用和表达效果进行鉴赏，并在课堂上进行展示交流
		活动二：《师说》一文中出现3次“惑”，分别为 （1）惑而不从师。 （2）其为惑也，终不解矣。 （3）于其身也，则耻师焉，惑矣！ 请解释这几个“惑”，并结合文句分析
学习任务四：基于词语积累，了解使用规律	积累、解释与鉴赏词语，丰富自己的词语库，提升词语运用的精准度，在具体的生活情境中，主动有序地积累词语，并能够灵活有序地运用词语	活动（作业）：春光正浓，春意正盛。高一年级准备外出研学，途中举办一场“青枫‘语’春成语过关挑战赛”。 请你为这次活动准备至少5个成语，并注明自己所积累的词语及其来源
学习任务五：写作语言论文，培养积累习惯	再次对词语基础知识、词语积累的方法、词语运用的规律进行梳理，进一步强化对词语家族的整体、深度认识	活动（作业）：唐朝是中国诗歌史上的第一高峰，精品诗之多是其他任何朝代都无法比拟的。李白、杜甫、王维等诗坛大师，不仅创造了富有生命力的优秀作品，也形成了他们独具特色的语言风格。请你选择一位喜欢的诗人，阅读他的作品，然后以“试论____作品的语言特色”为标题，写一篇学术小论文，不少于800字

续 表

任务内容	课时目标	活动设计
学习任务六：多样评价反馈，提升语言素养	通过展示交流，进行评价提升	活动（作业）：请以六人小组为单位，每位成员阐述自己的选题角度和写作思路，自我评价优点与不足，然后小组其他成员根据班级商定的评价标准进行量化赋分，提出修改意见，学生进行自我修改。最后，班级成立总评小组，对大家修改的文章进行总评

（四）设计评价任务

“教过”不等于“学会”。“单元学历案”秉持学生立场，以“学会”为教学设计的逻辑起点。判断学习目标是否实现，达到哪一级的素养水平，必须通过评价任务来检测。评价任务必须与目标匹配，检测核心素养的评价任务有别于检测知识技能的评价任务，必须有真实情境的介入，将知识、情境、任务、挑战等融为一体，体现“做事”而不是“做题”。

例如，在完成本单元的学习任务时，笔者设计了“词语：社会生活和文化的见证”评价量规，见表4。

表4

学习阶段		评价量规	评价主体
学习任务一：绘制词语手卡，丰富词语积累	课本词语搜集整理	能够清晰整理教材内容。 A.（4—5分）自主阅读教材，并能很好地整合教材内容，用图表形式清晰呈现阅读笔记 B.（0 —3分）不能很好地整合教材内容，没有完成读书笔记或完成质量不高	学生互评
	完成词语归类角度	能够整合出归类角度，并能清晰陈述理由。 A.（4—5分）整合角度明确，理由陈述清晰充实 B.（0 —3分）整合角度不够明确，理由陈述不清晰	小组互评
	词语文化专题整理	有理有据探寻词语背后丰富的文化内涵。 A.（4—5分）文化主题明确，搜集整理词语丰富 B.（0 —3分）文化主题不够明确，搜集整理词语不丰富	教师评价
	完成手卡内容设计	明确手卡制作方法，开篇内容充实。 A.（4—5分）手卡内容充实，手卡有设计感 B.（0—3分）手卡内容不够充实，手卡缺乏设计感	教师评价

续 表

学习阶段		评价量规	评价主体
学习任务二：探秘词语传承，掌握演变规律	绘制词义变化思维导图	清晰梳理词义演变思维导图。 A.（4—5分）思维导图绘制美观，知识点流程清晰 B.（0 —3分）思维导图绘制不够美观，知识点流程不清晰	教师评价
	分析词义演变文化背景	明确词义演变与文化背景的关系。 A.（4—5分）对词义演变与文化背景的关系界定清晰 B.（0 —3分）对词义演变与文化背景的关系界定不清晰	教师评价
	解说词义蕴含文化信息	探究词义蕴含的民族文化信息。 A.（4—5分）探究词义蕴含的民族文化信息深入精确 B.（0 —3分）探究词义蕴含的民族文化信息不够精准	教师评价
学习任务三：勾连语境比较，完成词语鉴赏	鉴赏不同语境词语效果	能够结合语境鉴赏词语，从规范贴合等方面进行评价。 A.（4—5分）能够结合语境有理有据地鉴赏词语 B.（0—3分）结合语境鉴赏词语意识比较薄弱	教师评价
	认识经典作品用词特色	了解教材作品词语使用的准确性、生动性。 A.（4—5分）能够对作品中的用词进行有理有据的分析 B.（0—3分）对作品中的用词分析欠理据	教师评价
	完成文本深读及批注	体会词语选择对文章影响，从完成批注的认真程度、深度等方面评价。 A.（4—5分）能够对作品做详细清晰、有深度的批注 B.（0—3分）对文章的批注欠认真、欠深度	教师评价
学习任务四：基于词语积累，了解使用规律	灵活有序运用词语	培养灵活使用词语意识，从词语选择及表达等方面评价。 A.（4—5分）用词准确，且富有文采 B.（0—3分）用词欠精准，内容欠充实	教师评价
学习任务五：写作语言论文，培养积累习惯	完成语言小论文	培养词语积累的方法、习惯，进一步强化对词语家族的整体和深度认识。 A.（20 —30分）选题角度切合本次训练要求，结构严谨，层次清晰，观点明确，论证严密，有一定的学术性，卷面干净整洁，无错别字	学生互评 教师评价

续 表

学习阶段		评价量规	评价主体
学习任务五：写作语言论文，培养积累习惯		B.（10 —20分）选题符合本次训练要求，文章通顺，层次清晰，观点明确 C.（5—10分）选题脱离本次训练要求，文章层次不清，观点模糊	
学习任务六：多样评价反馈，提升语言素养	多样评价提素养	能合理评价自己文章的优缺点，能及时根据学习小组评价意见修改文章。 A.（10—15分）认真反思文章优缺点，及时改进文章存在问题，行动力强，文章升格效果明显 B.（5—10分）发现问题能力薄弱，不能及时改进文章存在问题，升格效果不明显	学生自评 小组互评 教师评价

（五）设计体现学习进阶的活动过程

根据语言学习的特点，活动是语言学习的很好载体，让学生在听中学、说中学、读中学、写中学，等等。因此，以活动为“阶”，运用“活动链”来设计学习进阶，是一种很好的选择。“词语：社会生活和文化的见证”学习进阶设计，见表5。

表5

梳理整合类	应用实践类	迁移创新类
活动1：请同学们根据教材内容，总结积累、梳理词语的价值意义，概括梳理词语的方法，完成学习笔记	活动2：请同学们绘制思维导图，从词义的角度分析同一词语的不同含义的变化历程	活动3：TED演讲，梳理介绍词语演变过程，解说其所蕴含的社会文化信息

四、启发与思考

单元大观念的提炼，需要教师有一双“透过现象看本质”的慧眼，将教学内容融入主题探究、学科本质、育人价值和核心素养中。因此，教师必须站在学科和课程的高度，从一堆碎片化的教材资源中抽象概括出具有广泛性的“上位”概念。例如，本文中大观念“在词语积累、解释和运用中体味生活和文化的嬗变”提炼过程中，教师从“丰富词语的积累”等分支中抽象出“词语构成演变中折射造字依据和文化背景”，从“把握词义的联系、区别及使用规律”中抽象出语言的“生活文化属性”，从“词义的辨析和词语的使用”中抽象出“文化底蕴及文化自信”，最后，用一句概括的语言整合成一个大观念。总之，提炼大观念教师应通过抽象概括，将零碎、具体的事实性内容转换成由“上位”概念组成的语句，以此来统摄单元的内容。

“教—学—评”一致视域下的单元作业设计

——以统编版高中语文必修下册第一单元为例

北师大台州附属高级中学　周刚

2014年3月，《教育部关于全面深化课程改革落实立德树人根本任务的意见》首次明确提出各学段发展核心素养，将核心素养的培养置于全面深化课程改革、落实立德树人目标的基础地位，对教育要“培养什么人、怎样培养人”提出了根本要求。2016年9月，教育部发布的《中国学生发展核心素养》，对核心素养的概念进行了界定。2018年1月，《普通高中语文课程标准（2017年版）》凝练出学科核心素养，研制了学业内容标准和质量标准。“教—学—评”一致得以在文件层面落地。

2019年12月，《中国高考评价体系》发布，“教—学—评”开始尝试趋向一致，情境设计有所体现，由知识走向素养本位的考查，凸显了高考指挥棒的作用。随着“双减”政策的出台和《义务教育语文课程标准（2022年版）》的颁布，“教—学—评”一致视域下的单元作业设计引发探索，以单元为载体，设计出符合学生学习能力的语文作业。统编版高中语文的作业设计要结构化，在整体观照下，基于真实情境解决学习任务，于生活实践中，完成单元作业的目标进而培养学生的高阶思维。

一、单元作业设计的整体思路

（一）聚焦：核心价值，素养提升

必修下第一单元属于“思辨性阅读与表达”任务群，人文主题是“中华文

明之光”。教材选取了三篇诸子散文和两篇历史散文组成古代散文专题。儒家和道家散文是先秦散文的代表。儒家经典《论语》和《孟子》选取了与治国安邦相关的章节；道家经典《庄子》选用了《庖丁解牛》，既体现了治国和处世之道的隐喻，又包含浓厚的人文精神和现实关怀。历史散文选取了长于辞令的《左传》和长于叙事的《史记》。《左传》是儒家经典，也是文学名著，继承了《春秋》的笔法；《史记》是史学名著，也是文学经典，刻画了许多个性鲜明、广为人知的人物形象。其最终目的是增强文化自信，教师通过群文联读、评点批注、专题阅读等形式，引导学生感知中华文化，领悟人文精神，深化对传统文化的全面认知，学习文言知识，积累文化常识，提高表达技巧，欣赏语言艺术，理解其文化价值，思考其现代意义。同时，在单元学习目标的基础上，预设出单元的作业目标。

（二）生成：单元框架，任务重组

生成单元作业目标是大单元设计的关键。《子路、曾皙、冉有、公西华侍坐》中与治国安邦政事相关的志向是子路、冉有、公西华，而追求个人安适的志向是曾皙。孔子赞同曾皙的志向，这与孔子的政治理想是否矛盾？通过剖析并阐述观点，结合《如何阐述自己的观点》进行写作训练。

群文联读《齐桓晋文之事》和《人皆有不忍人之心》，梳理孟子“性善”说和“行王道”的逻辑关联，概括孟子“仁政”思想的内涵，提炼孟子的核心政治观点，并设立辩题“儒家的仁政思想对中国特色社会主义和谐社会建设是利大于弊还是弊大于利”进行辩论。寓言故事《庖丁解牛》蕴含丰富的哲学思想。针对庖丁解牛的三个阶段、道与技的关系以及养生的含义，不同名家有不同解读。以个性鲜明的独特生命领悟和结合生活经验，撰写解读文章，诠释个人的观点。

1. 专题阅读

选取经典思辨性文本，梳理论证方法，通过口语或书面语言阐述观点，批驳错误观点，培养学生真实的语文学习活动。

2. 思维进阶

注重逻辑思维培养，发展理想精神和批判性思维；解答学生在阅读和表达中的问题，引导学生学习逻辑知识，并避免机械训练。

3. 素养导向

在精读文本过程中，引导学生批注和总结自己的心得体会；通过分组合作探究，把握人物的个性、智慧和教训，并分享研究结果。同时概括外交辞令的特点，梳理文中不合常理之处。

二、单元作业设计的主体内容

（一）导引：创设情境，锚定目标

本单元旨在通过阅读先秦儒道经典篇章和史传散文的精彩片段，加深对中华文化的理解和对重要人文精神的领悟。学习重点是理解经典选篇的思想内涵、认识传统文化价值，并思考其现代意义。同时，对于史传文的阅读，重点关注写人叙事特点、辩证看待历史人物和事件，学习评价历史叙述中体现的思想和观念。

作业1：结合第一单元课文中的人物，选择其中之一，请从“仁、智、勇、义”中任选一个角度，列出提纲，和大家交流，见表1。

表1

价值追求	人物
仁者	孔子、曾皙等
智者	孔子、孟子、烛之武、张良、庖丁等
勇者	子路、烛之武、樊哙、项羽等
义者	烛之武、孔子、孟子、樊哙等

作业2：古之先贤深知自己肩负着社会、国家的责任，因此孔孟圣人不辞劳苦，奔波于世，推行自己的思想；烛之武不畏艰险临危受命，智退强秦；今之学者亦不忘“匹夫之责”，他们孜孜以求、执着探索、攻克难关，以己之力引众人前行……责任不分大小，生活中，我们每个人都在以不同身份、不同角色承担着责任。结合现实，请你简述对“责任”的认识。

此则情境性作业具有一定的趣味，引导学生梳理儒家、道家的思想及主张，同时，联系当下的现实生活，激发学生的问题驱动意识，为深度学习打下基础。

（二）研学：构建支架，学教融通

基于学业质量水平2的要求，能主动梳理和探究语言材料中蕴含的中华传统文化内容。通过构建作业支架，将学生深度阅读第一单元课文的结果应用到现实生活中的校园艺术节，并进行扮装秀成果展活动。从孔子、孟子、庄子、烛之武、项羽、刘邦中任选一人，结合历史人物的人生经历和文学作品中展现的人格精神，为你熟悉的任课老师设计一个对应的角色，然后进行扮装，并在校园艺术节上进行扮装秀成果展活动。围绕核心任务，设计相关任务链：

任务1：六位人物的个性特征有哪些？请你用3—5个词语进行准确概括。

任务2：你认为六位人物形象的异同点如何？请结合文本简述说明。

任务3：请按照最想设计、其次想设计和最不想设计的人物顺序，罗列相关人物，并说明其理由，给出对应的证据。

任务4：请你给老师发一条微信语音，劝说老师同意装扮你为他挑选的古代人物。

任务5：小组成员先独立思考完成心中理想的人物出场设计，再讨论修改完成定稿，配以二维码的形式扫码播放。

这样的任务设计旨在培养学生的概括能力、多角度分析能力，结合文本进行比较和对比，提升阅读与写作结合能力，并激发学生对真正学习的需求与兴趣。同时，通过扮装秀成果展活动，将学习与现实生活相连接，使学生更深入地理解和体验中华传统文化的魅力与价值。

（三）评价：思辨诊断，高位进阶

根据学业质量水平2的要求，以梳理词语在不同语境中的词义和用法为切入点，设计出语言积累、梳理与探究的作业；在分析质疑，多元解读过程中，设计发展辩证思维和批判性思维的作业，以培养学生思辨性阅读与表达的素养；融通中华传统文化经典研习和中华传统文化专题研讨学习任务群的要求，设计作业以历史眼光和现代观念进行审视，辩证分析传统文化，增进对中华人文精神的认识和中华文化核心理念的理解。

探究古代散文的语言艺术和人文精神是本专题的核心任务。基于此核心任务，本单元采取“读—思—写”一体三维的学习策略，在学习过程中要有意识地渗透以读启思、以思促写、以写促思的思想。第一课段的作业设计是了解儒、道两家思想，探究孔孟和庄子的人文精神；第二课段的作业设计是鉴赏不同史传文的语言艺术，分析语言特点和外交辞令，探究历史人物的形象；第三课段的作业设计是校园艺术节文案策划，设计课本剧表演和辩论会的任务，领悟中华文化的魅力，增强民族历史文化的自信心。

三、单元作业设计的策略方法

（一）优化：对标成果，二次开发

本单元选文涉及对传统文化的核心儒家、道家思想特征的认识，学生理解上有难度，是有挑战性的学习，基于此，作业设计既要照顾到学生对文言文的学习，又要引导学生由浅到深地领会儒家、道家的思想内涵。阅读梳理，第一次设计作业如下：

借助课下注释及古汉语常用字字典，疏通字词，在此基础上整体把握《子路、曾皙、冉有、公西华侍坐》《齐桓晋文之事》《庖丁解牛》的文意，梳理文本的主要观点及主张，把握儒家、道家思想的不同特征，见表2。

表2

篇目	主张及观点	思想特征
《子路、曾皙、冉有、公西华侍坐》		
《齐桓晋文之事》		
《庖丁解牛》		

笔者自以为把教材中的相关注释进行筛选和提炼，助之以初中的学习篇目，高一学习的历史知识，学生对诸子的背景、生平、基本思想有一定的了解，进而对这份作业轻车熟路，殊不知，这样“大致”的阅读梳理，任务还不够明晰，学生的思维触点流于空洞。基于上述反思，笔者对此项作业进行了二次开发，形成了如下更为优化聚焦的作业。

第二次作业设计：

深度阅读三篇选文，梳理文本在观点、思想与说理方式上的差异，简述先秦诸子说理方式的多样性体现在哪些方面，见表3。

表3

篇目	观点	观点的内涵	说理的方式	思想的内核
《子路、曾皙、冉有、公西华侍坐》			态度明确，表达含蓄	
《齐桓晋文之事》	保民而王			
《庖丁解牛》				道

笔者通过搭建支架、思维进阶，将原本深奥的观点以表格的形式具体而微地呈现出来，学生通读文本，比较容易抓住《子路、曾皙、冉有、公西华侍坐》中“吾与点也”的观点，其内涵在于以礼治国，以礼乐教化的途径，构建百姓和乐安居的大同社会。《齐桓晋文之事》的观点内涵是推行“仁政”，保民而王，以制民之产来富民乐民，以礼仪教化来和谐人心，其说理方式是环环相扣，逻辑严密，富有气势。孔孟思想的核心是仁和礼。《庖丁解牛》的观点是依乎天理，得道养生，内涵在于顺应天理，得道而悟，达到自在无碍、自由驰骋的理想境界，其说理方式是以寓言说理，含蓄而隽永。

本题的设计意图是培养学生自主合作学习的能力，引导学生在不同角度中梳理文本的观点。通过创设真实情境，指向了文化传承与理解，明确古代散文的特点，能够帮助学生梳理行文思路，整合后的作业设计拓宽了学生的思维张力。

（二）迭代：升级工具，潜能激发

阅读史传作品，了解了史实之后，还要进行深入思考，甚至质疑史书的记载，本单元所选的两篇史传中就有不少值得探究的问题，例如：烛之武游说成功，除了辞令巧妙外，还有什么深层次的原因？项羽不杀刘邦仅仅是因为“为人不忍”吗？司马迁对鸿门宴的记述有没有“不合常理”的地方？

对于史传文的学习，要培养学生深入辩证思考的能力。鼓励学生质疑史书的真实性。譬如：烛之武成功，难道仅仅是外交辞令的巧妙吗？是否有其他深层次的原因？烛之武有如此高的演说技巧，为何不得志？他的最终结局如何？项羽不杀刘邦是因为他年轻气盛自矜功伐“为人不忍”吗？司马迁未在现场，为什么对鸿门宴中项伯的经历与对话细节如此了然？是否“不合常理”？

同时，《烛之武退秦师》中秦晋围郑及退兵时晋侯不击秦师强调的“礼”

与“仁”是否矛盾？《鸿门宴》中司马迁在记录史实时有无褒贬？《史记》作为信史，如此记载史实是否客观？你是如何看待这些问题？基于以上考虑，在以前学习的基础上，结合单元学习任务，鼓励学生自主质疑，记录、梳理文本质疑的内容及探究的方法，设计作业如下：

借助课下注释及古汉语常用字字典，分组讨论，深入思考、探讨，并记录探究的方法，记录时每篇课文选取1—2个疑点即可，见表4。

表4

篇目	质疑内容	探究方法	探究结论
《烛之武退秦师》			
《鸿门宴》			

针对表格法的升级，由点到线形成思维组块，聚焦思辨，思维进阶，分层指导。单元整合的作业设计可以在课前预习、课中学习，也可以在课后拓展的学习任务中，趋向教—学—评一致。在不同的学习任务中，语文作业将承担不同功能，帮助学生深度学习语文。例如，第一课段的主要任务是探究儒家和道家的人文精神；第二课段的主要任务是探究语言特点，把握人物个性，思维层级定位由“识记”到“探究”。对于“思辨性阅读与表达”任务群的学习，由于经过必修上的训练，学生具备了一定的阅读基础及文体素养，因此，此项作业可以让学生更有针对性地阅读史传文学，提升学生的思维品质。

（三）动态：立体多元，全面发展

有人认为，“传统是现代的向导”，也有人认为“传统是现代的阻力”。传统，是人类创造的不同形态的特质，传统本身是一种历史遗留于现在的力量，一种过去施加于现在的力量。例如，本单元中，孔子的理想与主张、孟子的治国理念、庄子的养生思想无不闪烁着独异的智慧光芒，闪耀于中华文明的苍穹。无论是烛之武，还是刘邦，作者在叙事中透出人物的睿智。据此设置多元作业如下：

以“传统是现代的向导抑或阻力”为辩题，选择正方或反方，完成一篇辩论稿。在此基础上组织一场班级辩论赛，看谁的说服力强，并评出最佳辩手，梳理出所使用的说理方式。

在辩论稿的写作与辩论活动的组织中，引导学生领悟诸子思想的人文精神，把握儒家、道家的不同思想特点，进而培养学生理性的精神和认识历史的能力。若在辩论过程中，阐释历史人物的装扮则更能激活学生的思维。当然，还要评出此次辩论最佳辩手，分享辩论心得。梳理他们所用的说理方法，呈现多样，体现丰富性。

概言之，“教—学—评”一致视域下的单元作业设计，是基于学业质量要求的教学改进的重要途径，要彰显对课程目标的认知和理解，设计的要素应具有“可理解性”，要系统设计，体现整体性，要结合生活，体现情境性，要分层进阶，体现选择性，还要能够把握学生的学习心理，给学生带来深度的学习反馈，让作业不仅成为知识与技能巩固的保障、提升学力的重要手段、积极情感发展的过程，更成为学生核心素养发展的必经之路。

参考文献

［1］中华人民共和国教育部. 普通高中语文课程标准（2017年版2020年修订）［M］. 北京：人民教育出版社，2020.

［2］金碧鑫. 立足课程视域，设计单元作业——以“戏剧”单元设计为例［J］. 语文学习，2022（7）：63-70.

［3］吴凯路. “教、学、评”一致：初中语文单元整合作业设计——以九年级上册第四单元为例［J］. 中学语文，2022（35）：87-89.

基于任务学习的有效作业设计

——以统编版高中语文必修下册第二单元为例

浙江省台州中学　谢徽萍

随着时代的发展，社会对语文的要求也在发生变化。可以说，是时代对语文的要求倒逼我们要进行新课程改革：传统语文的“双基”“三维目标”已无法满足时代发展的要求，取而代之的是语文“核心素养”，传统的“一言堂”教学模式“少慢差费”，一直为大家所诟病，所以新课程、新教法才应运而生。然而，新课程改革几年下来，我们深切地感受到，光改革教法无法真正让新课程理念落地，教法改革需要相应作业与之相配合，双管齐下，才能达成教学的有效性。

然而，当前的语文作业现状堪忧，明显无法满足新教法的需要。相关调查显示，当下高中语文作业主要存在以下突出问题：①多而散，无系统；②布置随意，无规划；③以刷题为主，无吸引力；④易放难收，无（少）反馈。

针对以上“四无”作业现状，近几年来关于新课程的作业设计的研究层出不穷，笔者认为，在“做任务”的大趋势下，基于任务学习的作业设计无疑是一条可行之策。课堂上的任务教学和课后的基于任务学习的作业设计相辅相成，通力配合，必能解决当前的作业问题，也必能指引语文教学达成核心素养目标。

本文以统编版高中语文必修下册第二单元为例，谈谈笔者基于任务学习进行的有效作业设计的尝试。

一、本单元课内教学及课后作业设计

本单元为戏剧单元，对应“文学与写作”任务群，人文主题是“良知与悲悯”。选编了《窦娥冤》（第三折）、《雷雨》（第二幕）和《哈姆莱特》（第三幕）等中外名篇。本任务群旨在引导学生阅读古今中外诗歌、散文、小说、剧本等不同体裁的优秀文学作品，使学生在感受形象、品味语言、体验情感的过程中提升文学欣赏能力，并尝试文学写作，撰写文学评论，来提高审美鉴赏能力和表达交流能力。并在教学提示中明确指出：鼓励和引导学生自主组织、举办诗歌朗诵会、读书报告会、话剧表演等活动，丰富学生的审美体验。

在组织本单元学习内容的过程中，笔者以新课标和任务群的要求为宗旨，综合考量单元学习任务、单元导语和学习提示的要求，以戏剧表演为中心任务，考虑当下学校普遍课时紧张的现实，整体规划设计本单元的课内教学和课后作业，具体设计，见表1。

表1

学习目标	提高阅读和写作能力，最终达成语文核心素养			
设计理念	以学生为中心			
中心任务	戏剧表演			
具体安排	主要环节	环节说明	难度层级	语文核心素养
课时1	初识戏剧，提供支架	出示戏剧相关知识，为学生提供学习支架	—	—
课后作业1	阅读全剧	6人为一组，选择其中一篇作品，阅读全剧，画出人物关系图	基础层级	审美鉴赏与创造
课时2	细读剧本，揣摩台词	深入理解人物形象，进入角色	—	—
课后作业2	深入揣摩人物台词，明确人物心理发展变化	示例： 窦娥的三个“怨” 周朴园的七个“好” 哈姆莱特的五遍“出家去吧”	基础层级	审美鉴赏与创造

续 表

具体安排	主要环节	环节说明	难度层级	语文核心素养
课时3	观剧学习，改编剧本	《哈姆莱特》剧组观看胡×《朗读者》经典片段。《雷雨》剧组观看孙道临等主演的电影《雷雨》。《窦娥冤》剧组观看晋剧《窦娥冤》。 在保持原意的前提下，根据演出需要，对剧本内容进行适当的删减、改编（切忌魔改）	—	—
课后作业3	制定戏剧表演评议表；设计宣传海报	—	发展层级	语言建构与运用 审美鉴赏与创造
课时4	排演剧本，演出展示	6人为一组，选择本单元其中一篇，分配角色，排练成剧。 评选最佳主角、最佳剧组、最佳服化道等	—	—
课后作业4	撰写颁奖词或观后感	—	发展层级	语言建构与运用 审美鉴赏与创造
课时5	举行简单而隆重的颁奖典礼	—	—	—
课后作业5	剧本创新写作	—	挑战层级	语言建构与运用 文化传承与理解

本设计以学情为起点，以学生为中心，充分考虑课堂任务的可行性和有效性，以一个中心任务贯穿本单元学习始终，每课时都有配套的相应课后作业作为补充，一改以往作业无系统、无规划、无吸引力和无反馈的“四无”现状，呈现出一定的改革性。此外，标出相应难度层级和对标的语文核心素养，显示出该设计的科学性。

二、基于任务学习的有效作业的显著特征

这种基于任务学习的有效作业相比传统作业最显著的特征在于：任务情境真实、作业成果可见和难度层级合理。

1. 任务情境真实

所谓“真实”，《现代汉语词典（第7版）》里的解释是：跟客观事实相符合；不假。结合新课程理念，“真实”即符合当代学生的生活、学习和心灵等。

新课标指出：语文学科核心素养是学生在积极的语言实践中积累与构建起来，并在真实的语言运用情境中表现出来的语言能力及品质。这里强调的“积极的语言实践”和“真实的语言运用情境”都指向“真实”。

学习是具体情境下的产物，真实情境打通了知识世界或符号世界与生活世界的关联。真实情境并不等同于学生生活的实际发生，而是强调情境要与学生的经验相联系，要与学生的真实探究相联结。但实际上，传统教学脱离真实情境已经成为教育的顽疾。杜威批评说：“只有在教育中，知识主要指一堆远离行动的信息，而在农民、水手、商人、医生和实验室人员的生活中，知识却从来不是远离行动的。”

在明确真实情境的重要性之后，在设置情境时，首先要注意不泛滥，不雷同，否则会被学生一眼看穿，这是为情境而情境。其次情境设置切忌“大”而无“魂”，立足学生学习、生活和心灵真实的情境才能触动学生欲求，解决真实问题。

笔者在设计本单元中心任务的时候就充分考虑了情境的真实性。具体情境如下：

台州市中小学“阅·演”越精彩课本剧大赛（2022年7月已顺利举办）将在暑假进行，为择优参赛，特举办班级戏剧大赛。

真实的任务情境，极大地调动了学生的积极性，班级表演氛围浓郁，与以往学生对待作业的消极态度有天壤之别。这样的语文作业根本用不着老师去催，学生会去主动完成，而且是心甘情愿将时间花在语文上。如此抢时间，抢得巧妙，作为语文老师，何乐而不为呢？

此外，让学生进入剧本，也需要营造真实的情境。所以笔者还组织学生阅读全剧，并观看相关的电影、戏剧、朗诵视频等，让学生能真正进入文本，进入角色，从而更好地演绎角色，展现自我。

2. 作业成果可见

根据人之常情，一个阶段的努力有可见的成果，无疑是对努力者最好的回报。可以说，可见的成果是激励学生进一步活动和学习的最大动力。当然，这里并不否认考试成绩也是其中一种可见成果，但在语文素养上无疑偏于狭隘。

传统作业主要聚焦课堂所学知识的巩固和诊断，大多采取静态考查知识的方式，学生无兴趣，只为完成作业而做，甚至不愿去做。这样的作业易放难收，往往少反馈甚至无反馈。

针对这样的现状，笔者在设计作业的时候特别注重作业成果的可见、可测、可评。首先，戏剧大赛本身最为可见，学生的表演就是最好的"答卷"。其次，依据评议表评分细则评选出各奖项，为可测、可评。最后，根据评议表民主投票选出最佳主角、最佳配角和最佳剧组，有评价、有依据，而且让学生热情高涨，更积极地投入戏剧表演中。评议表见表2。

表2

<table>
<tr><td>表演小组</td><td colspan="2"></td></tr>
<tr><td rowspan="3">评分细则</td><td>1. 台本改编合理，紧扣主题，构思新颖（3分）</td><td></td></tr>
<tr><td>2. 准确把握人物形象，表演真实、自然、投入，感情充沛（4分）</td><td></td></tr>
<tr><td>3. 服装、道具运用得当，充分结合场景需要，符合剧情；鼓励就地取材和创意制作（3分）</td><td></td></tr>
<tr><td>总计</td><td colspan="2"></td></tr>
<tr><td>最佳主角
（推荐2人）
最佳配角
（推荐2人）
最佳剧组
（推荐2个）</td><td colspan="2"></td></tr>
</table>

此外，本作业设计力求读写一体，根据文学阅读与写作任务群要求和本单元特点，设置了改编剧本、设计宣传海报、撰写颁奖词和观后感、剧本创新

写作等写作任务，这些任务都是围绕中心任务展开的，不枝不蔓，不碎不散。整个作业流程有章有法，有放有收，极富条理，效果极好。从学生上交的作业来看，成果丰厚且质量较高。学生作业呈现多样化、趣味性，极大地锻炼了学生的阅读和写作能力，最终提升了语文核心素养。以下摘录颁奖词和观后感各一则：

最佳女主角颁奖词

徐晨毅

三十年前，“你爱的人却伤害你最深”，你用你的方式选择了隐忍和退让；三十年后，在熟悉的房间里相遇，你用你的行动捍卫了你的人格和尊严！柔弱而又刚强，是你对角色的精彩诠释。你就是我们心中最佳的鲁侍萍！

有请最佳女主角“鲁侍萍”的扮演者宋涵琪同学上台领奖。

观剧有感

暨晓瑜

精彩纷呈。

这是我对这次课本剧表演最切实的评价。

我会永远记得郑奇给我突破以往印象的沉稳表演，胡洛羽毫不忸怩、大方诠释的“奥菲利娅”；会记得池以恒饰演哈姆莱特展现的沉稳风范和独特的灯光效果；会记得马鸿宇在戏里显得格外“乖巧”和一哄而上的“打手”；会记得马昕辰、陈亮瑜出乎意料的流畅对戏；会记得“小麦耀慢慢体会”剧组对剧本新颖独特的改编，徐晨毅的改编歌词和舞剑的飒爽英姿。当然，我也会永远记得自己组出演时的状况百出——但仍然足够值得。

我永远不会忘记。

真实地唱，全然地笑，大胆地去丢脸，敞开地去接纳，完全地去接纳，完全投入地去跟生活碰撞，在美好动人的天性、绽开而闪耀的生命力面前，念对几句词，唱对几个音，又有什么深度和美丽可言呢？

此时此景——青春永不落幕。

注：下划线处均为学生姓名。

太多的“永远会记得”记录了学生最真实的观后感受，这次演出永远铭记在了学生的心中。念念不忘，必有回响。不得不说，这是一次成功的任务设计，这是一次有效的“作业”。而这作业由教师布置，由全体同学一起完成。这是语文课堂的精彩呈现，这是语文素养的有效达成，这更是学生心灵的成长。

3. 难度层级合理

笔者认为，难度层级合理是保证作业有效性的又一要素。

本作业设计充分考虑整体学情和学生个人能力情况，采取小组分工合作的方式，学生可以选择自己擅长的或感兴趣的写作任务，有一定自由度，同时能兼顾不同能力层级学生的发展要求，充分体现了笔者“以学生中心”的作业设计价值取向。

其中，基础层级作业要求全体学生完成，所以在设计作业时考虑可操作性和落实程度，笔者选取了剧本中有代表性的台词，要求学生细细揣摩，能有效培养学生文本细读的能力，既为中心任务戏剧表演打好基础，又能指向高考文学类文本阅读能力的提升。

发展层级作业则充分考虑学生的兴趣爱好，鼓励培养特长，所以在设计时注重增强作业的选择性，加大作业的自由度。

挑战层级难度最大，但我们不可以定义学生的才华和能力。事实也证明，真的有学生可以做到。有学生结合临海驲山抗日保卫战，创作出了剧本《窦娥冤·敢教日月换新天》（编剧：台州中学高二2班张祥宇）。该剧以剧说历史的形式，让古今“窦娥”在此相遇，黑暗社会与光明社会两相对照，敢教日月换新天，最终荣获台州市中小学“阅·演”越精彩课本剧大赛二等奖。现将该剧开场部分摘录如下：

徵：刀剑说荣辱，管弦问兴亡。观众朋友们，欢迎来到百家讲坛之《剧说历史》。大家好，我是小徵。

涵：我是小涵。小徵，你了解过元杂剧《窦娥冤》吗?

徵：关先生写得真叫感天动地。

涵：民国时也有个《窦娥冤》，你可知道?

徵：当然知道，故事就发生在我的家乡——临海，我从小就听过。你看，今天我还请来当年亲历此事的屈锦龙老先生。屈爷爷好!

屈：（被推上）大家好。

涵：屈爷爷，能为我们讲讲吗？

屈：这要从钱江说起，那是民国十四年……（下）

学生的创造力真的超乎我们的想象，这样开放的富有挑战性的作业，给了他们一个展示才华的舞台，还了我无限的惊喜。

三、小结及反思

在如今各行各业都“卷”的情况下，教育的“卷”尤为突出，但语文却不在“卷”的行列。高考改革之后，高一、高二重视七选三科目，学生更是极少把时间花在语文上,再加上语文的学科特点——重基础、重积累、厚积薄发，以及改卷的主观性，学生感觉每次考试都像开盲盒。在考试分数面前，学生是难免“功利”的；投入和产出难成正比，高中语文只能在夹缝中生存。

在新课改“做任务”和“双减”反套路、反刷题的双重背景下，任务学习无疑是达成语文核心素养的有效途径，而基于任务学习的有效作业设计也成了语文人希冀让语文学科“归位”的努力方向。

然而，如何让新课标的理念和目标落地，如何让新教法——大单元设计、做任务等——不再只存在于公开课、研讨课中，如何让作业设计配得上新教材，都是我们接下来要努力的目标和方向。

反思本作业设计，注重从任务情境真实、作业成果可见和难度层级合理三方面去实践，有极大的可行性和有效性。此外，本设计还有其他值得肯定的地方如：能结合本单元的特点，以一个中心任务贯穿整个单元的学习和作业，能够有效解决当前作业散而碎、无系统无规划等问题；以学生为中心设计作业，尊重学情和兴趣点，能充分调动学生的积极性，充分发挥学生的特长；等等。

但在实际操作过程中也难免存在很多问题：首先是时间的问题，当语文被各科碾压到毫无还手之力的时候，如何去守住学生的“语文时间”是我们语文老师不得不去思考的问题；其次要关注到小组合作形式的优点自然有目共睹——有利于培养学生的特长能力，有利于形成和加强小组合作意识，但也不能避免部分学生“划水”的情况的发生。这就需要老师们有比较详备的小组合作方案，并能及时跟进各组进度。此外，这样的作业设计对老师的备课要求较高：备课时间要充分，占有资料要充足，老师们要精诚合作。只有各方面都做好了，才能真正让作业的有效性达到最大化，才能将新课标的提高语文核心素养的目标落到实处。

当然，探索的路上总是伴随困难和磨难，但“路漫漫其修远兮，吾将上下而求索”，相信有语文教师观念的转变，加上坚持不懈的探索和努力，语文教学必将迎来生机盎然的春天。

联类·规整·印证

——统编版高中语文必修下册第三单元“探索与发现”作业设计例谈

绍兴鲁迅中学　金伟方

统编版高中语文教材必修下册第三单元是“实用性阅读与交流”任务群学习单元，其人文主题是“探索与发现”。本单元选入了两篇自然科学类和两篇人文社会科学类的文章，展现了不同领域学者的探索精神和科学态度。本单元的专题学习融入了“实用性阅读与交流”“跨媒介阅读与交流”“语言积累、梳理与探究”等任务群，目的是在学习活动中激发学生对科学发现、探究、创新的兴趣和热情。

本单元主要学习知识性读物的阅读方法，把握关键概念和术语，厘清文章思路，分析作者阐释说理和逻辑推理的方法，学习文章严谨准确的语言特点，并能探究生活中的实际问题，形成见解，能清晰地说明事理。

本单元作业设计，试图通过四篇文章的语言风格赏析培养语言敏感，通过对四篇文章的行文思路进行梳理来训练思维的逻辑性，借助《青蒿素：人类征服疾病的一小步》和《中国建筑的特征》获得理性审美体验，在《一名物理学家的教育历程》和《说“木叶”》中感悟实用文中的文学表达之美。

一、联类

课文知识的掌握，可依赖于互文勾连、群文联读的方式进行拓展，以期加深理解，举一反三，进而领悟其中蕴含的思维方法等。

1. 温故知新，前后阶段学习内容的比较

回顾《百合花》《“探界者”钟扬》《以工匠精神雕琢时代品质》《故都的秋》《红烛》等文章，完成表格填空。

表1

比较项目	实用（论述）类文本	文学类文本
表现对象		主观、虚构
写作思维	抽象重逻辑	
文章内涵		内蕴丰富
语言特点	准确简明	
表达功能	认知	审美

2. 本单元的四篇课文的联读

表2

篇目	作者（身份）	文体	文本内容	组合方式	言语风格
《青蒿素：人类征服疾病的一小步》	屠呦呦（药学家）	科普自传	从获奖感言到“中医药学的贡献”，小标题即内容	事物发展脉络组合	朴实准确，理性客观
《一名物理学家的教育历程》	加来道雄（物理学家）	科普自传	两件趣事：观察与猜想，一次实验——加速器实验	科学精神为核心组合	生动活泼，富有趣味
《中国建筑的特征》	梁思成（建筑学家）	科技论文	中国建筑特征和“词汇”“文法”“可译性”问题	以事物要素及关系组合	简明缜密，深入浅出
《说“木叶”》	林　庚（诗人、学者）	文艺随笔	阐明“木叶”“落木”与“落叶”在艺术形象上的差别	以联想、发散的思维组合	诗理交织，灵动典雅

3. 比较相关材料的课内外联读

阅读屠呦呦在诺贝尔奖颁奖典礼上的致辞，比较其与《青蒿素：人类征服疾病的一小步》在内容、写作目的、语言表达上的不同。

参考答案

（1）内容：课文主要介绍发现、研究青蒿素的科学历程及研究方法、疗效、贡献等；诺贝尔奖致辞主要表达感谢，介绍自己与青蒿素的缘分及精神追求。

（2）目的：课文从医学角度让人们了解青蒿素的研究过程及对中医药的贡献，阐释医学原理，专业性强；诺贝尔奖致辞是一篇演讲词，主要表达获奖心情和感谢之意，表达献身科学的精神追求。

（3）语言：课文语言简练、准确、严密，具有科学性；诺贝尔奖致辞更感性，注重形象性和感染力。

4. 本单元四篇实用文不同的言语形式的比较探究

"严谨之美"与"诗意之美"，这两种看似矛盾的"美"在不同的权重配比之下，给不同的实用文带来了不同的言语风格。请结合下文，思考：有哪些因素影响着言语风格的生成？

进一步多角度探究：①作者身份有别，如林庚曾以古代文学研究立身，又以现代派诗歌闻名，不但有扎实的文言造诣，还有深厚的诗歌功底。②受众不同：科普文是面向非专业人士来介绍科学技术，因此语言轻松活泼、通俗易懂，科学论文是面向专业科研人员，要求逻辑严谨，而文艺随笔则是面向文学爱好者，所以文学性较强。③文体有差，说明对象有差：科学的说明对象，本就是客观存在的自然现象，研究手段往往是实验性的，而文学的说明对象，是抽象的人文现象，因此研究手段常常是主观性的。

5. 通过社会生活化情境题设置，来印证课文学习的知识

学习《中国建筑的特征》后，请为鲁迅故里的三味书屋提供修缮方案。

二、规整

借助概念分析文章的逻辑关系，把握作者阐释的方式是本单元的学习重点。区分主要概念和次要概念、把握不同概念间的关系、理解概念与观点之间的关系是一些必要的学习环节，尤为关键的是探究引入概念的可行性和必要性。

为解决这个关键问题，首先从行文逻辑入手，借助合适的图形工具，梳理出作者的思考路径，在这一路径中考察概念的位置和作用。而选择合适的图表实质上就是在发现、梳理文章的层次和各层次间的关联，是在将作者的认知内化为读者的认知。

思路就是作者思索和行文时思想发展、前进的路线。如果把一篇文章比作思想走的一条路，思想从什么地方出发，怎样一步一步往前走，最后达到这条路的终点，就是作者思路的展开过程，它具体表现为行文的结构。

例1：整篇文章的结构图的选择。

《青蒿素：人类征服疾病的一小步》《一名物理学家的教育历程》《中国建筑的特征》《说“木叶”》的结构分别适合图1中的哪种类型？请从内在逻辑关系角度说说原因。

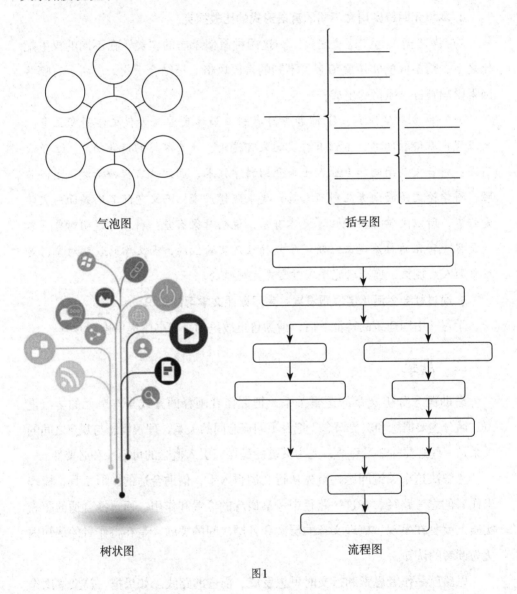

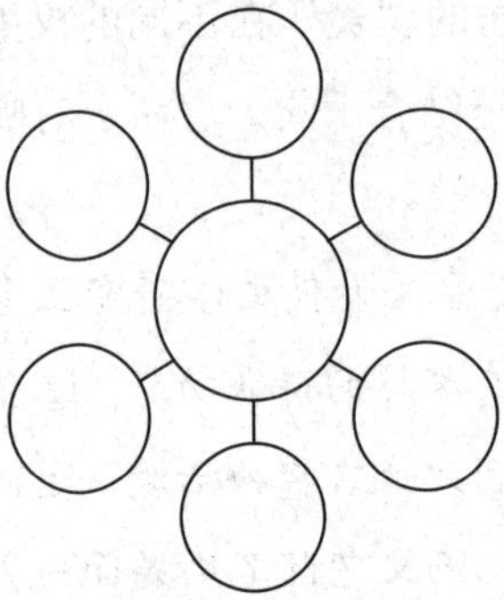

气泡图

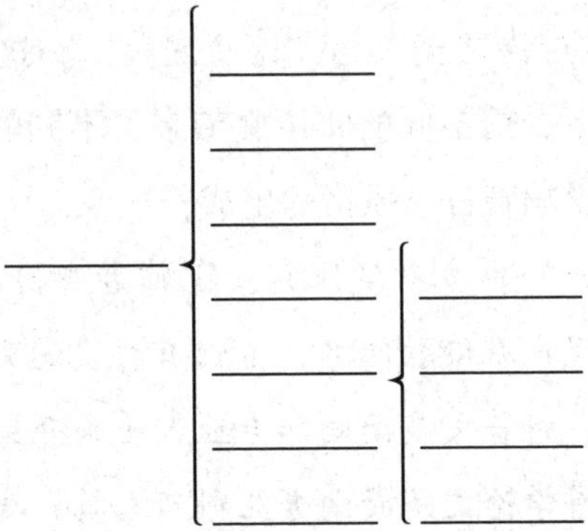

括号图

树状图

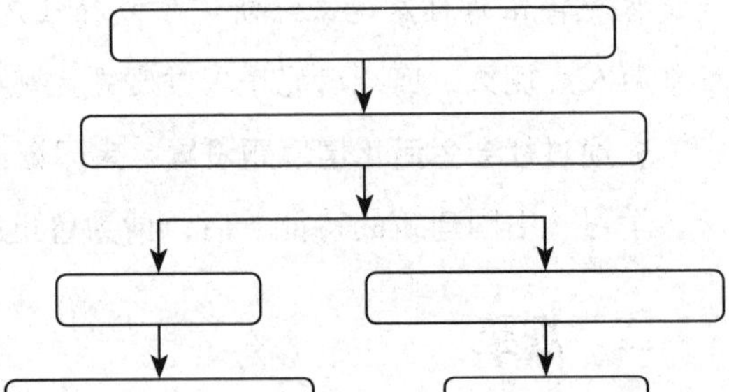

流程图

图1

参考答案

《青蒿素：人类征服疾病的一小步》按事物发展的内在逻辑展开行文，故符合流程图。《一名物理学家的教育历程》虽然也是“历程”，但它围绕着好奇与联想、探索与发现这样的科学精神组织材料，比较符合气泡图和流程图的逻辑。《中国建筑的特征》的行文逻辑是从整体到局部再到整体，比较符合括号图的逻辑。《说“木叶”》围绕木叶的暗示性，通过联想生发开来，是一种树状图的逻辑。屠文和梁文是比较规整的结构，行文是典型的科学思维，加文和林文则是比较灵动的结构，行文注重的是文学思维。

例2：师生讨论示例与学生独立习得，来完成行文思路的规整。

第一步：梳理行文逻辑，阅读《说“木叶”》第2—4段，探究文章是如何论证说理的。

第二步：参照《说“木叶”》一文的行文逻辑，分析具有科普意义和学术品格的自传体文章《青蒿素：人类征服疾病的一小步》和《一名物理学家的教育历程》的阐述、说理方法和逻辑。

表3

<table>
<tr><th>引用诗句</th><th>说明观点</th><th>说理方法与逻辑</th></tr>
<tr><td>袅袅兮秋风，洞庭波兮木叶下</td><td>后人从屈原绝句中得到启发</td><td rowspan="6">确认研究问题
（诗人为何钟爱“木叶”形象）
↓
把握逻辑思路（举例引用、对比归纳）
注重逻辑、层层深入
↓
理解关键性概念
（“暗示性”）</td></tr>
<tr><td>洞庭始波，木叶微脱。
秋风吹木叶，还似洞庭波</td><td>“木叶”成为诗人笔下钟爱的形象</td></tr>
<tr><td>后皇嘉树，橘徕服兮。
皎皎云间月，灼灼叶中华</td><td>诗歌中“树”“叶”常见，而“树叶”不常见</td></tr>
<tr><td>亭皋木叶下，陇首秋云飞；
九月寒砧催木叶，十年征戍忆辽阳</td><td>“木叶”广流传，因其藏奥秘</td></tr>
<tr><td>无边落木萧萧下；落木千山天远大</td><td>“木叶”发展到“落木”</td></tr>
<tr><td>高树多悲风，海水扬其波。
秋月照层岭，寒风扫高木</td><td>“高树”绵密饱满，“高木”空阔疏朗，引出“木”的“暗示性”艺术性特征</td></tr>
</table>

表4

篇目	研究问题	阐述、论证的方法和思路	理解关键和概念
《青蒿素：人类征服疾病的一小步》	疟疾治疗	以小标题历时性地阐述从“青蒿”到“青蒿素”再到“青蒿素药物”研发的全过程，逻辑清晰严谨；第一人称和演讲稿互动性、展望性的表达使阐释、说理不失生动和个人情味	疟疾、疟原虫抗药性→青蒿提取物→青蒿素（分子）→双氢青蒿→青蒿素胶囊
《一名物理学家的教育历程》	高维世界	运用比喻、想象、悬念、类比等方式将深奥的物理概念、原理通俗易懂地呈现；第一人称主次得当地阐述自己成为一名物理学家的历程，活泼生动的阐述背后蕴藏着科学探究的严谨	高维世界→平行宇宙、多维空间→反物质→电子感应加速器、云室→……

例3：选择图形工具，呈现行文思路。

聚焦《中国建筑的特征》，从逻辑层面认识到引入关键概念的必要性，从表达层面感受引入语言文学概念的效果。在前两个环节的基础上选择合适的图形工具，梳理并展示《中国建筑的特征》的行文思路，明确概念、思路和观点之间的关系。

示例：

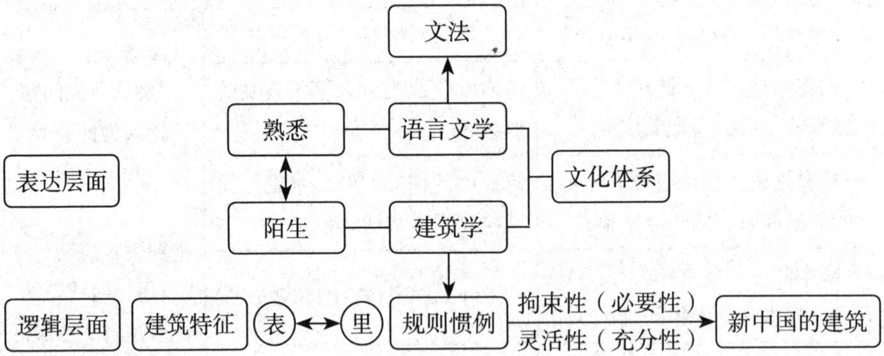

图2

例4：可细化到某一篇某一方面的某一特点结合全篇文脉条分缕析，不断反复，调整切入口，加深理解，巩固思考所得。

从梦想到发现，科学家们走过了艰辛而漫长的路，试分析《一名物理学家的教育历程》是怎样深入浅出地介绍科学研究的原理与探索过程的。

参考答案

① 作者在谋篇布局上别出心裁，利用童年时的两件富有意义的事情，来引入自己最初对于科学的思考和热爱，详略得当，主次分明，颇具匠心。

② 作者借助于想象，采用了拟人化的笔法，让“鲤鱼科学家”们会看会想，会提出问题会说话，这样就使深奥的科学道理变得浅显易懂。

③ 作者讲究选词，讲究用恰如其分的词句来表达周密严谨的意思，由此，用一种严谨的态度拉近了普通人与科学的距离，深入浅出地将科学研究的原理与探索过程呈现在读者面前。

三、印证

严谨准确是本单元选文共有的语言特征。当严谨的文风以平实的语言呈现时，文章却容易被轻视为“平易”“平淡”，而不多加推敲品析。因而在品读单元选文的语言时，去实用性文本语言特点的标签化，积累、梳理严谨准确的语言并探究其价值是任务的关键。

其一，“严谨准确”这一语言特点的内涵究竟是什么？其二，“严谨准确”除了表现在数量词、程度副词的选用上，还体现在哪些类型的词句中？其三，通过什么方式让学生自主发现作者针对不同语境在遣词造句上的差异，感受其不同的效果？其四，如何从文字深入文字背后的情感，甚至思想？如何从平实严谨的语言中，感受到学者的品格和学术精神，进而对“语言即思维”的观点有所认识、有所印证？

例1：聚焦《青蒿素：人类征服疾病的一小步》，以品读语言为重点，促进学生对其他篇目语言特点的自主学习。

分析人称代词“我”和“我们”的使用情况。

圈画与发现。圈画第一人称“我”和“我们”，用不同的颜色或符号标出，察觉这两个词在文中分布的明显差异。

梳理与归纳。梳理作者什么时候使用“我”，什么时候使用“我们”，并对使用情况进行归纳。

参考答案

屠呦呦以个人身份表达谢意，并在谈及个人成长经历以及发现青蒿素抗疟疗效这些内容时使用“我”；谈及如何将青蒿素制成药物，介绍成果及贡献的时候，用的是“我们”。

探究这样使用这组人称代词的原因。

参考答案

原因一：科学家实事求是的思维习惯与精神品质；原因二：对科研过程中，个人与群体互存互生关系的深刻认识；原因三：淡泊谦逊。

《一名物理学家的教育历程》中“对于一个孩子来说，这是很神秘的。他未完成的工作是什么？他桌上论文的内容是什么？什么问题可能会如此难以解决而又非常重要，值得如此伟大的科学家把他的有生之年花费在这种研究之中？”体会语段中问句的表达效果。

参考答案

连续使用三个疑问句，表现了作者小时候具有强烈的好奇心和求知欲。在当年的作者眼中，爱因斯坦未完成的论文充满了神秘感，促使作者对它进行研究、探索，并一步步走向了科学研究的道路。

《中国建筑的特征》中，中国建筑的“文法”指什么？建筑“词汇”指什么？用了什么修辞手法？这样写有什么好处？

参考答案

中国建筑的“文法”指中国建筑的风格、手法，是普遍受到承认而遵守的规则和惯例。建筑“词汇”指各种建筑材料。用了比喻的手法，文章比作建筑，文章的法式比作建筑的法式，文章的文法约束下的各种题材比作不同的建筑。“大文章”比作宫殿、庙宇等建筑，“小品”比作亭台、水榭、楼阁等建筑。这样写能使抽象的概念形象化，更明白易懂。

例2：比如，由《说“木叶”》迁移到类似情境，培养学生的问题意识。

为探究某一诗歌形象的暗示性设置关键问题。

（1）以“板桥”一词为例，建立探究暗示性的问题链。

参考答案

在读到“鸡声茅店月，人迹板桥霜”的时候，注意到“板桥”这个形象。可以提出问题：板桥是什么样的桥？诗人们常用“板桥”一词吗？

利用搜索引擎检索《全唐诗》，发现使用“石桥”的诗句虽多，但是没有出现什么名句；“板桥”数量上虽不多，却颇多佳句。可以继续思考：“板”字的意味与“石”有何不同？诗人们在什么场合使用“板桥”？他们的创作状态、情感志趣与“板桥”所在的情境有何关系？

（2）以“南浦”一词为例，体会假设质疑的作用。

参考答案

“南浦”一词也是由屈原在《九歌》中最早使用，后来成为古诗中常见的送别意象，“东浦”“北浦”“西浦”都罕见。可以提出问题，这会不会只是出于“用典”的习惯，而无关艺术高下？

例3：设置具体情境来印证课堂所学知识。

（1）假如你在学校电子阅读区看到有同学留言，说“知识类读物的文字若有言外之意就是对文体的背叛，对读者的误导”，对此，你会如何回复？

参考答案

可先对“言外之意”进行界定，区别文学作品的言外之意和知识类读物表达上的言外之意。然后感受课文严谨准确的语言，比较《中国建筑的特征》和梁思成《中国建筑史》的序言，体会知识类读物文本语言的基本风格。再分析、感受《青蒿素：人类征服疾病的一小步》中平淡严谨的语言和《一名物理学家的教育历程》中生动活泼的语言，体会两位作者的“言外之意”。最后整合上述学习经验，结合你对知识类读物语言的认识给出合适的回复。

（2）为校园规划设计路径。

参考答案

如何布置图书馆到物理实验室的走道两侧？校方希望能够在两侧的墙面上展现学生科研探索的成果。请你给有意展示的同学规划一个可行的路径。

例4：借助于测试习题、写作、交流等多种方法印证教学效果。

（2023届深圳二模）有同学表示，自己非常喜欢看根据文学名著改编的电视剧，但并不喜欢读原著，因为图像比语言文字更有意思。请你根据材料劝说他多读原著，列出要点即可。（4分）

参考答案

① 文学借鉴图像的叙事策略，同样能带给读者强烈的在场体验和具象的画面感。

② 文学在揭示心理、洞察本质方面优势明显，在阅读原著之后再观看电视剧，能获得更深的理解和更美妙的体验。

请从下列两道作文题中任选一题，写一篇不少于800字的作文。

（1）你有机会参加所在高中组织的一次“姊妹学校”友好交流互访活动，交流活动有一个环节是相互介绍各自国家的传统节日。请你拟写一篇发言稿，向外国小伙伴介绍中国的端午节，帮助外国小伙伴更好地读懂中国。

（2）你有机会参加“模拟政协”活动，请拟一份“关于端午节举行国家公祭”的提案。

（3）写作成文后，组织一次专题交流会。推荐有代表性的几篇文章，由作者现场朗读，同学们根据评分表打分，并提出修改意见。交流会结束后，再次修改自己的文章。如有条件，可将本次优秀作文编订成册。

请在下面这张建筑图上标出“柱”“梁”“檩”“斗拱”和“举架”的位置。（5分）

练习图（参考答案）如下：

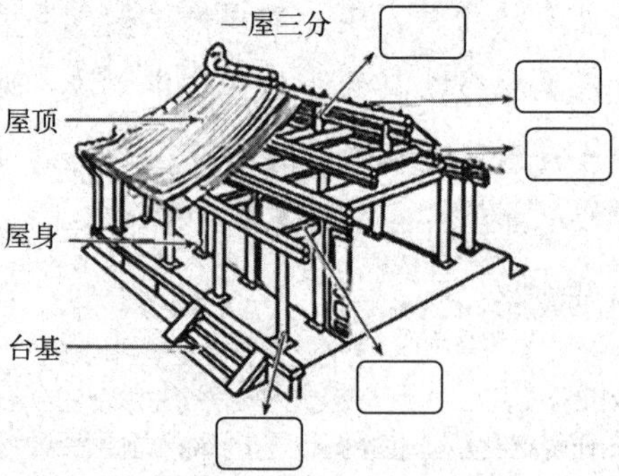

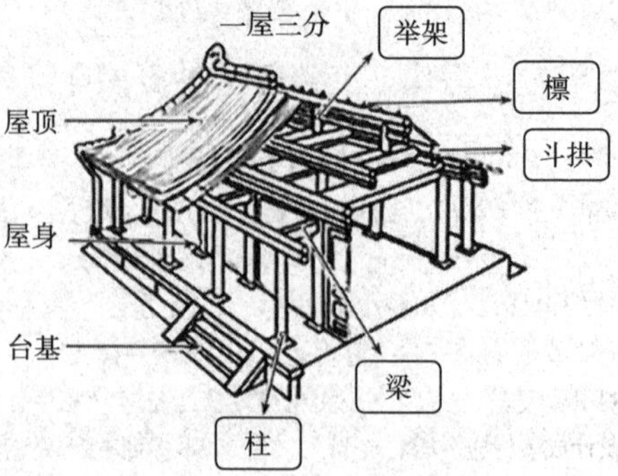

图3

“联类”“规整”“印证”为本单元“实用性阅读与交流”任务群学习作业设计的三个关键词，是基于其“探索与发现”的人文主题，目的是学习并掌握阅读知识性读物的一般方法，具体来说，把握关键概念和术语，厘清文章思路，分析作者阐释说理和逻辑推理的方法，赏析语言严谨准确等特点，并能联系生活实际，进而解决学习工作生活各种现实场域中有可能出现的复杂问题，最终指向学生科学素养的提升。

紧扣核心素养，遵循认知规律：让单元作业的“实践味”浓起来

——以统编版高中语文必修下册第四单元为例

浙江省玉环中学　苏素

统编版高中语文必修下册第四单元人文主题是“媒介素养”，活动主题是“信息时代的语文生活”，对应的学习任务群是“跨媒介阅读与交流”。本单元教材编排了“学习活动”和“学习资源”两部分内容，设置了“认识多媒介”“善用多媒介”和“辨识媒介信息”三个学习活动，提供了《不同媒介的语言特征与网络语言的发展》《传播媒介变迁的社会影响》和《涵养媒介素质，才有最美和声》三篇文章作为学习资源。

从本单元教材编排看，“信息时代的语文生活单元”由五个板块组成，分别是“单元导语”、三组学习活动和一组参考资料。当然，主体是三组学习活动，其他内容都是为完成这些学习活动提供引导与支持的，因此学习活动是学习的重点。这三组学习活动又可以归并为五个学习任务：①以一则新闻事件为切入点，调查人们的媒体使用习惯，认识不同媒介的传播特点；②根据不同媒介特点改编同一则校园招聘启事，感受不同媒介在信息传播方面的优劣及对语言表达的影响；③以校园戏剧节为背景，为班级的参演节目策划撰写多媒体宣传方案；④以小组为单位，总结辨识网络等新媒体中虚假信息的经验，归纳媒介信息辨识原则；⑤根据自己的生活经验和媒体知识，编制一份能提供可靠信息的常用媒介清单。这五项学习任务有三个突出特点：一是既相互独立，又有

内在的逻辑关系，即学习活动大体对应着高中语文课程标准中的四项内容，落实单元导语中的学习目标；二是贴近学生的校园生活，也符合大多数学生的媒体生活经验，且充满趣味；三是部分活动任务化程度颇高，如撰写戏剧节的节目宣传推广方案这一任务，情境具体，过程完整，要求清晰，提供的知识支架具有指导价值，因此可以通过分列、整合，巧妙设计作业来完成学习任务。

一、设计目标：着眼核心素养，在实践中获得真知

“信息时代的语文生活”这个主题已经明确了我们所处的时代背景：各种媒介并存，各种媒介高度融合，各种媒介融入工作生活，人应该具备运用各种媒介的能力。根据认知逻辑、学习任务和学习活动，我们以任务驱动学习活动，从而实现教学目标。

（一）研习任务解读

任务一：认识多媒体

1. 调查身边人获取信息的习惯，了解信息获取的不同渠道。
2. 阅读“学习资源 1”，掌握不同媒介的传播特点。
3. 对比不同媒介语言，探究不同媒介的语言特征。
4. 将招聘广告改写成不同形式，并说明改写的理由

任务一的核心是“了解不同媒介的传播特点”和“探讨不同媒介的语言特征”。语文实践活动的目标非常明确直接，过程完整具体，可操作性很强。调查活动旨在引导学生开阔视野，多方了解信息传播的渠道，如报纸杂志、电视广播、抖音视频……探究决定不同人获取信息习惯的相关因素，及其背后的深层次原因。比如年龄、文化程度、职业、身体状况等。结合李宇明的《不同媒介的语言特征与网络语言的发展》，探究不同媒介语言风格的优缺点，总结不同媒介语言的特点，建立起媒体语言因人而异、因事而异、因境而异的判断标准，从而更好地切入招聘广告的改写环节，在实践中深化不同媒体传播特点和

语言特征的认识。

任务二：善用多媒体

1. 设计应用于不同场景的戏剧节媒介方案。

2. 阐述戏剧节媒介方案及其特点。

3. 制订戏剧节媒介方案。

4. 开展戏剧节活动推介，体验多媒体运用成效。

5. 总结本次媒介推广方案的得失

任务二的核心是学习运用多种媒介展开有效表达和交流，学生要根据校报、校广播台、校电视台、校园网等媒介的特点，确定不同的设计思路、语言风格、技术平台，选择相应的图像素材、文案、技术支持、宣传时机，通过小组合作亲身体验媒介宣传全过程，旨在落实“建设跨媒体学习共同体，丰富语文学习的手段”。

任务三：辨识媒体信息

1. 了解谣言产生和传播的根源和危害。

2. 慧眼识真伪，探究信息真假的辨识方法。

3. 慧眼识优劣，探究信息优劣的辨识方法。

4. 开展虚假信息“曝光台”活动

任务三的核心是提高信息真伪、优劣的辨别能力，让学生不被社会虚假信息误导、蒙蔽，面对纷繁芜杂、泥沙俱下的海量信息能做出理性的分析、判断，能运用拿来主义的手法取其精华，去其糟粕，做一个负责任的信息接收者和传播者，为营造风清气正的社会环境贡献自己的力量。

（二）作业目标设定

由于“信息时代的语文生活”单元的学习任务群和基本学情（教材无文本、学生浅体验和社会信息化）的特点，使本单元的教学带有鲜明的实践性，包含了一般的认知规律：实践—理论—实践。也就是说，本单元具体的教学实践程序应该包含五个环节：社会背景+粗浅体验（基础）—教材资源（理论）—教学活动（实践）—形成素养（理论）—方法运用（实践）。前两个环节就是基本学情，后三个环节体现“理论指导实践，实践提高认识”的认知规律。其核心是实践，基于此，设定以下单元作业目标：

1. 分析与探究：能熟悉掌握各类媒介的表现形式、运行方式、语言风格、运用场景等特点。

2. 实践与交流：能根据不同媒介的特点，通过具体的语文实践活动，选择和运用恰当的媒介，在活动中提升媒介运用的能力和水平。

3. 阅读与鉴赏：能较熟练地掌握辨识信息真伪、优劣方法，对各类信息做出理性分析判断，形成正确的价值观。

在此目标导引下，遵循认知规律，以任务群为主轴，以语文活动为载体，通过模拟媒介运用的真实情境，对单元研习任务群进行分列、整合，将任务细化到作业活动中，通过作业活动的实施推动任务群的完成，培养生成跨媒体阅读与交流的能力。

二、设计理由：着眼认知规律，在实践中提升能力

本单元的“研习任务”不同于其他单元，具有鲜明的实践特色。它是需要结合具体的体验，通过综合的语言实践活动才能完成“任务”，是一个语文实践的过程。为实现单元作业目标，需设置真实、有意义的语文活动，引导学生在跨媒介“信息的获取、探究与评价、呈现与表达”三个方面有所思考和实践，培养学生探究跨媒介特点和规律的意识，提高理解、辨析和评判传播内容的水平，增强在实际生活中运用跨媒介的能力。

（一）任务设计

学校将举办一次戏剧节，每个班级排一出戏参加全校展示评比。小组合作，为你的班级节目设计一个跨媒介宣传推广方案，展现班级戏剧编排的特色，以赢得更多的关注和支持。

1. 预习性作业

① 为更好地了解认识多媒体，要开展一次获取信息途径和方式的调查活动，你了解主要的媒介有哪些吗？
② 阅读学习资源《媒介发展史》《不同媒介的语言特征与网络语言的发展》，每人从广播、报纸、电视等传统媒介或博客、微博、微信、贴吧、论坛等新型媒介中选择一两种，总结其特点。
③ 以小组为单位，梳理不同的传播媒介在传递信息方面各有哪些优势和不足，并制作成图表，互相交流

2. 过程性作业

① 将招聘启事改写成“校报版”“校广播版”“校园网版”，并阐述改写的理由。
② 根据本班级选择剧目《雷雨》确定合适的媒介宣传方案（至少两个版本）。
③ 小组合作制作一份《雷雨》的海报（纸质版、电子版皆可）。
④ 以小组为单位，通过一个案例，介绍辨别虚假的经验。
⑤ 总结归纳辨析信息真假、优劣的一般方法。
⑥ 小组合作制作一份《雷雨》的小视频广告。
⑦ 各小组间根据宣传推广方案评价量表开展互评。
⑧ 各小组总结宣传推广方案的得失，填写宣传推广方案得失分析表。
⑨ 围绕“多种媒介的信息传播利害关系”展开辩论。正方：多种媒介传播信息百家争鸣，应该大力提倡。反方：多种媒介传播信息混淆视听，应该加以规范。
⑩ 为自己的学校制作一份招生广告

3. 诊断性作业

①《常见媒介特点一览表》。
②虚假信息鉴别案例。
③《雷雨》宣传海报。
④《雷雨》的小视频广告。
⑤《雷雨》宣传推广成效分析报告

（二）设计理由

1. 立足学习任务

本单元的任务群是“跨媒介阅读与交流”，本身是十分抽象的。我们紧扣学习任务群，通过“识媒介”“评媒介”“用媒介”三个语文实践活动，设置系列学习任务，以作业为推进手段，引导学生通过阅读、探究，让学生主动了解媒介的发展历程，观察和思考不同媒介的呈现与表达方式、社会效应，探究和提炼媒介的特点和运用方法，提升学生的媒介素养，提高跨媒体分享和交流能力，提高理解、辨析、评判、吸纳媒介传播内容的水平，提高学生的媒介素养，使学生初步具备综合运用各种媒介解决具体问题的能力，更好地适应信息时代的生活。

2. 遵循认知规律

根据马克思主义认识论，人对事物的认识一般规律是：从实践到认识，到实践，再到认识的这样一个不断地实现量变到质变的发展过程。本单元作业的设计正是基于目前身处的信息时代这一社会背景和学生对媒介有一定接触这一基本学情，立足教材提供的理论分析，通过具体的语文活动深入地体验，获得对多媒体的正确认识和信息辨析的方法，尝试综合运用多媒体解决实际问题，完全遵循“实践—理论—实践”这个规律，是“理论指导实践，实践提高认识”的生动实践。

3. 紧扣核心素养

虽然“跨媒体阅读与交流”的任务群主要是通过三大活动来完成的，但我们在作业设计时紧扣阅读与表达两个语文核心素养，没有掉入“重媒介素养，轻语文素养”的陷阱。我们把阅读和表达排在首位，我们在作业设计中，很好地把握了学习的关键内容，通过补充资料、调整内容、置换问题，增加阅读量，增加语言表达训练，引导学生合理运用多媒体，更快更好地获取有效信息，实现高效交流，完成语文学习任务。

4. 体现教材特色

本单元的一大特点就是：无文本。相较于有文本主题的单元，本单元教材只提供了有关媒介认识的一些理论和结论性阐述，所以本单元的教学更有开放性、情境性，也更有挑战性、实践性。之所以采用无文本的模式，我想主要是基于以下原因：一是本单元的主题与时代特点深刻融合，具有明显的时代性，当前正是一个多媒体并存且高度融合发展的时代，各类素材随手可得；二是高中生对报纸广播、电视网络、微博微信等媒介都有切身的体验和深度参与，有一定的认识和积累，本身有兴趣；三是媒介相关的理论、结论需要在另外的语文活动实践中提炼、生成、提升，提升媒介素养，提高品鉴能力。所以我们在作业设计上也基本上采用开放的形式，让学生有广阔的发挥空间。

三、设计反思：着眼长远发展，让实践永不停歇

1. 以小谋大，提高学习效率

一般的作业设计讲究以问题为导向，一一对应解决具体问题，从而导致作业的设计脱虚向实，容易导致作业琐碎化。我们在本单元作业设计时，将一系列小问题优化、虚化，作为前置或后缀隐含在核心要求中，以尽量小求无限多。比如，“撰写媒介使用情况调查报告”这项作业涵盖了广泛阅读相关资料，分析媒介有哪些类型、媒介有什么特点、问卷如何设计、报告如何撰写等一系列问题。如果这些问题没有解决，无法完成“撰写媒介使用情况调查报告”这项作业。表面上看是一个作业，实际上是一个任务群。问题的解决以自主、合作、探究性学习为主要学习方式，融汇阅读、分析、提炼、表达等语文核心素养的训练过程，促进学生思维发展与审美品质的提升。

2. 以静谋动，激发学习兴趣

绝大多数情况下作业都是以文本为基础的静态问题的分析探究总结提炼。

本单元无文本的特点反而让其更有开放性，很多的认识都可以在实践中生成，获得的认识可以在实践中检验。学生可以深度参与作业中去，变“静态”的思考为“动态”的实践，在实践活动中完成作业。这不仅激发了学生参与“跨媒介阅读与交流”活动的热情和学习兴趣，还让学生学以致用，充分运用所学媒介知识，进行生活运用和实践演练，使学生的媒介素养得到真正的提高，运用多媒体交流的能力大幅提升，给了学生无限的发挥空间，大大激发了学生的创造性，展现了学生的聪明才智。本单元作业质量非常高，出现了一批高质量的调查报告和精彩纷呈的宣传海报。

3. 以统谋独，穿插融合不够

“跨媒介阅读与交流”任务群的作业设计还是走了单元独立集中教学的老路，以集中统一的教学设计谋求整个单元教学的独立性，与其他任务群的穿插和融合不够，不利于能力的巩固。集中统一的单元设计固然可使学习目标集中，师生注意力专注，教学逻辑连贯，教学效果不错，但媒介素养的形成与发展难以通过一个单元的集中学习实现，需要长期关注、实践、思考，不断丰富知识储备，积累实践经验。作为贯穿必修、选择性必修和选修三个阶段的学习任务群，“跨媒介阅读与交流”需要“渗透在其他任务群的学习过程之中”。如果换一种思路，将九个课时分为几个段落，围绕不同主题组织几个相对独立的学习活动，穿插、融合在其他单元之间进行，甚至可以放在不同学段分别实施，比如将“认识多媒介”学习活动置于新闻单元之后，“善用多媒介”学习活动置于戏剧单元之后，“辨识媒介信息”学习活动置于“词语积累与解释”之后，也许能取得更好的效果。

杜威说：“教育是生活的过程，而不是未来生活的准备。”“信息时代的语文生活”不仅是某个时段的学习任务，更是学生日常的生活常态；“跨媒介阅读与交流”需要“围绕言语实践活动展开，体现时代精神，求同存异，有机整合”，更长远的价值在于落实语文学科核心素养，帮助学生实现更好的个人生活与社会发展。我们在作业设计时必须遵循认识规律，紧扣核心素养，既要发挥好“以小谋大”和“以静谋动”的优势，也要避免“以统谋独”的不足，在其他任务群的学习中自觉设计作业，组织学生开展跨媒介阅读与交流，积极为学生创造活动情境、搭建实践平台，帮助学生形成跨媒介表达的自觉意识、养成跨媒介表达的良好习惯。

附：

补充材料

《媒介发展史》

《媒介发展的三个阶段》（中国传媒大学刘宏教授）

《新媒介为传统文化传播带来机遇和挑战》（四川传媒大学刘彤、陈锦宣教授）

《跨媒介叙事》和《跨媒介》（华南师范大学文学院凌逾教授）

《雷雨》海报（北京人艺）

阅读习惯的调查问卷

序号	项目	内容
1	你的年龄是多少？	
2	你的文化程度是什么？	
3	你的职业是什么？	
4	你获取信息的媒介有哪些？	
5	你对哪些信息比较关注？	
6	你每天花多少时间阅读信息？	
7	你对获得信息的真假怀疑吗？	
8	你能甄别信息的真假吗？	
9	你常用哪些媒介发布信息？	
10	你对自己的媒介交流水平满意吗？	

媒介特征一览表

媒介类型	呈现方式	语言特点	受众群体
传统媒介（报刊、电视、广播）			
静态新媒体（微信、微博、公众号等）			
动态新媒体（抖音、火山、微视频等）			
融媒体（今日头条等）			

班级小戏剧节目宣传推广方案管理表

项目	目标要求	预计日期	完成时间	完成情况
宣传主题				
宣传重点				
选择媒介				
发布场所				
呈现形式				
主要内容（包含要素）				

经典宣传推广案例汇总表

案例名称	使用媒介	文字内容及风格特点	音画内容及风格特点	目标受众

“宣传推广方案”量化评价表

指标和权重	非常好	合格	不满意
宣传主题和特色（30分）			
文案内容（20分）			
整体效果（30分）			
受众范围（10分）			
投放时间和频率（5分）			
媒介运用种类（5分）			

“宣传推广方案”自我评价表

姓名：　　时间：

我承担的项目	
我获得的收获	
我的优势	
我的不足	
如果重来，我的调整	

从内容到思维，由单篇到单元

——统编版高中语文必修下册第五单元作业设计

浙江省台州市仙居县城峰中学 蔡湖海

新课标提倡“大单元教学”，“大单元教学”不仅意味着教师在“教”时应打破单篇文本的局限，进行单元内文本的整合与梳理，还意味着学生的“学”，要突破对单一知识点的掌握，学会横向地比较、纵向地推进，更意味着作业的“做”，应具备统筹性与整合性。

一、单元作业设计背景

每个单元后面都有相应的“单元学习任务”，它指导着教师“教”的方向，学生“学”的目标，也体现了作业设置的层次。但是仔细梳理这些“单元学习任务”，我们发现在任务与任务之间还缺乏一定的逻辑性，在单元文本与“学习任务”的整体性与关联性上还存在着明显的不足，缺乏那些统筹性强的任务把单元内更多的文本整合起来进行比较思考。这一问题的存在也意味着教师要发挥创造性，能在单元主题和单元学习任务的基础上自行创设“单元作业”，去关联单元文本，真正落实学生的核心素养。

二、单元文本分析

统编版高中语文必修下册第五单元涉及的四篇课文在体裁上各不相同，《在〈人民报〉创刊纪念会上的演说》属于演讲稿，《在马克思墓前的讲话》属于悼词，《谏逐客书》属于奏疏，《与妻书》属于家信。进一步归纳，前两篇都可以算作演讲词，后两篇都可以算作书信。在18个学习任务群中，该单元属于“实用性阅读与交流任务群”。此任务群旨在引导学生学习当代社会生活中的实用性语文，包括实用性文本的独立阅读与理解，日常社会生活需要的口头与书面的表达交流。通过本任务群的学习，丰富学生的生活经历和情感体验，提高阅读与表达交流的水平，增强适应社会、服务社会的能力。

结合新课标中“实用性阅读与交流任务群”里“学习目标与内容”的表述，针对这个单元四篇文本，我们要完成三大学习任务。首先是针对性阅读，阅读讲演稿与阅读书信的侧重点有所不同，根据具体的文体，我们要学习阅读理解的侧重点分别是什么。其次是发散性比较，演讲词都有核心观点，马克思与恩格斯的演讲词同时能体现西方人表述观点的特色，李斯与林觉民的书信虽然针对的对象不同，但属于中国人表述观点的思维方式。最后是实践性运用，学习四篇文本后，我们能否将文本本身蕴含的核心素养，即语言建构与运用、思维发展与提升、审美鉴赏与创造、文化传承与理解运用到真实的生活情境中，是对学生能力考查的一大重点。而这三大学习任务是否达成，我们可以通过单元作业设计来体现。

三、单元学习任务概述

在第五单元后面的“单元学习任务”中，教材编写者已经给我们设计了三个“学习任务”，这三个任务可以作为学生学习之后的作业，去自我检测与思考。这三个作业在难度上呈现由难到易的顺序，分别指向文章、结构、句子三个维度。第三个作业旨在考查学生对复杂长句的理解，以及长句背后蕴含的情感，注重学生对语言本身的品读。第二个作业更侧重考查学生对文本思路结构的梳理把握：首先学生可以构建思维导图从而清晰地呈现文章的结构；其次掌握实用性文本为了达到实用目的所运用的表达方式与策略，都侧重对学生思维品质的考查。第一个作业是学写演讲稿，是完成单元学习后的实践运用，是在词、句、段及结构基础上的综合创作，符合新课标中“立德树人”“核心素养”“加强实践性”等基本理念，考查的价值比较大。同时，学写演讲稿这个作业也体现了教—学—评的一致性，在近几年全国卷和各地的高考真题和模拟题中已经出现了演讲稿的写作，而很多同学对于演讲稿基本的格式及结构存在模棱两可的困境。在实际生活中，我们有时也需要写演讲稿，如每周一国旗下的讲话、班干部的竞选等。所以这个作业是具有一定的统筹性和实践性的。

但是从三个作业的内在关系来看，美中有所不足。作业二与作业三在能力等级上有所重复，都考查了文本背后作者的观点及情感，值得商榷。另外，演讲稿更多针对马克思《在〈人民报〉创刊纪念会上的演说》和恩格斯《在马克思墓前的讲话》两篇文章的学习，可是在实际教学中，很多教师会把重心放在李斯《谏逐客书》这一文本的教学上，淡化前两篇演讲稿的教学。所以三个作业任务，缺乏系统性，没办法将本单元四篇文本整合起来进行分析比较，特别是第十课的两篇文本与第十一课的两篇文本的比较。我们在其他资料上更多看到的也基本是马克思与恩格斯两篇文本的比较，或者李斯与林觉民两封书信的比较。

四、单元作业设计

基于以上的设想以及“单元学习任务”本身存在的不足，学完这个单元之后，我设计了两道作业，一道针对本单元教学的重点《谏逐客书》，另一道针对本单元四篇文本的综合比较，同时尽量关注语言、思维、审美、文化等学习要素，做到点面结合、知识与能力结合。

基于《谏逐客书》设计的单元作业一

作业一

在电视剧《大秦赋》的拍摄过程中，当拍到嬴政因郑国事件下令逐客，李斯上书进谏这一镜头时，编剧曾提供了三个剧本方案供导演选择。

剧本一：李斯与秦国宗亲分立朝堂，直接进行对话辩驳。

剧本二：李斯深夜求见秦王，独自当面进谏。

剧本三：想办法还原《谏逐客书》全文。

请根据对文章的理解，补充填写剧本一与剧本二空白部分，并思考剧本一与剧本二拍摄的方式，跟还原《谏逐客书》全文拍摄方式相比较，有何优势和不足。如果你是导演，你最终会选择哪个剧本。

剧本一：面对秦国宗亲的刁难，李斯如何回复，请为李斯拟写一句台词。（结合文本，尽量选用或改用文本里的句子回答）

秦国宗亲：秦历百代而不衰，宗亲之功。宗亲乃秦之血脉，恪尽职守，耿耿忠心，天日可鉴，方有今蚕食六国、收复八荒之势，何须外客干政？

李斯：____。

秦国宗亲：外客入秦，夺秦民之食，移秦风民俗，故必一律逐之。更有携天下奇珍异宝入秦者，使陛下耽于声乐，溺于玩好，于国无利。非秦国之产则斥，况秦固有飒飒秦女、强弓劲弩、瓮缶之声，娱目快耳，何羡六国之物？

李斯：____。

秦国宗亲：外客治国，必念母国之危损秦国之利，譬如郑渠以水利之名伤秦民之财，以保韩国残喘。望陛下弃外客用宗亲，方能国人一心，百利而无一害也。

李斯：____。

剧本一优势与不足分析：____
____。

剧本二：编剧试图让李斯深夜当面进谏，为了避免台词过多，编剧在《谏逐客书》的基础上加以概括缩减，形成以下台词，请你在台词空格处填上你觉得恰当的字词或句子，然后说明理由，并思考这样的拍摄方式与原文比较有何优劣。

缪公求士，________；孝公用鞅，至今治强；惠王采张仪之计，散六国之从；________，________。

今陛下________珠宝、名剑、宝马、翠旗、鼍鼓，________夜光之璧、犀象之器、郑卫之女、骏良駃騠、江南金锡、西蜀丹青，________《郑》《卫》《昭》《虞》之乐，此皆非秦之所生而陛下不却。物如此而人不然，岂非________物________民乎？轻民犹如________，臣窃以为不可取也。

唯有纳天下可宝之物，迎六国忠秦之客，秦国方能________。愿陛下三思而慎行之。

剧本二优势与不足分析：____
____。

作业一设计意图

首先，该作业具有真实性，是在真实情境的基础上进行的改编。传统的作业无非是考查字词的掌握、李斯劝谏的结构以及手法。而这些内容其实在上课过程中，教师都已经有所涉及，或者借助资料、笔记我们就可以掌握，作业只是在重复机械地练习，深度性与实践性都不足。而《大秦赋》本身就是近几年比较火的电视剧，里面的确也涉及了嬴政逐客、李斯进谏的历史情节，只是还原的方式与历史相比较，有所变动。这样的作业真实性比较强，可以调动学生真正走进拍摄工作去思考比较三种剧本的优劣，通过比较更加清晰地认识到原文的精彩。

其次，该作业具有高效性，能高效检测学生对文本结构及遣词造句的理解程度。清代吴楚材、吴调侯《古文观止》也曾赞道："此先秦古书也。中间两三节，一反一覆，一起一伏，略加转换数个字，而精神愈出，意思愈明，无限曲折变态。谁谓文章之妙，不在虚字助辞乎？"剧本一看似拟写李斯的对话，难度较大，但题目也说明了尽量选用或改用文本里的词句，言外之意就是答案在文本里找。因此，剧本一的拟写，更多是考查学生对这篇奏疏结构的回顾及概括。而剧本二除了呈现李斯劝谏的思路之外，还需要学生选用关键词句，鉴赏词句。在剧本一和剧本二改编的过程中，我们也可以看出李斯的劝谏在整体上具有高度、深度及合理的角度，这也是最后能够打动秦王并使其改变心意的主要原因。

最后，该作业具有较强的实践性，它脱离了指向知识层面的考查，直接指向生活运用能力的考查。在文言文的学习过程中，除了积累学习文言字词，对文言字词的运用是更高的能力要求，而在电视剧剧本的选择中，我们其实发现，剧本一和剧本二的拍摄方式也有很多好处，它会使矛盾冲突更加集中激烈，更能吸引观众，更能体现人物形象和心情。但是，两个剧本与剧本三比较，问题也比较明显，剧本一直接辩驳容易让秦王下不来台，打了秦王的脸；剧本二显得李斯过于心急，只为自己谋利。况且两个剧本都无法直接体现原文的文采，相比较之下，原文的精彩就可以得以反衬。综上所述，这种对文言知识的实际应用以及将文本知识与剧本实践的结合，更能体现新课标对学生核心素养的要求。

基于单元四篇文本设计的单元作业二

作业二

四篇文章都有一定的说理性，作者通过发表自己的观点来实现自己的实用目的，这其中也体现了中西方说理上的区别。请挑选其中两篇文章，比较中西方在说理上的区别。

作业二设计意图

作业二在命题方向上，虽是强调区别性的比较，但在比较之前，我们应该认识到四篇实用文本的共性，唯有如此，才能在同中求异。无论是演讲稿还是书信，都有写作的原因和对象，都有要关注的社会事件、现象或问题，都有作者本人的观点与立场，还有写作的目的，这些就是四篇实用文本的共性，用表呈现，见表1。

表1

作品	写作原因与对象	关注的社会事件、现象或问题	立场、观点	写作目的
《在〈人民报〉创刊纪念会上的演说》	参加《人民报》创刊四周年宴会并发表演说，对象是参加宴会的志同道合的战友	这个时代工业和科学的力量超乎想象，却显露出衰颓的征兆	站在无产阶级的立场上，认为无产阶级将结束这个时代	宣告无产阶级必将解放，以激励志同道合的战友
《在马克思墓前的讲话》	参加马克思的葬礼并发表演说，对象是参加葬礼的马克思的亲友	马克思去世，需要对其一生“盖棺定论”	以亲密革命战友的身份，得出马克思是“最伟大的思想家”和卓越革命家的结论	告慰马克思，代表无产阶级对马克思表达敬意
《谏逐客书》	因为偶发的客卿关涉间谍案，秦王下令驱逐全部客卿，在被逐之列的李斯上疏秦王劝其收回成命	秦国因重用客卿日渐富强，有统一天下之趋势，然而大功未竟，六国犹有实力	站在秦国国君的立场上，认为无差别驱逐客卿是损秦助敌的做法	劝秦王收回成命
《与妻书》	决定参加革命武装的起义行动，认为可能献出生命，担心妻子不能完全理解自己，故留下遗书以宽慰	晚清时期政治腐败，民不聊生	愿意牺牲个人幸福，献身革命斗争，换来天下人的幸福	安慰爱妻，望其理解

在比较的角度上，没有固定的答案，我们可以根据不同的选文自行选择比较的角度。一般情况下，我们可以从说理的形式、说理的技巧、说理的语言、对“情与理”关系的处理等角度进行比较。以马克思的演讲稿《在〈人民报〉创刊纪念会上的演说》与李斯的《谏逐客书》为例，在说理的形式上，演讲稿与奏疏的不同形式，决定了一个以口语为主，一个以书面语为主，一个注重煽情与激励，一个注重辞藻措辞，这也就是形式决定语言。在说理的技巧上，马克思运用了大量的比喻和引用，李斯主要运用举例的方式，偶用比喻，手法不同，目的各异。马克思作为思想家和哲学家，在说理的过程中自带“唯物辩证法”思想，如他辩证看待所谓的资产阶级革命其实是微不足道的事件，但在事件背后隐藏着无产阶级解放这一片汪洋大海。比如，他辩证地看待19世纪的伟大事实，一方面产生了无法想象的工业和科学的力量，另一方面却显露出衰颓的征兆，从而进一步辩证地看到这个时代每一种事物好像都包含有自己的反面。李斯作为政治家，实际上是为自己寻找出路，但又掩盖自己的目的，表现出处处为秦王和秦国考虑，字里行间尽可玩味。再从“情与理”的比重看，《在〈人民报〉创刊纪念会上的演说》虽是以激励为目的，但说理过程充满层次与思辨，可谓理大于情，《谏逐客书》虽是劝谏之文，但李斯在文章中借辞藻、句式展现的个人文采远远胜过其思路逻辑，可谓才情胜于说理，这也是中西方在说理上的主要差异。

本单元的单元主题是“时代与抱负”，这个关键词应该成为我们比较的重心。单元导语对本单元的四篇作品有明确介绍：“或剖析社会矛盾，宣示历史使命；或概括伟人贡献，致以崇敬之情；或是上书言事，谏阻逐客；或为临终绝笔，直抒心志。这些作品表现出革命导师、志士仁人顺应历史潮流，勇于担负时代使命的精神。”因此学生在比较过程中，应去感悟，作者是如何将个人的抱负、观点与时代紧密结合的，这种“个人与时代”的关系在当下有没有持续的借鉴意义。

在比较思维的背后，实质上是对新课标群文阅读要求的落实。既然是中西方说理的比较，就不能局限在一两篇文本内，而是要尽可能多地进行群文阅读，包括单元内群文阅读、课内课外群文阅读。群文阅读本身也要求学生在比较时不必面面俱到，而是找准比较的切入点，进行小切口、大视角的比较。因此，作业二在一定程度上吻合了群文阅读的要求，让学生在完成作业的过程中搭建比较框架，在今后的群文阅读中能够学以致用，举一反三。

当然，与“单元学习任务”相比，作业一和作业二都没有涉及演讲稿和书信的写作练习，但是我觉得在实际的教学过程中，教师可以把自编作业与“单元学习任务”里的作业相互补充，相互借鉴。况且，在中西方说理的比较过程中，我们已经涉及演讲稿与书信的比较，学生通过作业二其实能够对演讲稿的格式与书信的格式有所了解，虽然没有直接布置写作任务，但一旦需要这方面的写作，我想该要求也完全在学生的“最近发展区”之内，并没有超出学生的认知水平。

五、作业一与作业二内在关联

由点到面的关系。作业一是针对《谏逐客书》单篇所设计的作业，针对性强，中心明确；作业二是基于本单元四篇文章设计的作业，涉及面广，相比较而言，选择性更大。在作业一的完成过程中，学生对于奏疏的结构思路更加清晰，对于中国人的说理方式更有体悟，这也能为作业二的达成做铺垫。

由文章到思维的关系。在作业一中，虽然也涉及了比较，但更多是建立在对文本的鉴赏的基础上的比较，更多是在鉴赏文句以及透过文句看李斯的劝谏艺术。到了作业二，学生需要在比较的过程中跳出文本，上升到策略的总结上，上升到中西方思维方式的差异上，对学生思维品质的要求更高。

由局部到整合的关系。作业一和作业二都关乎知识的迁移运用，但作业一还停留在文章表层知识、局部文言知识的运用，作业二需要学生能够发挥自己的主动性和创造性，在自身已有的知识储存的基础上挖掘角度，进行深入、全面的整合比较。

虚构与真实，观察与批判

——统编版高中语文必修下册第六单元作业设计

温岭市新河中学　王伟平

新高考的评价变化意味着教学要转型，教师要及时拓展教学视野，提高对教材的钻研能力，整体把握，进行合理的作业设计，以任务为驱动，提供支架，搭建学生向上发展的平台。统编版必修下册第六单元属于18个学习任务群中的“文学阅读与写作”任务群，该任务群关注人文主题，聚焦语文素养，引导学生阅读并鉴赏经典文学作品，尝试文学写作，撰写文学评论，借以提高审美鉴赏能力和表达交流能力。

一、依托教材解读创设任务情境

统编版高中语文教材中的四个部分，即单元导语、课文及注释、学习提示和单元学习任务，是最具有研究意义的部分。“单元学习任务”是教材的有效组成部分，这些学习任务是教材作业的新形式，是教师展开课堂教学和课外拓展活动的“作业抓手”。教师不能仅凭自己的兴趣爱好进行教材解读，应该充分解读课程标准，统观全局，深入文本内部，抓住教学重点，明确单元学习目标。只有深度解读教材，才能在教学和作业设计上有比较精准的定位。

第六单元是必修教材中唯一的全部由小说构成的单元，所选的五篇小说，有鲁迅的《祝福》，明代施耐庵的《林教头风雪山神庙》，俄国作家契诃夫的《装在套子里的人》，清代蒲松龄的《促织》，奥地利作家卡夫卡的《变形记》，涉及古今中外，篇篇经典，风格各异，五篇小说通过虚构的人物形象与故事情节反映社会生活，描摹人情世态，展现吃人的礼教、性格的弱点、荒诞的人生，表达对人生的思索，具有较强的社会批判性。根据教材编者的意图，第六单元的整体设计框架，见表1。

表1

单元	统编版高中语文必修下册第六单元
学习任务群	文学阅读与写作
人文主题	观察与批判 1. 领会作品对社会现实和人生百相的深刻洞察，开阔视野，体会其对假恶丑的批判意识。 2. 学会观察现实生活，思考人生问题，增强对社会的认识。 3. 提升审美能力
语文素养	1. 了解欣赏小说的基本方法，在人物与社会环境共生、互动的关系中认识人物性格的和发展，关注作品的社会批判性。 2. 了解小说的多种艺术手法，品味小说在形象、情节、语言等方面的独特魅力，欣赏小说不同的风格类型。 3. 学会使用读书笔记记录阅读感受，并从生活中选取材料，尝试写复杂的记叙文
课文（或学习活动）	教材五篇小说
写作	叙事要引人入胜

本单元4万字左右，阅读速度要求每分钟达到700字左右，阅读理想用时大约1小时。但理想与现实总是存在巨大差距，我们需提前熟悉课文，本单元预习作业设计如下。

【预习作业】

1. 提前1—2周阅读五篇小说，查阅资料，制作作者小名片，梳理小说的基本情节，并画出文章的思维导图，同学间进行交流，互相补充。

2. 为了更深入地理解人物形象，建议阅读《水浒传》第7—12回和《变形记》第三部分。

3. 尝试写一篇引人入胜的小说。

制作作者的小名片，以卡片形式呈现，没有固定格式，除了年代、流派、主要作品之外，可根据作家的不同特点进行概括。文章思维导图主要围绕故事情节和人物命运而展开。课堂教学中的以学定教已经深入人心，在作业设计中，同样要对学生的学情进行分析，教师不能盲目设计作业，不考虑学生实际水平，这个分析可在课前进行。学生的水平分为现有水平和可能发展的水平。了解学生已经熟悉的、已经掌握的，也要了解学生不喜欢的、不懂的。学生全部已经掌握的知识就没有必要进行全面评价，最多作为基础题目进行检测，作业设计重点要落在需要学生巩固的内容，学生原先不会的内容，作业设计的目标是让学生进行可持续性发展。有些识记性的知识是不需要在课堂上花时间的，是可以在预习中自主完成的。同时，教师为学生准备了一张预习知识卡片，内容包含自然环境、社会环境、叙述角度、叙述人称、细节、人物和虚构，让学生提前熟悉小说这一文体的相关知识，预习成果在相互交流中会不断地得以完善，同时可以进一步地厘清小说中的人物和情节，为深入解读文本做好铺垫。

高一的学生不喜欢写议论文，更喜欢写小说，当他们看到合理想象创造一个虚构的故事、叙事要引人入胜这些要求时，学生就在随笔上跃跃欲试，但他们写了什么呢？冤枉同伴偷了他的钱包，在对峙中突然想起早上出门换了一条裤子，以为丢失的钱包其实根本没有带出门；听见猫的惨叫声，以为刚刚进去的某人在虐猫，后来发现是在处理猫咪的伤口；上动车后发现别人坐了自己的位置，但对方蛮横无理，互相出示车票仍维持原状不动，只好站着到站，下车时提醒对方坐错了车，并且坐反了方向。

这些小说颇有故事雷同、纯属虚构的味道。因此要去研读并欣赏经典的小说，并且动笔写一写引人入胜的小说。“双新”背景下以关键能力为重，明确指向三条路径，最终落脚于“表达与交流”。因此，我们的情境任务为：叙事要引人入胜。

二、依循文本特色搭建任务支架

本单元依据课程标准，基于学生的学习，创设任务情境：叙事要引人入胜。文本的特点是指对文本的表示及其特征项的选取，文本特点是文本挖掘、信息检索的一个基本问题。新高考的教学评价并没有淡化文体特点，小说散文实用类古诗文等文体特色鲜明，我们在作业设计时要紧扣文体特点，根据小说这一文体，然后从叙述、情节、人物、细节、环境、虚构六个方面提供支架，力图由知识为本走向素养为本。单元的学习目标紧扣小说文体特点。在作业设计中紧紧围绕课堂内容而展开。

【课时作业】

（一）情节：突发事件

脂砚斋曾说："山若无起伏，便是坚不可摧；水若无流动，便是无法活动。"情节是主人公与阻力对抗的过程。小说最为精彩的就是突发事件，在作品的故事进程中，情节或人物的行动向相反的方向发生变化，我们可以领略主人公如何与障碍抗争。

设计意图：了解小说情节运行方式，鉴赏小说的情节。

作业设计：

根据单元学习任务（教材P135），我们设计了以下三个任务：

任务一：概括本单元每篇小说的情节，请用表格概括罗列开始、发展、高潮、结局内容。

任务二：小说中的"突发事件"，往往是情节运行的动力。请找出本单元小说中的突发事件，探讨这些事件在小说中的作用。

任务三：尝试修改自己所写的小说，进行交流分享。

表2

内容	突发事件	突发事件的作用
《祝福》		
《林教头风雪山神庙》		
《促织》		
《装在套子里的人》		
《变形记》		

设计说明：

通过学习表格，我们可以清楚地看到，整个故事情节都遵循着一个基本模式：开始、发展、高潮和结局。任务二中的这些事件实际上是阻碍、努力、意外和转折。小说中的"突发事件"，是如何界定的呢？它是突发的（偶然的），某种程度上是情节逻辑运行之外的，其发生进一步推动了情节发展，或促成情节转折（或改变运行方向）的事件。这些突发事件往往既有偶然性，又有必然性，出乎意料，又在情理之中。情节的发展史就是人物性格的发展史，突发事件是可以改变主人公命运走向的。突发事件的作用可以紧扣小说的要素进行思考，并且要有读者意识，大致上从情节、主题、人物、读者四个方面考虑。

（二）人物

人物存在的意义不只是文本意义上的实践者和剧本意义上的表演者，他还是价值层面上的强调者和哲学层面上的存在者。在一部好的小说中，一个小人物的命运反映出了每一个人的命运。

设计意图：把握人物形象，并熟练掌握小说中独特的艺术手法。

作业设计：

任务一：分组为本单元的每篇小说的主人公制作一份人物卡片。

任务二：选择其中一篇小说，鉴赏人物塑造的方法，概括人物性格特征。

任务三：小说中的人物可分为“圆形人物”与“扁平人物”，根据人物性格特征，确定每篇小说中的人物是属于哪一类，并探究两类人物的表达效果和现实意义。

设计说明：

学生制作人物卡片，我们只提供大致的思路，如身份地位、经济状况、人生追求和生平遭遇，没有固定的格式。在互相交流中学生的学习主动性越来越强，逐渐进入沉浸式的体验之中，对人物有了一个整体的认知。小说总是贴着人物写的，同时尝试从外貌描写、语言描写和动作描写、心理描写、神态描写等角度鉴赏人物，每篇文章各有侧重点，如《祝福》中的眼睛描写，《林教头风雪山神庙》中的动作描写和语言描写，《装在套子里的人》中的外貌描写，《促织》中的寻找促织的动作描写，《变形记》中格里高尔的心理描写。契诃夫说：“描摹寻常的外貌恐怕多此一举。”人物形象塑造方法的丰富，使人物形象丰满，使我们更能准确地把握人物形象。人的生命始于一种他已经淡忘的经历，而又以一种他虽然亲身体验却无法完全理解的经历来作为总结。

英国小说家福斯特将小说中的人物分为“扁平人物”与“圆形人物”。某种意义上，“圆形人物”内涵更加丰富，人物的内在矛盾会产生强烈的冲突。

但在一些小说中，“扁平人物”常常能产生喜剧效果，起到讽刺的作用。“圆形人物”不可能完全由两个人物形象共同构成，而是由作者在创作过程中不断推理和想象出来的。人物形象不是单纯地出现在作者的脑海中，而是在作者的热情和想象力中形成的，他们的性格和特征是作者自身的真实写照。理解这一点，我们更能思考造成人物不同命运的社会根源。

（三）细节

细节是指人物、景物、事件等表现对象的富有特色的细小环节。细节描写是指抓住生活中的细微而又具体的典型情节，加以生动细致的描绘，它具体渗透在对人物、景物或场面描写之中。

设计意图：赏析细节，体会细节描写在作品中的魅力。

作业设计：

根据单元学习任务二中的第二题，设计三个任务：

任务一：共赏课文细节描写经典片段，掌握细节描写的内涵和方法。

任务二：从本单元作品中找出至少五例精彩细节细加品味，体会小说中细节描写的艺术魅力。

任务三：修改预习时所写的细节描写赏析文字，写一则读书札记。

设计说明：

细节描写是一种特殊的表达方式，它可以将细微的事物描绘得栩栩如生，极具特色，并且富有强大的艺术性和感染性。它可以生动活泼地展现人物形象的外貌，展示人物形象的特点，让观众更加深入地了解人物形象的内在世界。细节描写对于推动故事情节的发展至关重要，它能够帮助我们更好地理解作品中的典型环境，并且能够深入挖掘文章的主题。

学习如何评点文章，掌握自主选择和赏析的技巧，培养分析提问并寻找解决方案的思考模型和办法，以便准确理解文章。自主完成过程中也要有小组合作意识，激活思维，激发灵感，可以进行优势互补，资源共享。

（四）环境

波兰的斯坦尼斯洛说：“当雪崩发生时，没有一片雪花是无辜的，每一片雪花都有责任去承担它们的责任。”主人公生存的环境一步步被挤压，人的命运，受制于环境，他们被困或者自困其间。祥林嫂的“逃、撞、捐、问”最后都是徒然的，她被社会抛弃，自毁于人间。林冲忍辱求安，面对奸人一次又一次的紧逼，被迫反抗，连回家团聚的基本梦想都难以实现。不可否认，人与社会环境有着共生与互动。

设计意图：了解人物与社会环境的共生与互动，充分落实人文主题“观察与批判”。

作业设计：

根据教材单元学习任务一，设计了三个任务：

任务一：精读《祝福》和《林教头风雪山神庙》，找出自然环境描写语句，鉴赏分析环境描写的作用。

任务二：找出各篇小说中社会环境描写语句，并概括各篇小说中社会环境的特点。

任务三：在这个复杂的社会环境中，小说中的人物是否曾经奋起抗争？请深入探究社会环境如何影响人物的命运，并进行小结。

设计说明：

教学中提供教学支架，为学习者建构知识提供助力。环境与人物相匹配，与人物之间具有共生性、互动性。《祝福》中四次写雪，有漫天飞舞的雪，有瑟瑟有声的雪，有微雪点点，有团团飞舞的雪。《林教头风雪山神庙》中直接描写雪。自然环境往往能交代故事背景，渲染环境气氛，烘托人物心情，推动情节发展，暗示人物命运，深化作品主题。引导学生关注《祝福》中的三个祝福场面，鲁四老爷的书房布局，他的封建礼教思维，柳妈的死后因果报应观点，以及鲁镇冷漠的人际交往。《林教头风雪山神庙》中自然的风雪与社会的风雪，一次比一次沉重地压在了林冲的身上。林冲由安分守己、忍辱负重转向奋起反抗，最后的命运只能是逼上梁山，成为官府眼中的草寇。《促织》则描述了宣德间宫中的促织演出，以及民间的岁征活动，皇帝荒淫无道，官府横征暴敛，成名被迫缴纳促织，备受摧残，成名的儿子身化促织，让全家人摆脱苦难。社会环境给全篇“定调”，营造意境与渲染气氛，导引人物出场，揭示人物性格，作为象征。

（五）虚构

英国小说家福斯特在《小说面面观》中说：“小说中存在两种力量：一种

是人物，另一种是不属于人物的东西。”后者不是人物形象的外在表现，而是某种隐喻式的思维，它们把角色的情感和思想融入长篇小说的故事中。

设计意图：解读作品中的虚构与真实，提升对社会现实观察、分析、判断的能力。

作业设计：

任务一：精读《促织》和《变形记》，找出小说中的虚构部分，初探虚构的魅力。

任务二：寻找虚构中的真实，赏析《变形记》中“虫形人神”的描写片段。

任务三：深入理解作品中的虚构与真实，领会作家的创作意图，探究作品的主题。

设计说明：

师生共同推进学习，过程中明确“求神问卜”“魂化促织”和“化为甲虫”这些虚构情节的共同点是“异化”，马克思的“异化论”认为，在生存的高压下，人被异化为非人，人的本性失落，甚至走向兽性，不能再作为真正的自由的人而存在。虚构的魅力在于使情节曲折，让作品更具有批判性。真实就是真实的人的现实世界的反映，小说最终表达的不是某种事实，而是一种具有审美魅力的真实。荒诞中的真实就是人变为虫，《变形记》大框架荒唐，而细节逼真。作品最后呈现的并非一个普通的现实，乃是一个充满审美吸引力的现实。正如恩格斯所说：“悲剧主人公的不幸和毁灭，是一个历史必然和社会普遍存在的现象。”

三、关注真实“作答”达成有效评估

教学不仅仅是一种活动，而且是一种将语文知识转变为实践才能的过程。它包括情境、内容、活动和结果四个方面。学生通过完成情境中设置的具体任务来完成对语文核心概念的理解和建构。单元作业设计首先进行情境导入，其次提出学习项目，制订计划，分解任务，同伴合作，实施活动，展示交流，检查评估，最后整合归纳，活跃学生的思维，把知识点和整个体系联系在一起，完成从线性推进到融合统整的转变，实现从以知识为本向核心素养为本的转变。

统编版教材中的“单元学习任务”，要关注学生的真实作答情况，作业完成后一定要有合适合理的评价方式，没有得到真实有效的反馈，作业设计同样是无效的。

有效的评价方式，可以激发学生的学习兴趣。作业评估并非由教师一个人来完成，要让学生、小组也参与其中，在共同的评价中会找到自己的差距，有利于学生改进提升。

本单元作业评价，见表3。

表3

“叙事要引人入胜”写作评估				
评估内容	评估指标	个人评估	小组评估	教师评估
小说整体结构	选择合理的叙述视角，思路连贯，合理清晰，结构完整（30分）			
小说内容	有代表性，矛盾集中，有情节的突转，人物形象鲜明，有观察与批判（30分）			
艺术构思与表现手法	虚构与真实结合，人物塑造手法丰富，细节描写突出（30分）			
其他	卷面整洁，文字简洁，文笔流畅（10分）			

新高考迎来了高中语文教学转型的时代，要打破传统的惯性和思维定式，要由知识立意走向能力立意，要把任务设计作为高中语文教材的核心追求。作业设计是教师备课过程中的重要环节，根据“阅读与鉴赏”“梳理与探究”“表达与交流”三条路径，对作业科学进行有效的设计，有助于教师顺利开展课堂教学，转变教学方式，提高教学质量。合理的作业设计能够充分调动学生学习的积极性，有效提升学生学习的内驱力。在教学中要以核心素养为纲，以任务为导向，在真实的语言情境中，以学生实践性自主学习活动为主线，以学习任务为载体，整合学习各要素，促进学生语文学习方式的转变，引导学生在学习过程中提升核心素养，实现从知识本位向素养本位的转变，让学生的学习真实地发生。

理性地思考与表达

——统编版高中语文必修下册第八单元作业设计

台州市路桥中学　蒋丽

必修下册第八单元属于“思辨性阅读与表达”学习任务群，由四篇经典文言文组成。《谏太宗十思疏》是一篇“建言献策”的奏疏，以“思”字贯穿始终，阐明君主应“居安思危，戒奢以俭”的道理；《答司马谏议书》是一封“驳斥谬论”的书信，面对反对新法的“谬论”，一一批驳，表达坚定改革的意志；《阿房宫赋》是一篇“评说盛衰”的赋文，铺陈阿房宫内外的奢靡、豪华，描绘百姓被残酷压榨的事实，揭示秦朝灭亡的缘由，劝君主以史为鉴；《六国论》是一篇“借古讽今”的史论，论述六国灭亡在于“赂秦”，劝谏当朝统治者应积极寻求“不赂而胜”的治国之道。四篇文章文体形式不同，但都关注现实，观点鲜明，思路缜密，论证清晰。学生通过本单元学习，可以感受作者在面对国家问题时的理性思考与表达，领略作品的思维与逻辑语言，从而提升思维品质，理解作品中的家国情怀，成为具有担当意识的国家公民。

一、作业设计的起点

（一）立足教材设计作业

教材是作业设计的重要依据，依托教材的单元导语、学习提示、单元学习任务等助学系统，本着教—学—评一致的原则，可以确定作业设计的目标。

本单元人文主题是“责任与担当”，核心任务是“倾听理性的声音”，文言知识补白是“文言实词”和“古今异义词”，写作任务是学会用论据有效论证观点。本单元属于“思辨性阅读与表达”学习任务群。通过分析教材，可以发现指向该任务群的单元还包括必修上册第六单元和必修下册第一单元。三个单元虽然属同一任务群，但是每个单元的学习目标并不相同，以本册教材为例，第一单元的学习目标为初步感知儒道两家的思想特点，体会单元课文的说理技巧和表达风格的差异，学会如何表达自己的观点。而本单元的学习目标重在领会作者观点及其现实针对性，学习理性思维方法并鉴赏课文中的说理技巧，学会辩证分析、理性推理与判断，养成质疑、推断的批判性思维习惯，学会如何论证观点。可见，本单元相较于第一单元具有更强的思辨性，思辨培养目标是第一单元的深化和延续，所以在设计作业时要体现延续性内容，应在第一单元的思辨学习的基础上，增加思辨学习的难度，提高思辨学习内容的深度，进一步培养学生的思辨素养。单元学习任务侧重点比较表见表1。

表1

单元	单元学习任务	思辨性阅读侧重	学生思辨能力要求
第一单元	孔子表示“吾与点也”，孟子提倡“保民而王”，庄子重视“依乎天理”。把握这些观点的内涵，有助于我们深入理解相关文章，也能帮助我们更好地了解中国传统文化。从这三篇文章中任选一篇，找出并分析文中的重要观点，进而深入理解全文，把自己的思考写出来，与同学讨论	1. 把握作者的观点、态度。 2. 理解作者阐述观点的方法和逻辑。 3. 尝试理性评价历史叙述中体现的思想、观念	学习多元解读，培养思辨能力
第八单元	王安石与司马光同朝为臣，素有私谊，但在变法问题上却有着不同的看法，很多方面甚至针锋相对，试着根据《答司马谏议书》，推断司马光来信的基本观点，再阅读司马光《与王介甫书》，看看内容与你的推断是否相合。你认为他们二人谁的观点更有道理？全班同学分为两个小组进行辩论。注意深入阅读课文，参考相关资料，把握二人思考问题的基本立场和秉持的主要观点	1. 挖掘作家的创作背景与动机。 2. 理性认识事实与逻辑的断裂关系。 3. 在辩证分析与合理推理的基础上进行理性判断	学习多角度思考问题，学会质疑，养成缜密推断的批判性思维习惯，发展实证、推理、批判与发现的能力，增强思维的逻辑性和深刻性

通过比较，发现两个单元在思辨特点和对学生的能力要求上呈现了比较明显的延续性和序列化。因此，立足教材设计作业不仅需要立足于本单元，还需要立足同一个学习任务群的相关单元，以期作业设计指向学习任务群的核心知识与能力，从而真正发展更符合学生的认知水平和思辨能力。

（二）依托课标设计作业

课标中对“思辨性阅读与表达”的学习目标与内容有如下三点要求：

（1）阅读古今中外论说名篇，把握作者的观点、态度和语言特点，理解作者阐述观点的方法和逻辑。学习作者评说国内外大事或社会热点问题的立场、观点、方法。在阅读各类文本时，分析质疑，多元解读，培养思辨能力。

（2）学习表达和阐发自己的观点，力求立论正确，语言准确，论据充分，讲究逻辑。学习多角度思考问题，学习反驳，能够做到有理有据，以理服人。

（3）围绕感兴趣的话题开展讨论和辩论，能理性、有条理地表达自己的观点，平等商讨，有针对性、有风度、有礼貌地进行辩驳。

学习本单元后，学生的推理、批判和逻辑思维能力得到提高，思维的深度和缜密性得到增强，表达观点时能做到恰当、清晰、有条理，并能客观理性地评价与反驳别人的观点。相比于其他单元，本单元共性教学价值在于：有助于学生观察论证结构，梳理逻辑关系，还原作者确定立场、观点和展开论证的思考过程，并让学生养成多元解读、多角度思考问题的习惯，从而更好地培养思辨能力。

（三）结合学情确定方向

本单元的作业设计坚持以学为中心，开展自主、合作、探究的作业方式，充分考虑学生的个性特点、情感态度等方面，立足学情，尊重学生主体。高一学生重在激发质疑精神，从而为高二的推理论证和高三的更高阶思维打下坚实的基础。因此，带领学生精读本单元文本，不仅学习文言知识、中心思想和论证方法，更要在理解文本的基础上，质疑文本，学生可结合历史背景分析其中的逻辑漏洞，利用文本外的历史材料进行驳论并形成文字，通过短评、主题写作、专题演讲将读写有机结合，师生共同讨论交流，有效结合阅读与表达，提高学生的理解和交流能力。

因此，基于教材内容和课标要求，第八单元的单元作业设计目标，见表2。

表2

课标	单元教学目标	单元学习任务	单元作业目标
1. 把握作者的观点、态度和语言特点，理解作者阐述观点的方法和逻辑。 2. 在阅读各类文本时，分析质疑，多元解读，培养思辨能力。 3. 学习表达和阐发自己的观点，力求立论正确，语言准确，论据充分，讲究逻辑	1. 把握作者的观点，理解文章的现实针对性，抓住作者解决现实问题的理性思维方式，鉴赏文章的说理艺术。 2. 学习古代先贤爱国爱民的情怀，以及讲责任、敢担当的精神。 3. 学习写作议论性文章，学会选取合适的论据，采用合理的论证方式清晰、严密地论证自己的观点	1. 围绕“责任与担当”，选定议题（如“以天下为己任”）召开一次专题讨论会。 2. 把握作家思考问题的基本立场和秉持的主要观点。 3. 练习相关历史背景探究文章的针对性。 4. 从理性表达的角度分析本单元的一篇课文。 5. 有“问题意识”，独立思考，写作成文	1. 阅读作业目标 （1）读懂读顺文本。 （2）提炼文本观点。 （3）理解说理艺术。 （4）体会作者情怀。 2. 写作作业目标 （1）确定恰当论点。 （2）选取合适论据。 （3）采用合理论证

二、作业设计思路

（一）课前预习作业

作业目标：掌握文言实词特别是古今异义词等基础知识。

作业任务：请通读四篇课文，借助注释、工具书，口头翻译《谏太宗十思疏》《答司马谏议书》《阿房宫赋》《六国论》全文；请自主完成本单元的文言实词数据库，尤其重视本单元的古今异义词，结合必修上册第八单元的知识把握古今词义的联系与区别。第八单元文言实词数据库，见表3。

表3

篇目	出现实词	古今异义			
		词义扩大	词义缩小	词义转移	感情色彩变化
《谏太宗十思疏》					
《答司马谏议书》					
《阿房宫赋》					
《六国论》					

四篇文章均为文言文，作业设计时要深入且有针对性地梳理“言”，从而有助于思辨性阅读教学的有效开展。在这项作业中，学生主要借助注释和工具书，进行文言文翻译，同时根据课后学习提示进一步梳理文言实词特别是古今异义词，在梳理的过程中引导学生联结必修上册第八单元，利用学生已有的零散文言知识进行牵引。

（二）过程性作业

1. 知人论世，感知“理性声音”

作业目标：知人论世，知“理性声音”之由来。

作业任务：制作单元人物履历表和课文梳理表。

作业要求：①请收集有关作者与写作背景的资料，整理出一份单元人物履历表。②在人物履历表的基础上初读文本，按要求梳理课文内容，见表4。

表4

作者	作者信息	文章写作背景	作者文学成就	我对作者的评价（或初印象）
魏　徵				
王安石				
杜　牧				
苏　洵				

本单元的单元导语要求学生在学习本单元时注意领会作者观点及其现实针对性，单元学习任务也提出联系相关历史背景探究《阿房宫赋》和《六国论》的针对性，推敲文章对观点的提炼与阐释，感受并学习古代先贤忧国忧民胸怀与精神，要了解作者面对的社会问题，从而挖掘作家创作的背景与动机。学生在这一项作业中，不仅整理了人物履历表，更为鉴赏文章的说理艺术和辩证分析观点提供了有力的背景知识储备。单元课文梳理表见表5。

表5

课文	针对问题	作者观点	论证方法	论据	论证结构
《谏太宗十思疏》					
《答司马谏议书》					

续 表

课文	针对问题	作者观点	论证方法	论据	论证结构
《阿房宫赋》					
《六国论》					

2. 搭建逻辑框架，探究“理性之表达”

作业目标：聚焦文本，探究“理性表达”脉络。

作业任务：①请依次阅读课文，圈画观点句、关键词，根据单元课文梳理表的内容，逐一绘制思路图、结构图或思维导图；②分小组展示思路图，并说明绘制的理由，每个小组给每篇课文评选出一个最佳方案，推荐到班级进行分享。思路图绘制评价量表见表6。

表6

	具体标准说明	评分标准	推荐同学及理由
内容	能准确鲜明地表现课文的观点和逻辑结构	优秀（5分） 合格（3分） 需努力（1分）	
画面	画面整洁、美观、有创意		
理由	能多角度且条理清晰地阐述自己的理由		

在本单元的作业中，学生需要掌握关于论证类文本的必备知识，如论证观点鲜明，论据紧扣主题、切中时弊，论证方法丰富多样，论证结构严谨、富有逻辑性，论证语言生动有力量。有效的作业设计要在潜移默化中内化这些“大概念”，使学生充分理解“必备知识”。学生在这项作业中厘清课文段落层次间的逻辑关联，并通过小组合作搭建单元思辨逻辑框架，学生的思维在探究中逐渐走向深入，在同伴互助中发生思维的碰撞，从而提升思考的品质。

3. 理性地倾听，感悟“责任与担当”

作业目标：学会理性思考，思辨单元文本论证的合理性；分析“不合理”处的现实针对性。

作业任务：学会理性质疑，选择一个话题，自主寻找相关资料进行思考，辩证认识作品，选用话题如下。

话题一：请根据《答司马谏议书》的相关内容，推测司马光对于变法的主张，再通过对比阅读《与王甫介书》，看看你的推断是否正确。一个“因时而变”，一个“墨守成法”，说一说你是如何看待王安石和司马光关于变法的这场争论的？

话题二：《六国论》中，开篇用“六国破灭，非兵不利，战不善，弊在赂秦”提出了全文的中心论点，一针见血地道破了六国破灭的根源。那么，你赞同苏洵的观点吗？

话题三：结合《劝学》《谏太宗十思疏》，请你探究比喻论证的优势及不足。

自拟话题：……

辩证认识作品，见表7。

表7

话题	合理性	不合理处	我的理解	历史现实针对性

该项作业需要学生结合文本与人本做出自我确信的判断，文本是作者的观点，人本是作者所处的时代，是历史现实针对性。观点的合理性体现在有理有据、有逻辑性，没有牵强附会、无中生有、强词夺理，学生要产生自我的理解，需要“在辩证分析与合理推断的基础上进行理性判断”，这就是“理性地倾听”。

（三）表现性作业

作业目标：培养“问题意识”，形成独立思考，学会理性地表达。

作业任务：理性的声音需要理性的表达，结合新时代的实践生活，以“传递理性声音”为话题，从我们的生活中选取一个话题，例如人类命运共同体、忧国忧民、责任与担当、网络环境与建言献策、守住“底线”、君子情义等，拟写演讲题提纲，构建思维导图，进行班级演讲，发出新青年理性的声音。

作业流程：①结合四篇文章提出观点的方法和使用论据严密论证的技巧，拟定本次演讲稿的评价表；②按照评价表要求和演讲要求撰写演讲稿；③每组推选1名演讲者，完成一次5分钟左右的演讲，要求观点明确、论证充分、语言具有一定的说服力和感染力，举止大方、有度；④每名学生的演讲结束后，现场观众需要对演讲者进行发问，演讲者需要回答问题；⑤听众们根据演讲评价量表，给每位演讲者打分，评出一、二、三等奖，见表8。

表8

	优秀	良好	需努力
演讲内容	演讲内容能紧紧围绕主题，观点正确、鲜明，见解独到，内容充实具体，能体现时代精神，有很强的感染力	演讲内容能围绕主题，观点准确，能针对电视有感而发，有较强的感染力	演讲内容偏离主题，观点模糊，针对性不强，缺乏感染力
语言表达	演讲者语言规范，吐字清晰，声音洪亮；演讲表达很准确，流畅，自然	演讲者语言较为规范，吐字清晰，声音洪亮；演讲表达较为准确、流畅、自然	演讲者语言较难做到规范，吐字清晰，声音洪亮；演讲表达较难做到准确、流畅、自然
综合表现	演讲者精神饱满，语速恰当，语气、语调、节奏张弛符合思想情感的起伏变化；能熟练地表达所演讲的内容	演讲的语速较为恰当，语气、语调、节奏张弛符合思想情感的起伏变化；能表达所演讲的全部内容	演讲者对演讲内容不熟练，有背稿的情况

以上是作业设计的最后一个任务，学生通过撰写演讲稿、演讲、现场质疑论辩等，“倾听理性的声音”，也发出理性的声音，同时学会理性地质疑他人的观点，形成大胆质疑、缜密推断的批判性思维。该作业旨在鼓励新时代的青年学生发出理性的声音，实现传统文化对学生思想境界、道德修养的熏染，在潜移默化中培养学生的家国情怀和担当意识，涵养青年的浩然之气。

三、作业设计综述

本单元的作业设计以“思辨性阅读与表达”学习任务群为核心，以教材内容为起点，将课标、单元学习任务、学习提示和作业设计目标联结，以期引导学生在完成作业的过程中，促进思维的提升，目的在于引导学生思辨性阅读和表达，发展实证、推理、批判与发现的能力，增强思维的逻辑性和深刻性，认清事情的本质，辨别是非、善恶，提高理性思维水平。

作业设计要将思辨能力落实到细处，我们需要培养学生对文本信息的质疑：面对信息，学生思考文本中核心观点是什么，是否阐释清楚相关概念，在论证时是否提供了充足的事实依据或逻辑依据，论证过程中使用的理由是否合理，引用的事实是真是假，逻辑是否恰当，是否可以从别的角度看待这个问题等。这些都是在设计和实施本单元作业时始终需要关注的要点。学生在阅读本单元的四篇文章时，学会有条理地探究四篇文章中的观点和逻辑；在梳理行文思路的过程中，有依据地表达自己的观点或反驳他人观点；在探究发现中加强思维的逻辑性和层次性。

作业评估以形成性评价为主，制作评价量表对学生的作业进程、速度、遇到的困难等方面进行全面评估，有利于不断改进和完善教学，从语言、思维、审美、文化等方面建构形成性评价标准体系。同时，在评价的过程中，也要及时做好记录，记录不同学习层次的学生完成作业的进度，教师根据学生作业中的思维方式的新颖度、语言表达的准确度和简洁性等方面进行形成性评价，并定期进行总结，有助于掌握学生在一段时间内的学习状况，及时发现问题并调整学习策略。

当然，思维的发展不是一朝一夕的，教师将思辨性培养贯穿学生的整个高中阶段，不断创新思辨性作业设计，才能为学生以后的学以致用打下基础。

下　篇

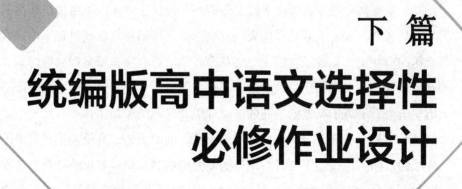

统编版高中语文选择性必修作业设计

依文而制，循体而作：让单元作业的“文体味”鲜明起来

——以统编版高中语文选择性必修上册第一单元为例

杭州市源清中学　潘慧群

统编版高中语文选择性必修上册第一单元属于“中国革命传统作品研习”学习任务群，人文主题是“伟大的复兴”。入选的文章纵向呈现了中国共产党百年的奋斗史，涵盖了新民主主义革命时期、社会主义革命和建设时期、改革开放和社会主义现代化建设时期、习近平新时代中国特色社会主义时期等不同历史阶段，展现了英雄们崇高的革命理想和忘我的革命情怀：有反映土地革命战争的《长征胜利万岁》，讴歌了长征这一壮丽史诗；有反映抗日战争的《大战中的插曲》，描绘了抗日军民英勇友爱的精神品质；有反映社会主义建设时期的《县委书记的榜样——焦裕禄》，讲述了“党的好干部”全心全意为人民服务的光荣事迹；有代表改革开放时期维护领土主权的《别了，“不列颠尼亚”》，展现了和平收复香港回归这一巨大成就；有反映习近平新时代中国特色社会主义时期抗击疫情的《在民族复兴的历史丰碑上——2020中国抗疫记》，全面诠释了伟大的抗疫精神。

一、设计目标：依文而制，形成“文体图式”

本单元导读既要求“理解作品内涵，感受作品中洋溢的革命豪情和建设热情，获得崇高的体验”，又要求能“把握不同体式作品的风格特点，学习其写

作技巧，欣赏富有时代特征的表达艺术”。课后单元也侧重文体特征把握和多语体实践。

（一）研习任务解读

单元研习任务一（详见教材P39）的核心是“梳理课文是如何展现这些优秀品质的”和“讨论当下阅读优秀革命文化作品的意义”。梳理文体特征和写作特色，如回忆录《大战中的插曲》《长征胜利万岁》，前者主要是运用倒叙、插叙的手法，结合救助日本小姑娘的事件致信日本官兵，表现了红军革命的人道主义精神；后者主要通过具体场面和细节记录长征顺利结束这一重大历史时刻，展示中国工农红军长征的伟大壮举。挖掘作品的现实意义，主要是引领学生阅读和研讨语言典范、论辩深刻、时代精神突出的优秀革命文化作品，进一步提高语言运用能力、思维能力和审美鉴赏能力，深刻体会革命精神和革命人格，感受爱国精神，陶冶性情，坚定志向，形成正确的世界观、人生观和价值观。

单元研习任务二（详见教材P39）的核心是体会作者是如何将感情抒发与理性表达结合在一起的，提高理性思维水平。单元研习任务三（详见教材P39）的核心是“选择自己擅长的文体进行写作”，学习新闻、通讯、回忆录访谈等实用性文体，在制作文集时，文体不限，图文并茂，内容与形式完美统一。积极鼓励学生从不同的革命时期、不同的人物身份、不同的人生目标等角度展开思考，利用自己的知识储备，选择自己擅长的文体进行写作。

（二）作业目标设定

考虑到学生在高一必修学过《与妻书》《沁园春·长沙》《反对党八股》《拿来主义》《百合花》《喜看稻菽千重浪——记首届国家最高科技奖获得者袁隆平》《青蒿素：人类征服疾病的一小步》等课文，内容涵盖从旧民主主义革命时期到当前的新时代。学生能感受革命前辈的博大情怀和革命壮志。除了深化对革命传统的理解和认识，把红色基因植入学生心灵，更需要聚焦单元导读和研习任务，有重点、有目标地开展言语实践，强调不同体式的“研习”。基于此，设定以下单元作业目标：

1. 梳理与探究：能识别开幕词、回忆录和新闻（消息和通讯）等不同文体在选材、组材、语言表达等方面的特点。

2. 表达与交流：能选择“自己擅长的文体”，恰当地选择和运用材料，写出反映真情实感和时代风貌的实用类文稿。

3. 阅读与鉴赏：能学习将感情抒发与理性表达相结合的手法，体悟革命作品的时代价值，形成对中国革命的理性认识和思考。

在此目标导引下，依文而制，以革命文化为主线，以文体要素为核心，通过创设真实情境，对单元研习任务进行重整，将作业目标细化到各个任务活动中，目的是形成“文体图式”并提高解决实际问题的能力。

二、设计理由：循体而作，体现“文体转换”

“单元研习任务”不是练习题，不能简单转化为“全卷”模式的练习题让学生去做，它应该是在一定情境中通过综合的语言实践活动去完成的“任务”，是一个言语实践的过程。为实现单元作业目标，需循体而作，设置真实、有意义的学习情境，提供较多的学习支架（从文章的结构、写法、特色等方面）并充分体现“文体转换”，重视学生自主、合作开展各种体验性和研究性活动。

（一）任务设计

学校将举办以“致敬家乡英雄，谱写复兴乐章”为主题的“红色文化艺术节”，现艺术节组委会正火热招募志愿者并征集“文创作品”，欢迎同学踊跃报名参加。

1. 预习性作业

（1）为更好地参加艺术节活动，请上网查找“语体”的概念及分类，判断本单元每一篇课文的语体类别；试着组内交流，说说文体和语体的关系。

（2）能借助导图支架围绕“家乡英雄”“民族复兴”“理性表达”等核心词语，结合参考资料，任选一个，写一写自己的心得感悟，字数不限。

2. 过程性作业

现艺术节组委会面向年级招募志愿者，分宣传组、编剧组、诵读组、评编组等。委托年级语文备课组进行入会资格作品初选，欢迎同学踊跃参加。报名要求请仔细阅读，评价量表见附件。

（1）宣传组【资格作品】梳理统编版高中语文选择性必修上册第一单元

（以下简称本单元）选文文体特征，设计并完成“文体图式”导读卡。

（2）编剧组【资格作品】为本单元人物做专题报道。请你选择一个更细的主题（角度）表现人物的价值，你会选择哪一个片段或哪一组事件（典型事件选择）进行拍摄？请自拟题目、自编脚本、自配解说词，时长不超过5分钟。

（3）诵读组【资格作品】任选本单元一篇课文（片段），录制一个朗诵音频，时长不超过3分钟。

（4）评编组【资格作品】本单元中《长征胜利万岁》《在民族复兴的历史丰碑上——2020中国抗疫记》无课文插图，请为其选一幅，制定入选标准并说明入选理由。

3. 诊断性作业

现艺术节组委会面向全校发布艺术节“红色文创”征集令，让家乡红色资源焕发出时代光彩，欢迎同学踊跃投稿，具体详见团委通知。

（1）艺术节海报（如节徽、宣传标语、家乡英雄人物形象IP设计、红色文化打卡图、家乡纪念馆红色模型等元素）

（2）艺术节奖品（“红色奖品”，如明信片、红色绘本、纪念徽章、办公用品等文创设计）

（3）艺术节红色情景剧、家乡英雄回忆录（探寻英雄故事的产生背景，详细了解英雄人物的事件过程，探究英雄人物的民族精神和社会价值，最终完成情景剧或回忆录创作）

（4）艺术节微信推文（有采访亲历者，形式丰富多样，如短视频、漫画、诗词或观后感等）

【作品要求】

（1）回顾建党百年来的伟大历程，理性表达爱国情怀，热情讴歌新时代。

（2）取材来自家乡或本次活动，真实、具体，致敬家乡英雄。

（3）力求原创，可独立完成，也可团队合作，署名完整。

（4）每件作品应附有作品名称及创意说明，阐述设计理念、寓意、背景等。

（二）设计理由

1. 文体先行，为学习提供支架

本单元是革命实用类文章，有开幕词、回忆录、消息、通讯等文体，各有其写作规范和功用。结合单元学习任务和作业目标，设计梳理文体图式、征集红色文创、创编红色情景剧、撰写家乡英雄回忆录、汇编文集成册等作业，都是引导学生梳理与积累文体知识，并打通新旧知识的联系（如必修上册第四单元学习过采访有关人物、了解家乡的人物、历史、习俗等，并收集相关的文献资料和实物资料，写一篇《家乡人物〈风物〉志》），为把握文体特质，学习写作、锻炼能力提供样例支撑。

2. 文体转换，为内容匹配形式

制作海报、插图、宣传语、解说词、拍摄脚本等，靠单一的表达方式和写作手法是不够的，要综合运用记叙、描写、抒情、议论等表达手段，以及映衬、抑扬、象征等多种手法。从文体要求上来说，要把握新闻、回忆录、剧本、开幕词等特点，如理解事实与观点的关系，抓住典型事件，辨析表现立场，提升媒介素养等；从形式匹配上来说，除了明确话题、读者、目的等，还要有发布意识和文体意识，让形式更好地服务内容，能在缩写、改写、扩写中选择恰当的方式变换文体和表达方式，恰当地表达自己的思想。

（三）设计意义

1. 依文设题，兼顾“篇”“类”

传统的课后作业，存在忽视文体特征、混淆文体规律、用“全卷”模式训练考题等问题，弱化了文体辨识的学习价值。试问，学生通过大单元学习是否已经对各篇各类的文体，如新闻报道、演讲、回忆录、剧本、访谈、调查报告等特征都有理解与把握？在当前文本特征视角下的高考试题命题指向下，如平常未能习得，需等考前复习时才一一训练，不仅低效，而且隐患重重。本单元是实用类选文，作业设计应从交际情境、交际方式、交际意图等方面来考量，关注类型辨识，突出“文体意识”，由学习这一篇到学会这一类；鼓励学生根据作业材料的文体倾向，选择更合适的表达方式，担负培养复合表达与交流能力的责任。

2. 文体融合，鲜明“文体味”

“体定然后可以言度拙，体立然后可以布言擒词。”（施畸《中国文体论》）阅读是一种文体思维，讲究“辩体为先”。每一种文体都有自己的内在规律，并鲜明地表现在思维结构、语言形式、写作思路以及表现手法等方面。

围绕文体目标设计基于文本特征的作业任务，利于建构阅读模型知识，养成对不同文体模式的自觉理解、熟练把握和独特感受，获得阅读文本的“解码方式”，形成“文体图式”。如，在设计海报和文创文具、拍摄家乡英雄、录制朗诵（音）视频、表演情景剧等文体转换时，要思考如何理性地表达爱国情怀，如何创作富有时代特征的红色文创作品，如何展示宏大的时代主题等“文体融合”的内容。

三、设计反思：依体探理，体现“文体增值”

1. 得“鱼”又得“渔”

单元作业设计讲究系统性、整体性、台阶性，因此，优化重组单元是作业设计中不可或缺的关键一环。在优化重组中，从文体分类的视角设计作业，养成规范的“文体意识”，能“选择自己擅长的文体进行写作”是“扬长避短”的基础。学生能明晰不同文体的基本规范和要求，从容面对“文体不限”（并不等于不要文体，而是自由选择一种恰当的文体写作）。“创作文章，如不论体类，其势犹无轨之火车，失缰之骏马，虽在天才，不免危殆”，从文体出发设计作业，是有利于学生形成结构化知识，进而转化为文体思维和表达建构能力的。比如，让学生查阅文体资料，选择尝试制作脚本、编写情景剧与回忆录、拟写微信稿、汇编文集等，从读写共生的角度来说，有助于学生依体探理，深入把握“言语形式”，既得这一类的文体特征之“鱼”，又会读写这一类文体应用之“渔”；从核心素养上来说，以自主、合作、探究性学习为主要学习方式，让学生在做任务中进行比较、分析、概括、探究、辩证思考等，促进学生思维发展与审美品质的提升。

2. 让“作业”变“作品”

本单元集中关注重大历史事件、革命领袖、老一辈革命家和优秀党员干部，而传统的学案、习题、周练、小测等“题海型”课后作业，形式单调、陈旧，重结论、轻过程，很难激发学生作业兴趣，更难激励学生追忆峥嵘岁月、传承民族精神。把作业变成“红色艺术节”主题情境下的开放性的设计、活动、任务，让作业从“做题”的单一形式中走出来，激励学生搜集资料、设计方案、进行访谈、创作编排等，通过场景设计、视频播放、故事讲解、实地打卡、汇编成册等形式，既自觉拓展阅读空间，感受家乡“红色家底”，在追忆红色历史、传颂红色经典、打卡红色地标（重大革命事件旧址、领袖故居、纪念碑、烈士陵园、陈展场馆等）中“入情入境”“入脑入心”，又赋能感悟、探究、创意等，丰富语体运用，锻炼思维能力，提升审美水平，厚植爱国情怀。让学生做几样像样的“作品”（海报、片头、集册等），鼓励小组以实物、实景、实例、实事为载体，通过创意构思、物化成果、交流展示等形式，既能培养人际交往、团队协作、策划等能力，又能让个性化、多元化的作业走“新”入“心”，“语”众不同。

总之，依文而制，循体而作，重视“文”与“体”、“语”与“篇”、“义”与“形”的联结性和一体性，借助作业思考与巩固“我需要怎样表达”“我如何理性表达”“我为什么这样表达”“表达的效果怎么样”等问题，纲举目张。同时，让单元作业的“文体味”鲜明起来，更容易打破年代壁垒，了解革命作品的深层内涵，了解作者的言语智慧、思维特点和审美风格。

附：

“导读卡”评价量表

评价项目	评价要求	得分
作者信息	介绍作者身份与主要成就	10
使用情境	准确概括作品的使用情境	10
针对对象	正确分析作品的针对对象	10
写作内容	准确概括文章主要内容，全面、简练	10
结构特点	准确概括实用性革命文化作品的结构特点	10
写作功能	准确概括作品的写作功能	15
文体定位	准确区分各种文体	15
作品推介	（1）或概述历史事件，或点明课文主旨，或揭示历史意义 （2）语言简洁，不超过30个字	20

人物专题制作评价量表

活动	评价内容		水平表现		
			好	较好	一般
脚本制作	改编合理	有文本依据			
	格式正确	符合剧本特征			
	细节丰富	关注情节突转、典型事件等			
	结构合理	主次、详略安排得当			
拍摄要求	主题突出	突出主线故事			
	运镜合适	景别选择和运镜方式恰当，色调、角度、虚实等拍摄技巧灵活			
	画面吸睛	让观众有代入感，引起共鸣			
	注意细节	道具、时长、配乐等细节到位			
解说词	富有文采	恰当运用修辞，对镜头的表达起画龙点睛的作用			
	富有内涵	突出革命精神、革命情怀、革命人格，有感染力			

朗诵音（视）频评价量表

活动	评价内容	水平表现		
		好	较好	一般
朗诵	语音准确、吐字清晰			
	节奏感强、富有感情			
	自然大方、一气呵成			
	总体评价			

插图评价量表

评价内容	评价要求	总分
形象设计	设计合理，细节符合课文内容，能突出表达主题	30
画面构图	合理新颖、布局均衡、主体突出	20
线条色彩	线面关系、色彩处理调和，视觉舒适	20
创意创新	想象合理，体现健康高雅的审美情趣，有效反映作者情思	30

观乎文，成于研

——以统编版高中语文选择性必修上册第二单元作业设计为例

台州市三梅中学　林柄兵

统编版高中语文教材选择性必修上册第二单元收集了先秦诸子的作品，是教材中第一个对应“中华传统文化经典研习”学习任务群的单元，同时也兼具“语言积累、梳理与探究”“思辨性阅读与表达”两个任务群，属文言文教学。这一单元共3课，六篇文章，分别选取了儒家、道家、墨家三个学派的经典著作，希望学生通过对文言基本知识的梳理，探究语言文字建构规律，增强语言运用能力；通过对不同学派言说风格的鉴赏，体会诸子说理蕴含的审美艺术，提高审美鉴赏水平；通过对先秦诸子观点的整合，寻求不同学说之间的共性，认清文化本质，提高理性思维水平；通过阅读中华传统文化经典作品，加深对中华优秀传统文化的认识，增强文化自信。

本单元学习导读要求在教学中，加深学生对传统文化之根的理解。“要注意领会先秦诸子对社会人生的洞察，思考其思想学说对立德树人、修身养性的现实意义”，教师需将中华优秀传统文化和现实联系在一起，发扬中华优秀传统美德，达到立德树人的目的；“感受先秦诸子或雍容或犀利或雄奇或朴拙的论说风格，理解各家论说的方法，领悟其妙处”，提高学生审美鉴赏能力的同时，需增强其思维的逻辑性和深刻性，学会多角度思考解决问题，洞察社会问题，探寻人生意义。

一、释理明方向：围绕核心素养的研习任务群理念阐释

单元后研习任务群设计围绕着核心素养，指导学生发扬中华优秀传统文化，并树立正确的价值观念。第一个研习任务聚焦“立身处世之道”的梳理。先秦诸子之道，既有精华又存糟粕，学生需根据自己的生活经验，对不恰当的部分质疑，并进行讨论。学生在探讨中将优秀的处世之道运用到生活实际中。第二个研习任务的设计目的是培养学生的审美鉴赏能力。通过课外阅读的补充，借鉴其他文献资料，探究先秦诸子的写作风格，并写出自己的阅读体悟。学生可根据自己喜欢的写作风格，学习先秦诸子的论证特点，模仿写作。第三个研习任务聚焦核心素养中的“语言建构与运用”，要求学生自主梳理并整合文言虚词，把握虚词的意义及用法。学生需通过合作交流，完善任务清单。此项任务可以提高其文言文阅读水平；合作探究的形式，也可以很好地增强他们的团队协作意识，学会自主学习。第四个研习任务的设计意图是锻炼学生的写作能力。这些经典言论延续到现在，被赋予了很多新的含义。以此为主题进行写作，让学生关注到经典对现代社会的意义；写作需要挖掘积累时新的素材来支撑自己的观点，这样也能鼓励学生关注时事新闻，选取案例，发挥言论的积极效用。

二、研习化文道：基于多重目标的作业设计阐述

根据《普通高中语文课程标准（2017年版2020年修订）》要求，借鉴本单元学习导读和研习任务提示，现对本单元的作业做以下设计：

（一）梳理与探究

（1）整理虚词任务清单。学生自主探究，各小组分工合作，整理选文中出现的“而”“之”“乎”“者”等常用虚词的义项，并写下选文中的例句和之前学过教材的例句，以表格或者是小卡片的形式，进行汇总报告，做成班级积累小册子。文言虚词任务清单示例，见表1。

表1

虚词	义项	选文中例句	之前学过教材中其他例句
而	表假设	人而不仁，如礼何？（《论语·八佾》）	锲而舍之，朽木不折。（《劝学》）
	表承接	见贤思齐焉，见不贤而内自省也。（《论语·里仁》）	置之地，拔剑撞而破之。（《鸿门宴》）
	……	……	……
之	第三人称代词	吾为其无用而掊之。（《庄子·逍遥游》）	然语之，又恐汝日日为吾担忧。（《与妻书》）
	调整音节	迩之事父，远之事君。（《论语·阳货》）	手之所触，肩之所倚。（《庖丁解牛》）
……	……	……	……

此作业设计参考教材第三个研习任务，侧重培养学生“语言建构与运用”这一核心素养，旨在通过摘录虚词不同义项的例句，比较、归纳文言文语言特点，从而发现虚词释义的规律。相较于其他体裁，古代汉语体系与现代汉语体系有很大的不同，理解文言文，是学生学习的一大难点，也是教师教学的一大重点。因此对文言基础知识落实巩固，是文言文教学的基础。学生自主探究的作业形式，在一定程度上可以激发学习的积极性，培养他们自主学习的能力；与同学合作学习，通过汇集、展示等方式，既提高了合作协调能力，又节省了整理知识的时间，提高了基础知识教学的效率，加深他们对文言知识的记忆。

（2）厘清每篇选文的基本概念，明确每个学派的核心观点，并寻找他们的共性，以小组为单位，合作讨论先秦诸子的核心思想，做一个树状思维导图。树状图可根据小组阅读情况进行拓展，可结合必修下册第一单元的《子路、曾皙、冉有、公西华侍坐》《庖丁解牛》《齐桓晋文之事》进行补充，也可根据课外阅读，在导图中加上其他诸子学派（如法家、兵家、阴阳家等）的核心观点，丰富树状图。

先秦诸子核心概念树状思维导示例图如图1所示。

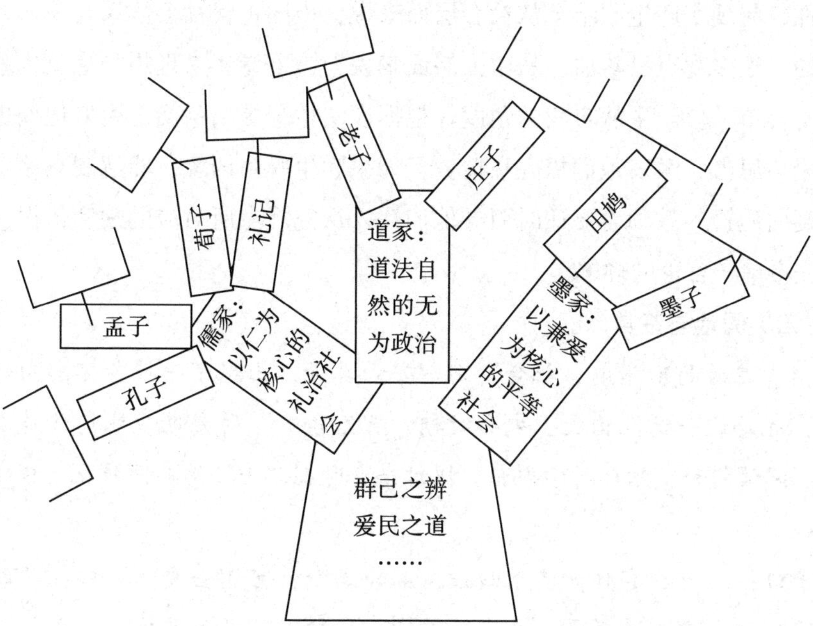

图1

此项作业设计目的是梳理各学派主要观点，概括其核心概念，探究其共性，了解百家争鸣的内核和中国传统文化的特征。此作业需要学生具有较强的梳理能力以及概括能力，并拥有一定的信息提炼能力。对于共性的提炼，可以有很多层面的解读：在个人层面上，实现个人理想抱负，体现个人价值；在国家层面上，拯救混乱的社会，建立安定的国家，给百姓一个安稳和乐的生活；在社会层面上，思考在个人利益与集体利益发生冲突时该如何抉择，这里可以联系乡土社会中“群己关系”的含义……先梳理后探究的学习方式，培养学生认知层次由低到高、学习状态由浅入深的思维方式，实现深度学习的教学目标。这里教师也需要对中国传统社会要素进行引导，与必修上册整本书阅读《乡土中国》单元进行联系，使学生更深入地理解中国传统社会构成，实现知识的联结。

（3）通过初步学习，结合实际，讨论这些学说是否还适用于当下。找出其中你认为不适用或者不恰当的言论，提出疑问，开展“学说批驳会”，畅谈你的看法。

此项作业设计目的是培养学生的辩证精神，结合生活实际，探讨学说的适用性，与现实产生联结。从社会层面来说，中国古代社会体系与现代社会大为不同，很多观点已落后；从个人层面来说，当下青年人理想与抱负也趋于多元，不再单一。学生从自我的角度，根据现实情况提出疑问，引发他们更深入的讨论与思考，激发他们探究热情。但如果学生脱离语境，曲解观点原意，为了质疑而质疑，教师需要适时引导他们深入探究观点所对应的现实依据，加深其对先秦诸子言论的理解。

（二）阅读与鉴赏

（1）在时局不明朗、社会动荡不安的乱世，出现了一批各怀志向的能人志士，也是这一批人构成了先秦时期“百家争鸣”的盛况。他们就是“士阶层”。阅读材料，结合所学内容，探讨先秦时期“士”的共同特征，探究现实意义。

子曰：“行己有耻，使于四方，不辱君命，可谓士矣。”曰：“敢问其次。”曰：“宗族称孝焉，乡党称弟焉。”曰：“敢问其次。”曰：“言必信，行必果，硁硁然小人哉！抑亦可以为次矣。”曰：“今之从政者何如？”子曰：“噫！斗筲之人，何足算也。”（《论语·子路》）

曰：“士之仕也，犹农夫之耕也，农夫岂为出疆舍其耒耜哉？”（《孟子·滕文公》）

故士者，所以为辅相承嗣也。故得士则谋不困，体不劳。名立而功成，美章而恶不生，则由得士也。（《墨子·尚贤》）

古之善为士者，微妙玄通，深不可识。夫唯不可识，故强为之容：豫兮若冬涉川，犹兮若畏四邻，俨兮其若客；涣兮若冰之将释，敦兮其若朴，旷兮其若谷；混兮其若浊。孰能浊以静之徐清？孰能安以动之徐生？保此道者不欲盈。夫唯不欲盈，故能蔽而新成。（《道德经·第十五章》）

此作业设计的目的是通过阅读鉴赏诸子对“士”形象刻画的共性。先秦时期，“士阶层”在政治、军事、文化等方面都发挥着重要的作用，承担着重大的社会责任：无论是哪个学派的士人，都具有以天下大道为己任的人格特点，也正是这样的奉献精神，造就了先秦百家争鸣、学术遍地的盛况。“士”的形象特征对学生也具有启示意义：这一时代，战争频发，民不聊生，士人用自己对生命的认知、对社会的洞察、对宇宙的探索，建立一套独具风格的知识体系，希望能够用知识拯救国家及社会，体现了其高尚的人格特征。学生也应以此为榜样，树立远大的理想目标。

（2）反复诵读本单元课文，根据之前学过的文章，总结概括其各自的风格特点。如果可以穿越到春秋战国时期，有幸能够拜在这几位老师门下，你会怎样向他们介绍自己，让他们收你为徒。请写一封自荐信给你喜欢的老师，表达拜入他们门下的强烈愿望。

此作业的设计目的是鉴赏几位学者的语言风格，概括其特点；选择自己喜欢的写作风格进行仿写。《论语》温文尔雅，不卑不亢；《礼记》条理清晰，逻辑性强；《孟子》善用比喻，气势磅礴；《老子》言简意赅，正言若反；《庄子》汪洋恣意，想象丰富；《墨子》平实朴素，循循善诱。各家语言均特色鲜明。想要拜入他们的门下，必定要投其所好，不仅要切合他们的思想，更要在写作风格上抓住他们的特点。此作业设计目的就是希望学生进行模仿写作，学习他们鲜明的语言特点以及严谨的论证特点。教师可对优秀的作品进行展示，激发学生写作的热情；学生通过模仿写作，也可以进一步明确适合自己的写作风格。

（3）阅读下面几则论语，将孔子说话时的语气或表情补充完整。

子（　　）曰："以吾一日长乎尔，毋吾以也。居则曰：'不吾知也。'如或知尔，则何以哉？"（《子路，曾皙，冉有，公西华侍坐》）

季康子问政于孔子曰："如杀无道，以就有道，何如？"孔子（　　）对曰："子为政，焉用杀？子欲善而民善矣。君子之德风，小人之德草。草上之风，必偃。"（《论语·颜渊》）

子（　　）曰："甚矣吾衰也！久矣吾不复梦见周公！"（《论语·述而》）

子（　　）曰："道不行，乘桴浮于海，从我者其由与？"子路闻之喜，子（　　）曰："由也好勇过我，无所取材。"（《论语·公冶长》）

颜渊死。子（　　）曰："噫！天丧予！天丧予！"（《论语·先进》）

此作业设计目的是通过阅读鉴赏，注意区分孔子在不同情境下的说话态度，破除文字的障碍。这几则材料分别选取了孔子独白，了解其对社会礼崩乐坏的无奈；品读面对子路、颜渊时孔子的不同表情，理解孔子因材施教的教育特征；感受向为政者进谏的语气，体现其面对为政者的不卑不亢与悉心劝诫。通过阅读鉴赏，感受孔子的温文尔雅以及循循善诱，把握其论证、教学风格。

（4）阅读下面几则材料，根据《老子四章》《五石之瓠》《庖丁解牛》的学习体验，体会老子和庄子表达方式和思想内容的异同。

上善若水。水善利万物而不争，处众人之所恶，故几于道。居善地，心善渊，与善仁，言善信，政善治，事善能，动善时。夫惟不争，故无尤。（《道德经·第八章》）

且夫水之积也不厚，则其负大舟也无力。覆杯水于坳堂之上，则芥为之舟；置杯焉则胶，水浅而舟大也。风之积也不厚，则其负大翼也无力。故九万里，则风斯在下矣，而后乃今培风；背负青天，而莫之夭阏者，而后乃今将图南。（《逍遥游》）

山林与，皋壤与，使我欣欣然而乐与！乐未毕也，哀又继之。哀乐之来，吾不能御，其去弗能止。悲夫，世人直为物逆旅耳！（《庄子》）

希言自然。故飘风不终朝，骤雨不终日。孰为此者？天地，天地尚不能久，而况于人乎？故从事于道者同于道，德者同于德，失者同于失。故同于道者，道亦得之；同于失，道亦失之。信不足，焉有不信。（《道德经·第二十三章》）

此作业设计是为了让学生更好地鉴赏同为道家的两个代表人物，在思想和语言写作方面的区别。道家提倡顺应自然，但两者的自然略微不同：庄子从心，提倡人要尊重自然，与自然和谐相处；老子约束自我，重君子德行。两人在写作上喜欢用比喻、排比、对偶等修辞手法，将高深的道理简单形象地阐释出来，但是庄子的想象更为奇特，而老子喜欢用生活化的事物来阐述道理。通过比较阅读，学生可以进一步地了解道家学说的核心观点，以及两位学者的迥异的写作风格。

（三）表达与交流

（1）根据教师提供阅读书目，进行拓展阅读。在年级段创设《百家讲坛》栏目，由部分学生自主选择扮演，根据先秦诸子风格，开展以“班级管理”“个人发展”等固定命题为主的主题游说活动，由班级其余同学对其观点质疑并打分，选出最具魅力的“诸子演说家”。

此作业设计的主要目的是锻炼学生的思辨能力及表达能力。在准备演讲过程中，需和其他同学一起合作，完善自己的观点，增强团队协作能力；讲稿需逻辑思维清晰，观点明确，以此提高他们的思维能力；命题演讲，训练他们的表达能力，突出自己的个性；将中国传统文化与现实情况结合，赋予其现实意义，增强文化自信。

（2）绘制先秦诸子学说地图。每个小组查询先秦所有学派产生的时间以及重要观点，先在纸上绘制出春秋战国各国地图，再在先秦诸子所在板块中写上对应的时间及观点，并涂上不一样的色彩，然后进行展示与解说。

此作业设计是为了增强学生对中国传统文化价值的认同感，回归经典，追溯源头，探寻其社会价值。用地图能更加形象直观地表现春秋战国时期中原的土地面积；写上诸子产生思想的年代以及核心观点，可以分辨地域与时间对于学说的影响。例如，孟子在孔子之后，他的学说是对孔子的延伸及补充，是对儒学的进一步完善；老子虽为陈国之人，但在战国时期又属于楚国，而楚国的水文化与道家思想有着密切的联系，追溯道家思想的起源。

（3）《庄子·天下》当中曾有这样一句话："是故内圣外王之道，暗而不明，郁而不发，天下之人，各为其所欲焉，以自为方。""内圣外王"最初见于《庄子》一文，却成为了儒家学派的代表。学者李泽厚也曾说过："老庄道家是孔学儒家的对立和补充者。"根据你的学习体会，谈谈你对儒、道两家思想内容之间的联系（可从理想、人格、道德、自然等方面进行论述）。写一篇不少于800字的论述文章。

此作业设计目的是让学生根据自己的阅读体验，找寻不同学派之间的联系，并进行写作。历来，儒家与道家就像是矛盾的统一体，承载着中国历来的学者的立身之道。古代文人志士的处世之道，受两者共同影响极深。例如苏轼就是"外儒内道"的代表人物：在顺境时，他渴望能够建功立业；在逆境时，他希望能够寻求一片安静的天地，休养生息。通过这类文章的论述，学生能更好地了解先秦诸子学说的共同点以及不同学说之间的互利互补，对中国文化进行不同角度的总结与解读。

三、省躬知任重：作业设计理念的思考

作业是教学基本环节之一，它不仅可以帮助教师有效地检测教学效果，也可以促进培养学生全面协调发展。新课标语文作业的设计要求，把被动的检测变为主动的探究，获得更好的审美体验，构建缜密的思维逻辑。

（一）注重语言积累，巩固升华知识

字词知识积累是文言文教学的基础，也是检测教学效果的关键。在整理过程中，学生不仅要概括本单元的字词特点，做好有效的预习工作，还要对其他单元的课文有所了解，明确复习的重点，进行不断的梳理积累，到后面巩固升华，形成完整的知识体系。对先秦诸子写作风格的概括，初步掌握诸子写作风格特点，再根据情境设置写自荐信，是对鉴赏写作的进一步强化。

（二）加强合作探究，重视自主意识

此作业设计摒弃枯燥单一的检测任务，需要学生在团队中完成作业，学会沟通，互相启发。他们依据作业的基本任务，从各自的兴趣点出发；既有个人独立的思考，又有团队共同的智慧。即使是个人任务，如扮演诸子进行各班演说，也需要用到团队协作，如果没有其他同学的献计献策，很难获得很好的演说效果。学生在交流中得到更多的启示，可以多角度、全方位地解读课文，更深入地理解文章主旨，形成更全面的价值体系。

（三）改变评价单一，全面发展能力

作业评价是检测教学效果的重要功能。传统作业评价单一，基本以书面内容和智力检测为主，无法全面地检测教学效果。此次作业设计，采取灵活多样的评价方式，通过设定不同的情境，培养学生解决不同问题的能力。除去老师评价这种单一的评价形式，把评价的权利交给学生，既可以提高他们完成作业的积极性，也可以互相学习，完善自我。除去答题、写作等评价形式，也增加了对学生的画图、表达等方面的评价，捕捉学生的闪光点，培养学生多方面的能力。

课程视域瞻理念，重构作业归实践

——以统编版高中语文选择性必修上册第三单元作业设计为例

台州市宁溪中学　金灿灿

随着课程改革的推进深化及“双减”政策的落地深植，作业俨然成为一个热门关键词。须知，作业是学生学习过程中的关键环节之一，在整个教育活动过程中，所处的地位与教学相倖，对课程改革与学生发展发挥着巨大作用。尤其在当下“教—学—评”一体化的课改理念指引下，作业更多地被赋予了“诊断学习行为，测评学习效果，训练巩固学习内容，让学生不断积淀学科素养”等多重功能，亟须教师围绕学生中心的价值取向进行重构。

一、窄化作业功能，引发教育异化

作为一种非常重要且有效的教育活动，作业对继续发展和扩展教育的价值大有裨益，在培养学生的学习兴趣和学习自信、责任心和意志力、解决问题和创新实践的能力、元认知和自我管理的能力等方面发挥着积极作用。但直面教育现场，作业的功能仍被窄化，以至于多数教师认为作业的最大功能在于巩固课堂所学内容以获取优异成绩。因此，教师往往只关注作业对成绩的作用，在设计作业时注重巩固所学的知识与技能，从而导致作业“题海战”现象频频出现，却忽视对高耗低效作业的改进及其所带来的严重学业负担。

当然，造成学业负担过重的原因有很多，但教师落后的教育观念是其深层原因。不难发现，素质教育在实施过程中常被降格为训练知识与技能的应试教育，尤其在升学竞争压力下，教师惯于设计知识性的、巩固性的、机械训练式的作业，并对学生进行反复操练。分数至上的现象屡见不鲜，随处蔓延而成为常态，致使人的素质培养成了一句空泛的口号。育分与育人错位，见分不见人，既是缺乏教育智慧的表现，又是游离素质教育的体现，更是误解教育与异化教育的显现，使教育追求止于浅层次的价值观与片面化的质量观上，背弃与背离了教育须培养全面和谐发展的人的本原属性。

众所周知，当素质教育沦落为应试教育时，当升学率成为学校工作的中心时，当分数成为师生和家校顶礼膜拜的图腾与共同的命根时，学生必将沦为疲于应付各种考试和作业的“机器人”，教育也势必变得失魂落魄，难怪于漪会忧心忡忡地质问：“分数等于人吗？分数能等于人吗？”显然，以分评人，唯分数是依，多做作业才能取得优异成绩，这类颠倒教育目的与手段的行为，必定导致教育沦落为压迫与奴役学生的蛮力，继而使学生在各种考试和作业的题海操练中丧失灵性，异化为“单向度的人”或“有用的机器”，甚至成为教育的受害者与牺牲者。这不能不说是教育的悲哀！

事实上，教育本明，造成教育无明的根由是“人”失落于教育的视界中。“人”是教育的根本，是教育的奥秘所在。这等于说，一切教育问题归根结底都是“人”的问题。因此，当务之急是将目光重新聚焦于“人”，找回在教育视界中失落的“人”，让“人”成为其所是。唯有此，才能消解教育异化，复归教育本质。教育当以受教育者为本位，这意味着教师须知晓教育本质属性，在对学生进行施教时，包括作业设计和实施，一定要把学生放在首位。教育要回归本质，就是以育人为本，以把人本身当成人来培养为目的，任何忽视学生“在场”的行为都应受到摒弃。教育的目的是培养人，激发和引导学生全面和谐而有个性地自我发展，使之心智自由，充分发挥自我学习、自我教育与自我发展的能动性，从而学会认知、学会做事、学会共处与学会生存，不断提高和完善各种核心素养，成为适应现代社会需要的人才。因此，教师在设计作业时，必须聚焦在人的培养、人的发展、人的精神提升上，聚焦在学生的全面发展和终身发展上，紧紧围绕学生中心的价值取向来重构，以促进作业对课程立德树人功能的发挥。

二、立足课程视域，形成设计策略

作业设计是指教师根据一定教学目的和课程内容，针对学生实际，有计划地选择重组、改编完善或者自主开发形成作业的过程，其基本形式包括选择重组、改编完善、自主创编和多种方式组合等。能否发挥作业的应有功能，让作业真正成为促进学生自主学习内化、积淀提升学科素养的重要环节，关键在于教师这一作业设计者和实施者。

实际上，提高作业设计质量的关键在于教师在正确的作业观指引下，明确作业设计的特征和要求，并形成科学的作业范式来指导自身的作业设计与实施。结合当下课改理念考虑，一种科学的作业观应当是基于课程视域下的作业观，指向“教—学—评”一体化，将作业视为与教学同样重要并与之形成互补关系的课程组成部分，强调作业是连接课程实施与评价的重要环节，在优化改进教学、评价学生学习、诊断课程目标等方面发挥独特的功能与价值，与课标、教学及评价之间具有深层关系——在课程视域观照下，作业回归学习本质属性，以学生为中心，凸显关注学生差异、注重协同教学、重视反思改进等理念，与教学及评价形成相互促进、融合共生的体系以保障课程目标的实现。

如此一来，课程视域作业观是教师更新作业观后重构作业的“心理背景”，指挥着教师的作业设计与实施。有专家表明，在具体作业设计过程中，单元作业是践行课程视域作业观的有效路径，具备更好体现作业的目标性、科学性与综合性等基本特征，与指向核心素养的作业属性相吻合。其主要形式无论是课时作业的递进累加，还是整个单元的综合统整，抑或是多种形式的杂糅组合，都有助于教师从单元视角整合单元目标、教学与评价等，整体把握和系统设计作业的内容、类型与难度等，统筹思考作业之间的结构性和递进性，发挥作业与教学、评价的协同作用及其对学生的发展作用。可见，单元作业设计不仅与课程视域强调的针对性、系统性、目标性等理念追求相符契，而且有助于教师对课程教学的理解与操作，并促进学生学科核心素养的发展。

那么，课程视域下契合学科核心素养的单元作业该如何设计与实施呢？王月芬博士通过实证分析，指出作业的内容、结构、时间、难度、类型、差异性等要素是明显影响作业效果的关键因素，并在此基础上提出了课程视域下的作业设计与实施策略如图1所示。

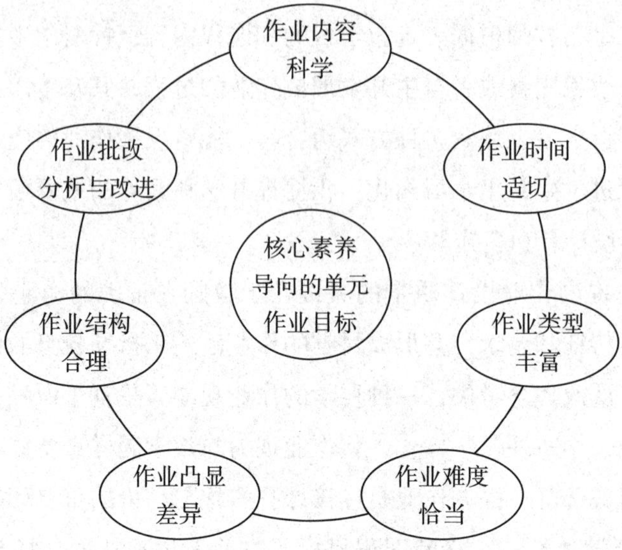

图1

由图1可知，核心素养导向的单元作业目标处于中心位置，是整个作业设计的核心与导向，其科学与否直接影响到作业设计的起点是否正确。因此，对于单元作业目标的确立，教师应审慎对待，要依据课程目标、教学目标和学生学习情况等进行综合设计，确保作业目标对课程目标、教学目标的内在传递，同时处理好作业目标的全面与侧重的关系，以满足学生的学习差异需求，检测诊断学生的学习情况，并及时对教学与评价做出调整。作业目标确定后，作业设计须在此前提下保证作业内容科学可理解。此外，教师还应科学适切地预估作业时间，多维多元地丰富作业类型，恰当稳妥地把控作业难度，方式灵活地凸显作业差异，整体合理地设置作业结构，诊断及时地完善作业设计，等等。

三、重构作业设计，理念走向实践

那么如何将课程视域下的作业设计与实施策略可视化，将隐性的设计理念、策略方法转化为教师显性可操作、科学而有效的具体实践行为呢？面对作业设计理念与实际操作相游离的困境，将作业设计的策略可视化显然是教师的强烈诉求。对此，笔者借鉴王月芬研制的作业设计策略可视化工具“一图二表”，尝试以统编版高中语文教材选择性必修上册第三单元为例，对其进行单元作业设计。

（一）确立作业目标

本单元由《大卫·科波菲尔》《复活》《老人与海》《百年孤独》四篇节选小说构成，所属的人文主题是“多样的文化”，对接的学习任务群虽是“外国作家作品研习”，但又与文学阅读与写作、跨文化专题研讨、整本书阅读与研讨等任务群相关：在文学体裁层面，本单元的选文都是小说，这就与文学阅读与写作任务群密切相关；在选文国别层面，所遴选的小说皆为外国具有较高文学史地位和思想文化价值的名家小说，可与高一期间学过的中国小说在内容、主题、艺术手法上做一番联系与区别，这就与跨文化专题研讨任务群密不可分；在选文完整性层面，这四篇小说都是中长篇小说的节选，这就可联系整本书阅读与研讨任务群，以期以篇带本，拓展阅读的广度与深度。而对于外国作家作品研习任务群，新课标提出：“本任务群旨在引导学生研习外国文学名著名篇，了解若干国家和民族不同时期的社会文化面貌，感受人类精神世界的丰富，培养阅读外国经典作品的兴趣和开放的文化心态。”并且，新课标对该任务群的学习目标与内容上做了规定：“阅读外国文学经典作品，认识所读作品的地位和价值。撰写读书笔记，阅读作品应写出内容提要和阅读感受。选择感兴趣的作家、作品或话题，撰写评论。尝试探讨不同民族文学之间的共同话题和文化差异，尊重文化多样性，提升文化鉴别力。”此即要求学生阅读外国文学经典作品和撰写笔记或评论，感受文本内容、认识文本特点和价值、理解文化的差异性与多样性，初步达成“初步理解和借鉴不同民族、不同区域、不同国家的优秀文化，吸收人类文化的精华”的语文课程目标。

此外，本单元导语也指出：“学习本单元，要联系相关的历史文化背景，体察小说展现的千姿百态的社会生活，感受人类文化的丰富多彩。要了解小说多样化的风格样式，从主题内容、叙事手法、语言风格等多方面入手把握作品独特的艺术成就；总结小说的艺术特点，提升鉴赏小说的能力，并尝试写小小说。”同时，教材的三项单元研习任务指向阅读与鉴赏、梳理与探究、表达与交流，要求学生研读本单元课文，鉴赏人物形象，探究小说的艺术手法，尝试写读书札记和赏析文章，并学习写作技巧，在观察生活、思考生活的基础上创作小小说。

综合以上要素考虑，笔者参照作业“设计流程图”，将作业目标设定为①感受本单元四篇小说中的著名人物形象，结合课文中的具体描写分析人物的性格特点和典型意义；②梳理四篇小说中的心理描写，比较其异同，领会作家创作手法的多样性；③梳理四篇小说中的人物活动场所，分析其空间特点，理解环境描写的复杂意蕴，领悟小说的批判性与隐喻性；④探究小说主题，理解主题内容与表现风格的关系；⑤比较阅读和鉴赏本单元小说某一共性特点，形成读书报告，或借鉴四篇小说的写作技巧，尝试创作小小说，实现读写相融通。

（二）设计作业内容

作业目标确定后，笔者再次结合单元导语、学习提示、学习任务及学业质量水平来设计作业，以确保作业内容科学可理解。设计的作业如下：

（1）自主阅读本单元的四篇小说，结合课文注释，围绕重要情节和主要人物表现，为每篇节选部分写一段故事梗概。

（2）在本单元选文中，你最喜欢哪一个人物？请结合文章具体描写，尝试为自己喜爱的人物拟写一段人物形象介绍语，并分析其典型意义。

说明：上面两题指向阅读与鉴赏。题（1）意在引导学生感知课文内容与主要人物。情节是人物的行动，围绕重要情节和主要人物表现来概括故事梗概，有利于学生从关注小说重要情节到聚焦小说主要人物，进而把握人物形象特点。题（2）意在考查人物形象的典型性。学生通过撰写人物形象介绍语，完成对人物形象的概括和分析，从而鉴赏人物形象，探究塑造人物的主要技巧，并把握人物形象的典型意义。

（3）心理描写在小说中十分常见。请你根据表1提示，梳理本单元课文中的心理描写，并在此基础上与同学合作，选择人物描写手法的不同点加以比较，从而感知作家不同的创作风格。

表1

课文	例句	人物心理的特征	心理描写的作用	心理描写的特点	创作风格的呈现

（4）这四篇文章均有大量的环境描写（包括人物行动或对话等间接环境描写），或反映社会现实，或隐含人类境遇。请你选择其中的一两处加以分析。

所选环境：____

____

意蕴理解：____

____

（5）在完成上述题目基础上，细读四篇课文学习提示，结合作家生平经历、作品时代背景与作家创作意图等，简述小说主题，概括每篇小说所属的创作流派及其创作特点。

说明：第（3）—（5）题指向梳理与探究。题（3）意在考查心理描写手法及作用。心理描写在塑造人物、推动情节发展方面起着重要作用。通过对各篇中人物心理描写及表现手法的梳理与把握，学生可提炼出心理描写的一般手法，并在比较中感受到每部作品创作风格的独特性。题（4）意在考查典型环境。通过对各篇环境描写的梳理及对学习提示、小说创作背景等方面的关注，学生可发掘出环境描写的典型性或隐喻性，进而探究出小说的社会批判性。题（5）意在考查小说主题与表现形式的关系。通过对小说创作流派及特点的梳理与概括、对小说主题与表现形式之间关系的探讨与分析，学生可感知小说的经典性在于主题与表现形式的和谐统一。

（6）针对“一切文学作品都是作家的自叙传”这一观点，你持什么观点？请你就本单元的一两部作品，与小组同学合作，查阅相关资料，写出看法，并在班级读书会中分享发现。

（7）小说创作的核心元素有人物、情节、主题等，这些元素激发了创作者的灵感。请你参考小说构思提纲表（见表2），观察、思考生活并发挥想象，尝试独立创作一篇小小说。

表2

创作缘起：	主题设定：
小说类型：	主要任务：
重要情节：	场景拟设：
叙述视角：	

说明：第（6）—（7）题指向表达与交流。题（6）意在引导学生关注文学作品展现作者的功能。学生就上述话题，展开对这四部作品整本书的阅读及探讨交流，将发现很多作品或多或少地投射了作者的影子，进而提升阅读的层次。题（7）意在引导学生在把握小说元素的基础上把握创作小小说的两个关键点：一是借鉴本单元作品中的一些手法，琢磨小说的叙事艺术；二是深化自己对生活的思考，明确想要表达的人生认识。

（三）反思作业设计

与此同时，笔者根据作业“属性分析表”，依次分析、记录每项作业的属性，以使作业设计更科学合理。以第（7）题为例，作业属性分析表见表3。

表3

作业序号	（7）
作业目标	学会借鉴四篇小说的写作技巧，尝试创作小小说，实现读写相融通
学业质量水平	4-3喜欢尝试用不同的语言表现形式表达自己的思想和情感，尝试创作文学作品。 5-3有文学创作的兴趣和愿望，愿意用文学的形式表达自己的情感
核心素养	侧重思维发展与提升、审美鉴赏与创造
作业内容	观察、思考生活并发挥想象，尝试独立创作一篇小小说
作业科学性	学生通过学习，对小说的艺术有较为深入的理解和认识，能有意识地将所学到的艺术技巧化为己用，进行文学创意写作
作业难度	属于学习迁移与运用，在难度上给学生创造了最近发展区
作业差异	在“小说构思提纲”指引下，每个学生都能进行创作，有文学创作兴趣和愿望的学生发挥更为出色
作业类型	文学创作作品

续表

作业时间	一周（给足学生创作时间）
作业情境性	基于交际语境意识，学生像作家一样进行创作
作业来源	改编

整个作业设计以课标精神为导引，以作业目标为起点，以教材内容为依托，以深度理解语文课程为目标，关注作业本质，力求让学生通过作业练习达到对语文课程内容的理解与内化。完成作业设计后，笔者通过“反思评价表”，对作业设计从以下八个方面进行反思，以改进和完善作业的设计。作业设计后的反思评价表见表4：

表4

反思评价方面	具体反思评价内容
育人为本	这7个题目除了训练巩固学习内容、积淀学生语文学科核心素养外，还注重培育学生合作探究与问题解决等重要的跨学科素养，如题（3）与题（6）就着眼于发展学生的团队协作与问题解决能力
目标一致	所有的作业目标都由相应的作业内容来实现，作业内容与作业目标保持一致，如题（1）与题（2）对应作业目标1，题（3）对应作业目标2等
设计科学	作业内容依托教材，注重糅合作业的基础性、综合性、应用性与开放性等，使之符合学生的认知特点，如前4题关于小说三要素与心理描写的梳理与分析，是基础题；题（5）对小说主题与表现形式之间关系的探讨需建立在前4题的基础上，体现了一定的序列性与综合性；题（6）、题（7）的读书分享与小小说创作，则是学生对所学内容深度理解后的综合运用，属于高阶思维题
类型多样	涉及合作题（题3）、活动题（题6）、开放题（题7）等多种题型，具有一定挑战性，能激发学生对作业的兴趣
难度适宜	这7个题目考虑到学生的认知水平、可接受度和可操作性，难度适宜，不至于因难度过高或过低而影响学生的作业负担和作业兴趣
时间合适	整个单元设置了7个题目，作业量适中，从而使作业时间保证在合适的范围内
体现差异	这些题目在作业内容、难度、类型等方面能满足不同学生的需求，如题（7），每个学生都能在“小说构思提纲”指引下进行创作，但有文学创作兴趣和愿望的学生发挥更为出色
结构合理	整个单元作业分为3个模块，其中（1）—（2）题指向阅读与鉴赏，（3）—（5）题指向梳理与探究，（6）—（7）题指向表达与交流，结构合理自洽

总之，作为课程内涵的重要组成部分与衡量课程改革成效的关键尺度，作业设计和实施的质量在某种程度上影响着课程目标的达成，进而影响教育目标的实现与学生的完满发展。因此，设计科学而合理的作业就显得格外重要。而基于课程视域下的作业重构，显然在这方面给教师提供了理论与实践上的指导，值得教师内化于心而外化于行。

紧扣新课标，品味逻辑魅力

——统编版高中语文选择性必修上册第四单元“逻辑的力量”作业设计

天台中学　庞加栋

一、依托课程标准，设置作业设计

（一）立足学习任务群，明确单元作业设计方向

统编版高中语文选择性必修上册第四单元“逻辑的力量”，属于“语言积累、梳理与探究”任务群。

该任务群向上对接课标，旨在“培养学生丰富语言积累、梳理语言现象的习惯，在观察、探索语言文字现象，发现语言文字运用问题的过程中，自主积累语文知识，探究语言文字运用规律，增强语言文字运用的敏感性，提高探究、发现的能力……”该任务群向下顺应学情，其中“积累有关汉字、汉语的现象和理性认识”“建构初步的逻辑和修辞知识，提高语用能力”在这个单元学习中应获得更多重视。

1. 明确本单元对应的“课程目标”指向

（1）发展逻辑思维。能运用基本的语言规律和逻辑规则，判别语言运用的正误，准确、生动、有逻辑地表达自己的认识，也能运用批判性思维审视语言文字作品，探究和发现语言现象和文学现象，形成自己对语言和文学的认识。

（2）提升思维品质。能自觉分析和反思自己的语文实践活动经验，提高语言运用的能力，增强思维的深刻性、敏捷性、灵活性、批判性和独创性。

2. 重视语言运用中“逻辑的力量”

这是一个不断积累经验的过程，是一个不断在实践中“习得”的过程。

（二）指向语文核心素养，明确各任务群中的逻辑元素

本单元对于语文素养的考查体现在以下几个方面：

（1）对语言文字现象进行梳理、比对，自主探究、建构逻辑经验和知识，并在具体情境中运用、反思、完善这些经验和知识。

（2）在辨析逻辑谬误时形成负责任、重证据、会质疑、讲道理的理性态度；在探究推理规则时激发从具体现象中穷究一般规律的探索精神；在探究论证方法时，敢于用逻辑的工具创造性地解决语言交流中的问题。

（3）欣赏体味逻辑形式的紧致、匀称、简洁之美；学会区分谬误和故意违反逻辑的语言艺术，探究区分标准。

课程标准中对思维的关注还是很明显的，统编教材中，与学生积累“语用逻辑”关系较密切的单元有必修上册第五单元（《乡土中国》整本书阅读）、必修上册第六单元“学习之道”（《劝学》）、必修下册第八单元“理性之声”（《谏太宗十思疏》）等。据不完全统计，在教材中有22次提到逻辑，48次提到思维，3次点出批判性思维。

课程目标是发展逻辑思维。能够辨识、分析、比较、归纳和概括基本的语言现象和文学现象，并能有理有据地表达自己的观点和自己的发现；运用基本的语言规律和逻辑规则，判别语言运用的正误，准确、生动、有逻辑地表达自己的认识；运用批判性思维审视语言文字作品，探究和发现语言现象和文学现象，形成自己对语言和文学的认识；提升思维品质。能自觉分析和反思自己的语文实践活动经验，提高语言运用的能力，增强思维的深刻性、敏捷性、灵活性、批判性和独创性。

表1

相关任务群	与“逻辑的力量”学习活动相关的要求
“整本书阅读与研讨”任务群	探究作品的“论述逻辑”
“语言积累、梳理与探究”任务群	反思和总结自己写作时遣词造句的经验，建构初步的逻辑和修辞知识

续 表

相关任务群	与“逻辑的力量”学习活动相关的要求
“思辨性阅读与表达”任务群	1. 发展实证、推理、批判与发现的能力，增强思维的逻辑性和深刻性，认清事物的本质，辨别是非、善恶、美丑，提高理性思维水平；理解作者阐述观点的方法和逻辑。 2. 学习表达和阐发自己的观点，力求立论正确，语言准确，论据恰当，讲究逻辑。 3. 教学过程要注重对学生思维过程和思维方法的引导，注意发展学生的辩证思维和批判性思维，注重培养学生思维的逻辑性。结合学生阅读和表达中遇到的实际问题，适时适度地引导学生学习必要的逻辑知识
“中国革命传统作品研习”任务群	（论著）分析其中论证的逻辑性和深刻性，体会革命理论论著严密逻辑和崇高精神有机结合的特点，提高理性思维水平
“科学与文化论著研习”任务群	1. 撰写内容提要和读书笔记，学习体验概括、归纳、推理、实证等科学思维方法，把握科学与文化论著观点明确、逻辑严密、语言准确精练等特点。 2. 了解文中基本概念和观点，理清文本结构脉络、论证逻辑
“学术论著专题研讨”任务群	学术专题研讨“表达观点有理有据，符合逻辑”；学术性论文写作“不强词夺理”

我们发现，虽然在选择性必修上册第四单元才开始明确“逻辑”的要求，但是“逻辑理性”的学习是贯穿我们整个语文教学的全过程的。而之后选择性必修中册理论篇目的选择和单元“理性深化”的要求更是在跟踪落实“逻辑理性”的具体实践。由此可见，“逻辑写作”作为一个大概念，它需要的是持续地倾注学习资源。

（三）立足新课标的研究，明确单元作业设计的教学目标

（1）讨论、分析相关语句、语病类型，发现各种“不合理”，理解“逻辑”作用，进而归纳逻辑谬误类型。

（2）清楚表达语句之所以不合理的“过程”，结合情境任务思考，理解“推理”，进而梳理推理形式。

（3）学习在表达中排除各种“不合理”因素，通过辩论等方式实践“论证”，积累语用逻辑经验。

三个学习目标，分别对应教材三个学习任务“发现潜藏的逻辑谬误”“运用有效的推理形式”“采用合理的论证方法”。从对语句的“不合理”的直感入手，通过分析，发现其逻辑谬误，明确推理形式，实践论证过程。

二、循序渐进，分层设置作业设计

（一）发现潜藏的逻辑谬误

学习任务一：

分析下面的例子，指出其中的逻辑错误。

教材所给错误类型有：划分不当、自相矛盾、强加因果、以偏概全、概念前后不一（偷换概念）5种。仿照课文所给例子，完成下列逻辑错误的归类。

表2

划分不当	自相矛盾	强加因果	以偏概全	概念前后不一（偷换概念）

（1）他是个文学爱好者，阅读了大量的小说、诗歌、散文以及外国名著。

（2）截止到2020年3月，贵州所有贫困县（区）实现脱贫“摘帽”，对剩余9个深度贫困县，省、市、县三级将展开挂牌督战。

（3）今年小麦生产经历局部干旱、“倒春寒”、农资物价上涨等自然灾害因素叠加影响，田间管理又遭遇疫情冲击，丰收来之不易。

（4）王林待在实验室里半个月，好不容易完成了自己的研究课题，所以他回到家，强迫自己看了十天的报纸。

（5）当地时间6月30日凌晨，一架也门客机发生空难，法国女孩巴卡里成为空难152名遇难者中仅有的幸存者。

（6）科学的发展逼得反科学的人不得不戴上伪科学的面具来反对科学。

（7）我们的报纸、杂志、电视和一切出版物，更有责任做出表率，杜绝用字不规范的现象，增强使用语言文字的规范意识。

（8）昨天是转会截止日期的最后一天，中国足协又接到25名球员递交的转会申请。

（9）在这次民族联欢节中，举行了各种民族体育比赛，主要有赛马、摔跤、抢花炮、赛歌等，丰富多彩的比赛受到来宾的热烈欢迎。

（10）现在许多小学允许学生上课时喝水、上厕所，甚至在老师讲课中插嘴，这些历来被看作违反纪律的行为已经得到纠正。

（11）相关部门要求，各学校学生公寓的生活用品和床上用品由学生自主选购，不得统一配备。

（12）目前大学生普遍缺少对传统文化的热情，最新调查显示，大学生喜欢和较喜欢京剧的只占被调查人数14%。

学习任务二：

以下几则故事故意违反逻辑的语言艺术案例，它们违反了什么逻辑规律？又为什么称得上是语言艺术？

（1）齐高帝尝与王僧虔赌书毕，帝曰："谁为第一？"僧虔对曰："臣书人臣中第一，陛下书帝中第一。"

（2）美国代表团访华时，曾有一名官员当着周恩来的面说："中国人很喜欢低着头走路，而我们美国人却总是抬着头走路。"此话一出，语惊四座。周恩来不慌不忙，脸带微笑地说："这并不奇怪。因为我们中国人喜欢走上坡路，而你们美国人喜欢走下坡路。"

（3）一个德军军官指着毕加索描绘西班牙城市格尔尼卡遭德军轰炸后惨状的画作《格尔尼卡》，问毕加索："这是您的杰作吗？"

"不，这是你们的杰作！"毕加索气愤地说。

学习任务三：

（1）指出课文中体现的逻辑概念。（见表3）

表3

课文	逻辑存在范围	课文	逻辑存在范围
《烛之武退秦师》		《答司马谏议书》	
《说"木叶"》		《红烛》	

（2）指出下列例子中的逻辑运用。

例：鲁迅的侄女周晔，小时候有一次随父母（周建人夫妇）到鲁迅家吃饭。

小周晔望望爸爸，又望望伯父，说：“大爹，你和我爸爸的相貌很相似，可是有一点不同：爸爸的鼻子又高又直，你的却扁平得很！”

鲁迅开心地笑了，说：“你不知道喽，小时候，我的鼻子和你爸爸的一般无二，可是后来，碰了几次壁，把鼻子碰扁了。”

“碰壁？是不是你走路不小心？”小周晔天真地问。

“哪里，你想，四周是这样黑洞洞的，太黑暗了，人不就容易碰壁了？”鲁迅意味深长地说。

大人们都会心地笑了。只有小周晔还似懂非懂的。

当然，“故意说错”只能在特定的场合，对特定的对象而说，要让人们一听就知道你的用意而不会产生误解，才会形成幽默，生出妙趣。如果你运用不当，人们以错为对，效果就适得其反了。

学习任务四：

分析日常生活因逻辑谬误导致的语病。

（1）我爱读外国文学，尤其爱读俄罗斯的、拉美的、古典的。

（2）为演好课本剧我可以赴汤蹈火，要不是雨下得太大，我就赶去排练了。

（3）他出生时天昏地暗、飞沙走石，注定此生不凡。

（4）目前大学生普遍缺少对传统文化的热情，最新调查显示，大学生喜欢和较喜欢京剧的只占被调查人数的14%。

（5）在抗洪救灾中，党员和干部应该站在前面起带头作用。

（6）严禁携带危险、易燃、易爆物品上车。

（7）世界上最宽阔的是海洋，比海洋更宽阔的是天空，比天空更宽阔的是人的心灵。

（8）在古代，这类音乐作品只有文字记载，没有乐谱资料，既无法演奏，也无法演唱。

（9）闪电之后，常常接着打雷和下雨，所以，闪电是打雷和下雨的原因。

（10）她的父亲长得和她很像。

（二）加深对“归纳推理”的理解

学习任务一：

以选择性必修上册第三单元支撑“归纳推理”的推断过程

周霞斐在《立足“双核系统”转换，构建“逻辑写作”设计》一文中，以选必上第三单元的复习写作为例，就学生对“孤独”话题的理解仍停留在表面而缺乏可运用的材料的问题进行分析，认为这其实是他们对事物或事理的内部联系缺乏认识的结果。因此针对作文题“孤独的痛苦与深刻，你有什么感想和思考？”她将“孤独的痛苦如何体现？”转换为“在《________》中，________的孤独表现为________的苦痛”的形式，并要求以选必上第三单元的四篇课文为材料来回答，继而引导学生归纳推理：孤独表现为一种________的苦痛。

在此基础上，提供一个语段支架，让学生感悟精准表述的写作方式。

“孤独”本质上是________，而这种________常常带给人痛苦。《礼记·大同篇》曰：“少而无父者谓之孤，老而无子者谓之独。”正如大卫·科波菲尔所刻画的________，此时，孤独是一种________的苦痛。但孤独的苦痛不仅止于此。美国的海明威通过________，诉说了一种________孤独苦痛。马尔克斯更是以《百年孤独》道出________的痛苦。由此可见，孤独的到来常常伴随痛楚。

学习任务二：

分析下列文段的归谬法使用

（1）归谬法是指为反对错误的观点，先假设这个观点是正确的，由此推论得出荒谬结论的论证方法。仿照下面的示例，另写两句话。要求：使用归谬法，句式基本一致，语言简洁明了。

例句：如果作品水平愈高，知音愈少，那么谁也不懂的东西，就是世界上的绝作了。

（2）《孟子·滕文公下》

戴盈之曰：“什一，去关市之征，今兹未能。请轻之，以待来年，然后已，何如？”

孟子曰：“今有人日攘其邻之鸡者，或告之曰：‘是非君子之道。’曰：‘请损之，月攘一鸡，以待来年，然后已。’如知其非义，斯速已矣，何待来年？”

（三）用“驳论”来提升思维水平

根据选择性必修中册第一单元的要求构建“驳论”的教学情境任务。

单元任务情境：让学生开展辩论赛——“苏格拉底应不应该越狱？”

学习任务设计：“以正义之名——浅谈苏格拉底之死”

苏格拉底拒绝越狱逃跑的态度及其所体现的精神历来受人赞赏，但也有人认为，雅典法庭判处苏格拉底死刑的罪名是“不敬神明”，这种判决是不正义的，苏格拉底欣然接受不正义的判决，这种态度不值得赞赏。那么，你是否赞成苏格拉底的选择，为什么？

学习任务一：为雅典法庭的“正义”下定义。

学习任务二：为苏格拉底的“正义”下定义。

学习任务三：以苏格拉底（不）应该逃为观点，写辩论词。

学习任务四：完成驳论语段写作，并开展辩论赛。

在上述四个任务设计的基础之上立论：

正方立论：

（1）越狱反叛，拨乱反正，法律维护正义，保护公民，苏格拉底清高“伏法”反而是对恶法的纵容。

（2）……

反方立论：

（1）正义论之所以能被接受，个人的好恶、利益考虑不能高于体制，逃狱有悖他个人正义观。

（2）……

三、推荐的学习资源

（1）［美］理查德·保罗、琳达·埃尔德：《思辨与立场》，李小平译，中国人民大学出版社2016年版。

（2）［德］黑格尔：《逻辑学》（汉译名著本），杨一之译，商务印书馆1976年版。

（3）［美］欧文·M.柯匹、［美］卡尔·科恩、［加］维克多·罗迪奇：《逻辑学导论》（第15版），张建军、潘天群、顿新国译，中国人民大学出版社2022年版。

聚焦情境，求真求实

——统编版高中语文选择性必修中册第一单元作业设计

天台中学　陈优

一、依托教材框架，撬动作业开发

（一）立足学习任务群，为单元作业设计指引方向

本单元对应“科学与文化论著研习”学习任务群，课程标准指出：“本任务群研习自然科学和社会科学论文、著作，旨在引导学生体会和把握科学文化论著表达的特点，提高阅读、理解科学文化论著的能力，开阔视野，培养求真求实的科学态度和勇于探索创新的精神。”

本单元所选论文属于社会科学论文，共选取了恩格斯、毛泽东、张岱年、卢梭、柏拉图这些大家的七篇经典文章，分别是《社会历史的决定性基础》《改造我们的学习》《人的正确思想是从哪里来的？》《实践是检验真理的唯一标准》《修辞立其诚》《怜悯是人的天性》《人应当坚持正义》。这些选文均有一定的思想深度，内容兼综中外，观点深邃，批判性强，逻辑推理严谨，论证严密。都是“适合高中生阅读的有关社会发展的论文和著作（节选）”，引导学生理解文本内容，体会文化论著的表述方式，能提高阅读文化论著的能力。

从内容上看，本单元七篇社会科学论文可分为两个板块。前四篇可看作第一板块，文章以马克思主义思想理论为中心，涵盖马克思主义理论的确立时期、马克思主义中国化过程中的抗战时期和社会主义建设时期等，揭示了不同历史阶段的社会特点、社会思想领域的重要认识问题和马克思主义者的立场、

观点及思维方法。后三篇论文思想内容丰富，涵盖面宽广，观点鲜明，富于思辨性，论述方法各具特色。学生在阅读这些经典文章的过程中，既可以走近各领域的巨擘，感悟他们的唯物史观、学习观、实践观，也能提升自己思维的逻辑性、批判性、严密性。

学习过程中，学生可以结合所学的其他学科知识，借助工具书、资料，了解文本中的基本概念和观点，厘清文本结构脉络、论证逻辑，也可以通过撰写读书笔记，加深对论著的理解。还可以组织交流和讨论，分享学习成果，研讨学习中遇到的问题。

（二）着眼于单元导读，为单元作业设计明确目标

本单元的人文主题定位于“理论的价值”。理论对于实践有着巨大的指导意义。一个人理论素养越高，就越能在实践中见微知著，行稳致远。提高理论素养的重要途径之一是努力学习经典理论著作，特别是马克思主义理论著作。

基于本单元的主题，对学生也提出了社科类论文学习的要求。首先，学习本单元，要通过研读经典理论文章，获得思想启迪，提升思维品质。理解经典理论文章中蕴含的对社会、历史和人生的认识，并尝试用历史事实和亲身经历审视文章的观点及其秉持的价值观念，获得思想启迪。领会文章的理论价值，把握辩证唯物主义和历史唯物主义的科学方法，发展科学思维，提高理论素养。

其次，阅读时要抓住主要概念，把握核心观点，厘清论述思路。掌握理论文章的阅读方法，学会在阅读时抓住主要概念，把握核心观点，厘清论述思路在把握基本内容的基础上，尝试联系写作背景（有些文章的历史背景比较复杂，要参考相关资料增进了解）或结合其他学科所学，理解理论文章的思辨性、针对性、现实性和批判性，感受文章强大的思想力量，思考其理论价值和实践指导意义。

再次，把握理论文章的特点，注意欣赏文章的论证艺术，学习文章论述问题的辩证思维和严密逻辑，体会语言表达的准确性和严密性。探究文章在选择和运用材料方面的特点及其论证风格，提高阅读理解社科类理论文章的能力。

最后，学生可以尝试运用相关理论对现实问题进行辩证分析，有理有据地阐述自己的见解，深化对所学理论和社会生活的认识，增强理性思维能力，提升具体情境中的语言运用能力。

（三）落脚于单元学习任务，为单元作业设计提供路径

本单元三个研习任务均围绕“科学与文化论著研习”任务群强调的“旨在引导学生体会和把握科学与文化论著表达的特点，提高阅读、理解科学与文化论著的能力，开阔视野，培养求真求实的科学态度和勇于探索创新的精神”来设计。七篇课文按两条线分为两大部分进行设计。这样有利于贯彻群文阅读的教学追求。

任务一主要是写读后感，领会文章的理论价值。学习《社会历史的决定性基础》《改造我们的学习》《人的正确思想是从哪里来的？》《实践是检验真理的唯一标准》四篇以马克思主义思想理论为中心的文章，请任选一篇课文，选取一个角度（如思想观点、论述方法、思维方式、语言表达），写一篇读后感，谈谈自己阅读重大理论文章的收获。

读后感的写作要给学生一些指导。首先是要明确“感”点。任务给出四个“感”点——思想观点、论述方法、思维方式、语言表达，学生要选择感受最深的一点，明确角度，而不是面面俱到，这样才能有的放矢，走向深入。其次要围绕“感”点，引述材料。读后感重在“感”，而这个“感”是由特定的“读”生发的，“引”是“感”的落脚点，所谓“引”就是围绕“感”点，有的放矢地引用原文，要简练、准确，有针对性。再次是要联系实际，纵横拓展。“联”就是要紧密联系实际，既可以由此及彼地联系现实生活中相类似的现象，也可以由古及今联系现实生活中的相反的种种问题。既可以从大处着眼，也可以从小处入手。当然，在联系实际分析论证时，还要注意时时回扣或呼应“引”部，使“联”与“引”“藕”断而“丝”连。最后是总结全文，升华“感”点。“结”既可以回应前文，强调感点，也可以提出希望，发出号召。以上四点是写读后感的基本思路，但是这思路不是一成不变的，要善于灵活掌握。只是给学生提供一个一条路径。

另外，围绕基本观点联系实际是重中之重，这个可以结合任务一的第二小题设计，请联系社会发展实际，或结合其他学科所学，谈谈你对《实践是检验真理的唯一标准》这篇文章核心观点的认识。一篇好的读后感应当有时代气息，有真情实感。要做到这一点，必须善于联系实际。

任务二主要是展开辩论。学习《修辞立其诚》《怜悯是人的天性》《人应当坚持正义》三篇以立身处世的思想认识为中心的文章，要求学生概括观点，表达自身认识，开展辩论，深化对这几篇文章基本观点的理解，同时提升学生在具体语言情境中正确运用祖国语言文字进行交流沟通的能力。

关于苏格拉底拒绝越狱逃跑坚持正义的精神历来广受赞赏，但同时他欣然接受不正义的判决的态度有人认为不值得赞赏，这样的辩题既来自书本，又和现实生活比较贴近。展开辩论时教给学生一些辩论相关的知识，引导学生明确立场，寻找支撑自己和辩驳对方的一些事实或理论论据，并能运用一些辩论技巧。

任务三主要是写作与交流，发表言论、阐述见解。在综合学习课文的基础上，根据研习任务所设计的实践活动的要求，让学生自选感兴趣的任务参与交流讨论。学生通过拟写提纲、查找资料、提炼观点，在思维碰撞的过程中，深化对所学理论和社会生活的认识，借以检验本单元的学习成果，同时促进理性思维的内化和语文素养的全面提升。

这部分的写作有清晰的指向，首先要有清晰的观点，且观点是在运用理性思维深入思考得出的判断，而不是浮在表面、随机确定的。其次是要有理有据，这是发表言论的基本要求。再次按任务要求整合成文章，主要是要有思辨意识。然后，把所写的文章提炼出提纲，以便交流。最后是同学之间的交流，交流过程中注意记录不同意见并加以思考。

二、指向三条路径，实现作业整合

（一）基于素养，群文整合

第一条路径：阅读与鉴赏

阅读《社会历史的决定性基础》《改造我们的学习》《人的正确思想是从哪里来的？》《实践是检验真理的唯一标准》四篇课文，说说四篇文章是针对什么社会现实写作的，提出了什么观点，具有怎样的现实指导意义，思考作者的观点在当今社会还有价值吗。思想观点及其现实针对性，见表1。

表1

篇目	针对的现实	提出的观点	问题的解决	当今的价值
《社会历史的决定性基础》				
《改造我们的学习》				
《人的正确思想是从哪里来的？》				
《实践是检验真理的唯一标准》				

第二条路径：表达与交流

阅读本单元前四篇课文，从文体及写作对象等角度，探究文章在论述方法和语言表达方面的特点，并将思考所得写成一篇读后感，与同学们进行交流。

表2

篇目	文章体裁	写作对象	论述方法及效果	语言表达特点
《社会历史的决定性基础》				
《改造我们的学习》				
《人的正确思想是从哪里来的？》				
《实践是检验真理的唯一标准》				

第三条路径：梳理与探究

阅读《人应当坚持正义》，分析苏格拉底的论辩艺术——“助产术”在本文中的运用。在本单元选一篇或几篇有批驳色彩的文章，将它与苏格拉底的论辩艺术进行比较，总结论辩的技巧与效果，并写一篇以《荒谬的忍耐哲学》为题的驳论文。

另外，苏格拉底在狱中拒绝越狱逃跑坚持正义的精神历来广受赞赏，但也有人认为，雅典法庭判处苏格拉底死刑的罪名是“不敬神明”，这种判决是不正义的，苏格拉底欣然接受不正义的判决，这种态度不值得赞赏。针对这两种不同观点，在前面总结论辩艺术的基础上，按照辩论赛的流程，制定评分标准，班级内分正反两方组成学习小组展开辩论。

（二）聚焦情境，求真求实

指向阅读与鉴赏这一条路径的作业整合主要是从针对的现实、提出的观点、问题的解决、当今的价值四个维度梳理《社会历史的决定性基础》《改造我们的学习》《人的正确思想是从哪里来的？》《实践是检验真理的唯一标准》这四篇课文的思想观点，重心在于探究思想观点与现实背景之间的联系，在于凸显思想观点的现实针对性。

《社会历史的决定性基础》是马克思主义在欧洲传播过程中，机会主义对其进行歪曲，批判资产阶级学者宣扬反马克思主义论调，受德国资产阶级学者巴尔特和“青年派”的影响，反马克思主义思潮在大学生中有所泛滥，在这样的情境背景下，恩格斯写给德国大学生博尔吉乌斯的一封回信。如此，生产方式是社会历史发展的决定性基础，经济条件归根到底制约着上层建筑各因素的发展，上层建筑对经济基础有反作用，以及历史发展的必然性和偶然性的关系这两个重要原理的剖析就有了鲜明的针对性，使收信人和读者都能一目了然。

《改造我们的学习》则是针对主观主义的态度进行的马列主义教育，由于机会主义和教条主义这些错误思想对党的正确路线的执行的干扰，本文中提出的改造我们的学习的方法，研究周围的环境，研究中国的历史，理论联系实际，这些思想观点就对现实有了明确的指导意义。

《人的正确思想是从哪里来的？》针对的是客观唯心主义和主观唯心主义，提出马克思主义的认识论，即一个正确的认识，往往需要经过由物质到精神，由精神到物质，即由实践到认识，再由认识到实践这样多次的反复才能够完成。

《实践是检验真理的唯一标准》针对“两个凡是”片面机械思想，提出实践是检验真理的唯一标准这一观点。

四篇文章的观点鲜明，针对性强，也解决了当时社会存在的实际问题，经过时间的洗礼，其逻辑和价值在当代依然有重大的意义。此任务的设计就是引导学生要有情境意识，要有现实的忧患意识，要在语言实践过程中培养解决问题的能力，使语言学习具有超越本身的价值和意义。

指向表达与交流这一条路径的作业整合，主要从文体及写作对象等角度，探究文章在论述方法和语言表达方面的特点，解决“怎么说”的问题。从教考结合的角度讲，这个作业的设计非常有必要。一方面，高考现代文阅读Ⅰ的主观题部分，论述方法和语言表达都是熟面孔，文本材料千变万化，论述方法等个性中有共性。另一方面，高考作文的命题，论述类写作还是主要的方向，像这种理论性较强的文章在论证方面其实本身就是典范的文章，所以选择这个切入点，目的是在梳理中总结，在总结中学习，在学习中迁移。

语言特点分两路进行探究，一是整篇文章的语言特点，这部分结合文章的文体以及文章面向的对象来分析，同是毛泽东的文章，《改造我们的学习》作为报告，听报告的干部水平参差，所以文章语言在准确、鲜明的基础上，加入了很多口语、成语，还运用多种修辞手法，如此语言就较为生动活泼。《人的正确思想是从哪里来的？》则是一篇文质兼美的哲学论文，语言准确、严密，逻辑性强。语言特点还可以从局部的遣词造句来探究，包括上面所说的举例论证如何使语言能聚集、能简练、精准，引用认证不同位置起到的不同效果，动词、关联词等运用对逻辑推进的助力，等等，是优化学生自身作文语言的方向。

二是指向阅读与鉴赏这一条路径的作业整合主要是训练学生的驳斥能力、辩论能力。苏格拉底的“助产术”在整个对话中不直接提出肯定或否定的观点，而是通过反问和层层追问让对方认识到自己在认知上的矛盾，不着痕迹地驳斥了对方，使对方放弃自己原来错误的观念，并产生新的观念。这种论辩艺术作为一种新的知识点，应该引起学生的足够重视。与其他课文直接的驳斥进行对比，明确驳论的基本方法和追问思路。

以苏格拉底拒绝越狱，同时接受了不正义审判为辩题的辩论赛是放在“助产术”后面进行的，这是在吸收了苏格拉底的论辩艺术之后的一种综合训练。这类训练对作文的辩证思维有极大的促进作用，对于语言文字运用的情境辩驳题也有明确的指导意义。学生在学习活动的实践中对知识点的把握印象更为深刻。

三、作业设计综述

本单元指向三条路径的作业设计是基于新课标提出的学科核心素养而整合

的，意在提高学生的关键能力。“文章合为时而著，歌诗合为事而作。”理论性文章在特定的背景下有明确实的现实针对性，对实践有着指导意义，甚至跨越时代，依旧有着当代价值。《中国高考评价体系》中也指出，高考考查学生的关键能力。关键能力是指即将进入高等学校的学习者在面对与学科相关的生活实践或学习探索问题情境时，高质量地认识问题、分析问题、解决问题所必须具备的能力。第一项作业指向情境中的聚焦，问题在现实背景中存在，观点针对问题解决现实困境，对接关键能力的考查。如果说第一项作业是指向“义理”，那么第二项作业则指向“考证”与“辞章”。辞章的巧妙运用需要经过规范的训练，才能掌握基本的论述技巧，从论证方法的选择，到逻辑论证框架的建构，论证思路的安排，写作风格与研究对象的适配等。第三项作业指向辩证思维的培养与实践，从苏格拉底的“助产术”到一般的驳论技巧，再到辩论赛的实践，引导学生走向思维的全面和深刻。读后感的写作其实是对所获得的内容诉诸笔端，作为一种巩固，将所得形成成果。辩论赛的组织其实也是一种巩固，通过实践活动的形式让成果以鲜活的形式承载灵活的思维。不管是读还是辩，作业的布置不是直奔难点，而是层层推进，只有基础练习做好了，完成这些综合练习就水到渠成了。

三项作业注重教考结合，既贴合教材，又关联高考，尽可能多地发挥教材的典范作用，多角度、多层次挖掘知识点和能力点。只有吃透教材，才能更好地触类旁通，在新的情境中能用在教材中习得的关键能力分析问题、解决问题。

明确文体，体悟革命文学的时代性与永恒性

——统编版高中语文选择性必修中册第二单元作业设计

浙江金华第一中学　陈宵

一、本单元所对应任务群说明

本单元属于“中国革命传统作品研习”学习任务群，“选择反映中国革命传统的代表性作品，设置相关研究专题进行深入学习，旨在进一步认识中国革命、建设和改革的历程，加深对中国革命传统的认识和理解，激发热爱中国共产党、热爱社会主义祖国的情感，进一步提升研究性学习的能力”。

该学习任务群为0.5学分，9课时。在统编教材选择性必修上册、中册中共有两个对应单元，其人文主题、文学样式各不相同，各有侧重。本单元以“苦难与新生”为人文主题，从散文、报告文学和小说等方面承担“中国革命传统作品研习”的学习任务。对应“中国革命传统作品研习”任务群两个单元信息一览表见表1。

表1

单元序	人文主题与文体	课文
01选择性必修上册第一单元	伟大的复兴/演讲词、回忆录、新闻	1《中国人民站起来了》 2《长征胜利万岁》《大战中的插曲》 3《别了，“不列颠尼亚”》《县委书记的榜样——焦裕禄》 4《在民族复兴的历史丰碑上——2020中国抗疫记》
02选择性必修中册第二单元	苦难与新生/杂文、报告文学、小说	5《记念刘和珍君》《为了忘却的记念》 6《包身工》 7《荷花淀》《小二黑结婚》《党费》

二、单元导读要求

（1）本单元以“苦难与新生”为人文主题，旨在要求新时代青年学生了解中国革命的伟大进程，思考中国革命的意义，理解革命文化的精神内涵，并就青年如何继承和发扬革命传统进行一定深度的思考。

（2）认真研读鲁迅先生的两篇杂文——《记念刘和珍君》《为了忘却的记念》，感受作者在特定的历史环境中所形成的独特写作手法和语言特色，及其对表情达意的作用。

（3）深入阅读《包身工》，了解报告文学较之于小说更具真实性和深刻性的特点，并思考报告文学的时代使命。

（4）分析三篇小说中的典型人物形象，结合小说的环境描写体会典型场景与人物形象的关系；鉴赏典型人物形象，体会人物革命性与真实性相统一的特点，及由此形成的超越时代的永恒价值。

（5）欣赏不同作家塑造艺术形象的深刻功力和富有个性的创作风格。

三、作业设计

（一）设计说明

本单元的作业设计，以“散文—报告文学—小说”不同文体为区分点，根据不同文体特点展开；以具体情境为载体，尝试不同的学习、积累、阅读方法；通过“梳理与探究”“阅读与鉴赏”“表达与交流”三条途径，让学生从多种角度，在开放空间中达成学习目标，获得学习成果。

（二）革命文学中的散文（《记念刘和珍君》《为了忘却的记念》）作业设计

设计一：鲁迅的杂文，笔风泼辣犀利，冷讥热讽，入木三分，字字刺中敌人要害，被毛泽东评价为“象投枪，象匕首，直刺向黑暗势力”。请你认真阅读课文，从《记念刘和珍君》或《为了忘却的纪念》中选取典型语句加以批注，从而理解革命者的情怀。

示例：我没有亲见；听说，她，刘和珍君……但竟在执政府前中弹了，从背部入，斜穿心肺，已是致命的创伤，只是没有便死。同去的张静淑君想扶起她，中了四弹，其一是手枪，立仆；同去的杨德群君又想去扶起她，也被击，弹从左肩入，穿胸偏右出，也立仆。但她还能坐起来，一个兵在她头部及胸部猛击两棍，于是死掉了。

批注：作者描述刘和珍、张静淑、杨德群遇害的经过，刻意使用了短句。“从背部入，斜穿心肺，已是致命的创伤，只是没有便死”，节奏紧促，使重点内容突出，强调刘和珍等青年是从背部中了致命子弹，并非所谓的丛袭军警，有力地驳斥了流言。体现鲁迅式“匕首、投枪”语言的简短、有力的特点。

开发理由见表2。

表2

核心素养	实施路径	学业质量水平	考查目的
语言建构与运用	阅读与鉴赏	3-3喜欢欣赏文学作品，借助联想和想象丰富自己对文学作品的体验和感受，能品味语言，感受语言的美；能运用多种形式表达自己的体验和感受；能对具体作品做出评论	通过词语、句式等体悟鉴赏鲁迅“如匕首、投枪”的语言风格，感受其战斗性文字的力量，理解革命者的深沉情怀。运用批注的方式评点、鉴赏作品

设计二：鲁迅曾言，“无穷的远方，无数的人与我相关”，他与那个时代的先生们一直对青年一代寄予深情和厚望。站在这距离他们足有近百年距离的今天，读及斯人之言，你有何感悟？请结合下列名言，谈谈你作为当代青年的时代责任。

材料一：

愿中国青年都摆脱冷气，只是向上走，不必听自暴自弃者流的话。能做事的做事，能发声的发声。有一分热，发一分光，就令萤火一般，也可以在黑暗里发一点光，不必等候炬火。此后如竟没有炬火：我便是唯一的光。倘若有了炬火，出了太阳，我们自然心悦诚服的消失，不但毫无不平，而且还要随喜赞美这炬火或太阳；因为他照了人类，连我都在内。我又愿中国青年都只是向上走，不必理会这冷笑和暗箭。

——鲁迅《热风·随感录四十一》

材料二：

青年者，人生之王，人生之春，人生之华也。青年之字典，无“困艰”之字，青年之口头，无“障碍”之语；惟知跃进，惟知雄飞，惟知本其自由之精神，奇僻之思想，锐敏之直觉，活泼之生命，以创造环境，征服历史。

——李大钊《青春中华之创造》

开发理由见表3。

表3

核心素养	实施路径	学业质量水平	考查目的
文化传承与理解	表达与交流	4-3在鉴赏活动中，能结合作品的具体内容，阐释作品的情感、形象、主题和思想内涵。在文学鉴赏和语言表达中，追求正确的价值观、高尚的审美情趣和审美品位	结合特定的时代背景，理解“青年精神”“青春精神”的时代内涵。传承博大的家国情怀，承担时代青年的使命与责任

（三）革命文学中的报告文学（《包身工》）作业设计

设计一：请结合《夏衍谈〈包身工〉》和《包身工》文本谈谈，为什么小说不足以反映包身工的遭遇。

为了看到包身工们早出晚归的上下班生活，我足足打了两个月的“夜工”，每天半夜三点来钟起身，走十几里路到包身工上班的杨树浦，混身其中。这两个月，我比较详细地观察到了包身工非人的生活。我本想写篇小说的，调查结束后，觉得小说不足以反映包身工的境遇，所以，我就把调查到的材料，不带虚构，如实写成了《包身工》。

——《夏衍谈〈包身工〉》

参考答案

作者选择报告文学而非小说文体呈现包身工的遭遇，更强调内容的真实性和分析的深刻性。

（1）作者以翔实的数据、确切的实地调查真实呈现包身工悲惨的生活和劳动情况。如“七尺阔、十二尺深的工房楼下横七竖八地躺满了十六七个‘猪猡’”“血肉造成的‘机器’终究和钢铁不一样，包身契上写明的三年期限，能够做满的不到三分之二”。

（2）作者通过深入地分析揭示包身工制度产生的根源、罪恶及其必然灭亡的历史趋势。如“在这种工厂所有者的本国，折包间、弹花间、钢丝车间的工作，照例是男工做的，可是在半殖民地，不必顾虑到社会的纠缠和官厅的监督，就将这种不是女性所能承担的工作加到工资不及男工三分之一的包身工们身上去了”。

设计二：表4列举了“2021年中国当代文学最新作品排行榜入选篇目”报告文学（六篇）。请试着总结入选作品的思想内容特色，并根据总结出的内容指出《包身工》的时代意义。

表4

序号	作品	主要内容
1	《靠山》	大规模书写1921年至1949年完整的人民群众支前史，描绘了大量平凡又伟大的百姓形象，印证了人民和党之间互为靠山的关系
2	《仰望星空》	聚焦我国航天事业，全景展现“共和国勋章”获得者孙家栋院士及一批航天人的人生轨迹和重大贡献
3	《中国饭碗》	将眼光投向中国的粮食安全，用大量事实和细节揭示了中国由“吃不饱”到“吃得饱”并且“吃得好”的历史性转变
4	《延安繁露》	中国共产党在陕北13年的实践与探索，创造与创新，从而实现中国共产党文化的成熟，推进中国革命走向胜利的伟大历程
5	《舌尖下的中国外卖小哥》	城市外卖小哥群体的生活状态
6	《躬身——缘起于甘南的“环境革命”与人文传奇》	全面呈现了甘南的“环境革命”，挖掘出蕴藏于甘南人民心中的环保意识

（1）根据以上书目及内容，总结报告文学应该承担的文学使命。

____

____

（2）根据你所总结出的报告文学的使命，谈谈《包身工》的时代意义。

____

____

参考答案

（1）关注社会民生，关注百姓生存状态，关心党和国家的发展历程，体现纪实文学的现实意义、家国情怀和悲悯情怀。

（2）《包身工》真实描述了包身工的苦难生活，又以深入的分析、精确的数据揭露了帝国主义和封建势力相互勾结、压榨中国人民的罪行。它将笔触指向最下层的劳动人民——包身工，对她们的悲惨遭遇寄予深切的同情，又深入分析背后的社会原因，预言了这种罪恶制度的必将灭亡，体现出强烈的革命精神、悲悯情怀和家国情怀。

开发理由见表5。

表5

核心素养	实施路径	学业质量水平	考查目的
思维发展与提升 审美鉴赏与创造	梳理与探究 表达与交流	4-2能概括多个文本的信息，发现其内容、观点、情感、材料组织与使用等方面的异同。能用文本提供的事实、观点、程序、策略和方法解决学习和实际生活中遇到的具体问题	通过概括入选作品排行榜的报告文学发现概括优秀纪实作品在思想内容上的共同点，并据此理解革命报告文学《包身工》的时代意义

（四）革命文学中的小说（《荷花淀》《小二黑结婚》《党费》）作业设计

设计一：小说中的典型人物与典型环境密不可分，环境是人物活动的舞台，环境也往往是人物性格和心理的外化。请梳理小说的基本信息，重点关注典型环境描写，并概括环境特点。（表6）

表6

	《荷花淀》	《小二黑结婚》	《党费》
历史时期	1945年，抗日战争时期	1942年，抗日战争时期	1934年，第二次国内革命战争时期
具体地域	冀中农村白洋淀	共产党领导下的抗日根据地农村	闽粤赣边区的敌后根据地

续表

	《荷花淀》	《小二黑结婚》	《党费》
情节梗概与主旨	叙述了以水生嫂为代表的冀中农村妇女成长为勇敢的战士的故事。表现了冀中儿女在党的领导下奋起抗日的爱国热忱和革命乐观主义精神	讲述了小二黑和小芹在中国共产党的领导下争取婚姻自由的故事。抨击了农村的封建残余势力，表达了对青年男女自由恋爱的赞美	讲述了革命者艰苦顽强地与敌人进行斗争的故事。表现了革命者的高昂斗志和坦荡胸怀
典型环境	院内院外银白、透明的基本色调，营造朦胧唯美的诗意氛围	小说中的姓名、外号颇具乡土特色，构成小说典型的社会环境。“二诸葛”“三仙姑”等称呼，是对其占卜迷信的讽刺。“二诸葛老婆”“于福老婆”等称呼反映乡村伦理秩序中女性相对于男性的附属地位	1934年是闽粤赣边区斗争最艰苦的岁月。（八角坳）活像个乱葬岗子，（黄新的家）是用竹篱子糊了泥搭成的棚窝……
环境特点概括	①②	③	

参考答案

①清新美好的诗化环境；②守旧、迷信的势力还很顽固；③红军队伍和当地百姓的物质生活极度艰苦。

补充材料，学生了解“荷花淀派”作家孙犁、“山药蛋派”作家赵树理、“军旅作家”王愿坚的创作特色与他们笔下的典型环境。

（1）“荷花淀派”作家孙犁

通过描写白洋淀的乡村风俗，表现时代变迁，着力追求诗情画意之美。具有明丽、清新的风格，洋溢着诗情和浓郁的浪漫主义色彩。

（2）“山药蛋派”作家赵树理

“山药蛋派”继承和发展了我国古典小说和说唱文学的传统，作品通俗易懂，具有浓厚的民族化和大众化色彩。他们忠实于农村充满尖锐复杂矛盾的现实生活，笔下的新人物是朴素、厚实、真实可信的。

（3）“军旅作家”王愿坚

对人民军队和人民群众的深厚感情，是王愿坚进行文学创作的源泉。他立志“写尽红军英雄志”，善于从最平凡而真实的日常生活场景出发，以小见大地表现英雄人物的光辉人性。

开发理由见表7。

表7

核心素养	实施路径	学业质量水平	考查目的
审美鉴赏与创造	梳理与探究	3-2在理解语言时，能准确概括观点和情感，能分析并解释观点和材料之间的关系	通过梳理概括不同小说的自然环境或社会环境特点，理解典型环境与典型人物之间的关系，加深对典型人物的理解，并通过补充材料了解不同流派作家的创作特色

设计二：选取小说《荷花淀》或《党费》中最能表现人物典型形象的语段，改写成电影分镜脚本。

（1）补充电影分镜相关知识。

电影分镜是指在实际拍摄或绘制之前，将连续画面以一次运镜为单位作分解。分镜画面主要由4个方面组成：①镜号；②摄法；③画面描述；④旁白。

镜号：准确的镜头编号。

摄法：镜头的推拉摇移，远近高低等拍摄角度及变化。

画面描述：该镜头中所要表达的内容，场景与人物关系，人物的表情、语言，人物的表演状态。

旁白：电影镜头中的解说词。

（2）分镜脚本示例见表8。

表8

镜号	摄法	画面	旁白
1	远景到近景，侧面拍摄，特写镜头	远景画面：皎洁的月光倾泻在澄澈的白洋淀里，水面上笼起一层薄薄的透明的雾气。 镜头推近，近景画面：微风吹来，碧色荷叶微微起伏，粉色、高挺的荷花在风中微微摇摆。 侧面拍摄特写镜头：水生嫂坐在小院当中，手指上缠绞着柔滑修长的苇眉子。又薄又细的苇眉子在她怀里跳跃着	水生嫂满脸温和地坐在院子里，熟练地编织苇席。皎洁的月光与荷叶、荷花的清香，从白洋淀一直铺洒到她的身边，家园一派宁静美好

续 表

镜号	摄法	画面	旁白
2	近景与远景交错结合，正面拍摄特写镜头	近景正面特写：白鬼子一脚踢翻箩筐，满脸凶恶地用刺刀拨弄撒了一地的咸菜。黄新满脸愤恨，欲上前争辩。白鬼子一脸狡黠的笑，转身欲上楼搜查。黄新迅速冲向门口，对着门外大声喊："程同志，往西跑啊！" 远景画面：两个白匪操起刺刀，快速向西边追去。 与远景画面交错叠加画面：黄新被剩下两个白匪扭住，但她坚毅的脸上闪过一丝不易察觉的欣慰的笑容	当鬼子上门搜查，交通员面临暴露的危险。看似柔弱、温和的女战士黄新以一名共产党员的大无畏精神和机智的斗争策略保住了同志的生命
3			
4			

开发理由见表9。

表9

核心素养	实施路径	学业质量水平	考查目的
审美鉴赏与创造	表达与交流	4-2在理解语言时，能准确、清楚地分析和阐明观点与材料之间的关系，并能找出相关证据材料支持自己的观点。能用文本提供的事实、观点、程序、策略和方法解决学习和实际生活中遇到的具体问题。在表达时，讲究逻辑，注重情感，能综合运用多种表达方式，从多个角度、多个方面表达自己的理解和感受，力求做到观点明确，感情真实健康，表达准确、生动	通过典型细节描写，如动作、神态描写等，解读人物的内心世界和精神品格。通过写作分镜头脚本的方式，培养学生的创造性思维

（五）单元综合作业设计：编写《革命文学作品选》目录

作业设计：

请你按下列提示和要求为《革命文学作品选》编写目录。

（1）在阅读一定数量革命文学作品的基础上，对各种体裁的革命文学有所了解，初步确定目录内容。

（2）在学习本单元文学作品的基础上，能理解革命文学的经典性和现实启示意义，并在目录板块标题中有所体现。

答题示例：

《革命文学作品选》目录

开发理由见表10。

表10

核心素养	实施路径	学业质量水平	考查目的
思维发展与提升 审美鉴赏与创造	梳理与探究 表达与交流	4–4有通过语言学习深入理解、探究文化问题的浓厚兴趣和意愿，能在阅读和表达交流中探析有关文化现象；发展自己的文化理解与探究能力，主动吸收先进的文化，传承中华优秀传统文化	通过编写《革命文学作品选》目录，综合地梳理和思考各种体裁革命文学的价值，并能理解作品中所蕴含的革命精神对当下人的鼓舞作用

四、作业设计综述

本单元作业设计基于“双新”背景下的学习测评要求。首先，根据本单元所处的“中国革命传统作品研习”任务群，突显核心价值主线，从革命文化、红色文化中寻找育人的源头活水，引导学生铭记革命光辉历史，赓续红色基因。如通过《包身工》联系当下入选排行榜的报告文学，引导学生明确“文以载道”的文学观，理解优秀的纪实文学所承担的现实意义、家国情怀和悲悯情怀。

其次，在具体的作业题设计中，始终贯穿关键能力银线，通过“表达与交流、梳理与探究、阅读与鉴赏”三条实施路径，提升“语言建构与运用”“思维发展与提升”“审美鉴赏与创造”“文化传承与理解”等核心素养。本单元作业设计后均附开放理由，以体现设计过程中对关键能力的关注与落实，并对标学业水平评价的具体要求，体现作业开发的有据可依。

最后，作业设计力图体现情境任务，特别强调真实、有价值的情境驱动，引导学生进入有一定深度的思考。例如，2021年报告文学排行榜的引入，以期引导学生在阅读现状中思考《包身工》所体现的优秀报告文学的时代价值与意义。

当然，鉴于笔者本身知识结构和对“双新”背景下作业设计的思考深度等因素所限，在情境设计上还略显生硬，在实施路径的思考上综合程度还不够，这些都有待完善提高。

守正，创新

——统编版高中语文选择性必修中册第三单元作业设计的提倡与反思

台州市第一中学　郑秀敏

统编版高中语文选择性必修中册第三单元收录了《屈原列传》《苏武传》《过秦论》《五代史伶官传序》四篇文言文，如何在作业设计中体现其历史文化语境、挖掘其文化内涵，将直接影响古文教学的效果和价值。只有针对性地解决好这些问题，语文教学才能更好地展现古文作品的文化魅力，更好地传承中华优秀传统文化。然而在文言文的作业设计中我们却更强调了知识的落实而忽略了具体历史情境下的文化理解，忽略了思维的提升和发展。譬如，《劝学》篇中需要关注所阐发的学习目的和学习理据。从目的角度来说，荀子是希望士子通过学习而成为“君子”。《劝学》曰：“君子博学而日参省乎己，则知明而行无过矣。”“君子生非异也，善假于物也。”这个“君子”在《论语》中也反复出现，它是儒家理想人格的代称，所以《劝学》不是一般的知识性学习，而是人格的砥砺。因此对文言文我们需从特定时代文化的角度去理解文章，作业的设计亦如是，所以我们对文言文作业设计倡导“守正”“创新”。所谓“守正”即根据文言文规律教授文言文，所谓“创新”就是根据当代学生特点学习巩固文言文。

作业设计应以单元目标为基础，以核心素养的基本要求为目标，这样的作业不仅具有巩固、“诊断”知识的作用，而且还肩负着知识生成的功能。因此，与其以单调的形式夯实课内知识、考查学生对知识点的掌握，不如布置具体的任务让学生动起来，在探索实践中生成对知识的自我认知，在潜移默化中提升学科核心素养。本文以统编版选必中册第三单元为例谈谈基于单元教学进行任务型作业设计的尝试。

本单元的四篇课文虽然文体上各有差异，但各篇均指向同一个主题——史传文学。而“史家追叙真人真事，每须遥体人情，悬想事势，设身局中，潜心腔内，忖之度之，以揣以摩，庶几入情合理”（钱锺书）。因此，如何基于史学视域，在厚重的历史现场，涵泳历史人物特定的语言、行为、思想等，并且有效地整合单元内部的各篇课文，使之形成高度统一的整体，开展系统、有序的专题教学，从而引导学生在探究史传文学的基本特征的过程中引领学生提升思维发展、审美鉴赏、文化传承能力，这是此次课堂教学和作业设计的出发点。

一、代入事件角色，以任务探索走进历史现场

情境是语文课堂常用的教学方式和载体。“通过创设优化情境，能激起儿童热烈的情绪，把情感活动与认知活动整合在一起。”这要求情境的创设要循着认知—明理—循情的思路，围绕学习主题设计明确而具体的探究任务，让文言文知识的认知活动成为生发历史情感的良好铺垫，从而激发学生的学习兴趣。

这一板块主要根据教学目标“整合课文信息，概括课文所涉及的历史事件的内容”去梳理本单元课文所涉及的历史事件。文言阅读教学中，梳理的前提是语义的理解。在布置相关作业任务的过程中，遵循“以文化言”的原则，注重结合“具体情境”对字词句加以理解。在布置专题预习作业时，主要让学生在理解文本的基础上，整理疑难字词，尝试借助工具书或网上的相关专业网站解决问题，在作业中记录下存疑的内容。针对学生的疑问在课堂上加以讨论，而学生的提问中有部分字词还原到语境里可以有不同的理解，笔者以此为契机，设计课后作业，引导学生在具体语境中辨析字词的含义。

1. 个性化预习，旨在落实文言知识的个性精细

作业任务：完成个性化预学任务单。借助教材注释识记古义，并就其中某一篇课文解释存疑处查找资料，最终确定你心中的答案。个性化预学任务单，见表1。

表1

课文	存疑处	理由	结论

表2为学生作业展示。

表2

课文	存疑处	理由并备注出处	结论
《屈原列传》	上官大夫见而欲夺之的“夺”和屈平不与的“与”，课文注释为“强行夺取”和“给”，我觉得不是	《古汉语常用字字典》（商务印书馆1998年版）：夺取，强行改变。《论语·子罕》三军可夺帅也。《陈情表》“舅夺母志”课文注释“强行改变”，上官大夫是想改易“宪令”体现自己的意志、主张，扩大自己的政治影响。“屈平不与”中的“与”应当理解为“赞同、许可”。我认为制定法律制度是治国安邦的大事，朝廷上下应该无人不知，上官大夫夺之何意？当时屈原美好的理想应该是“正君王”“举贤才”“修法度”肯定会涉及贵族臣子的利益，作为奸佞小人的上官大夫必定会对这样一副将要成型的枷锁展开搏斗，所以这应该是内容上的修订，而非功劳上的占取，因此屈原不赞同也是合情合理的。（百度文库和《现代语言文学研究》）	“夺”是强行改变的意思。而“与”是赞同的意思
	上官大夫中“上官”是姓么	在春秋战国时期，对人的称谓、官爵、职业等的前面是从不冠以姓名的，如中学课本中曾出现的魏公子无忌、令尹子兰、太子丹等，“大夫”之前也不冠以姓名，如《左传·昭公二十八年》“秋……分祁氏之田以为七县，分羊舌氏之田父为三县。司马弥牟为邹大夫，贾辛为祁大夫……潦安为杨氏大夫”，从上例中可以清楚地看出“邹大夫”“祁大夫”“杨氏大夫”等，均为县大夫，“邹”祁”“杨氏”均为县名而非姓。上官大夫其称谓方式与上两例同，可见上官也应是邑县名。新《辞源》“上官”第二释“复姓”。楚王子兰为上官邑大夫，因邑为氏可知，“上官”正是上官邑。（知网王祥儒的《〈屈原列传〉备课札记》）	“上官”是邑县名

2. 个性化身份认领任务，旨在触摸真实历史的过程中引发共情

梳理文本，我们通常都是采取“简述”的形式让学生概括大意。然而，这样的形式流于程式化，比起抽象的文字阅读与文字概述，学生更乐于接受具象化的情境式的“学习任务”。因此，我们将本课内容提炼为通俗易懂的探究主题：“中华民族的文化精神是在历史发展中由一代代的文人志士不断积累沉淀下来的精华，一批批文人斗士不断探索，为中华民族创设文化之脉。是谁，在什么时间，他们做了什么，又留下了怎样的中华民族魂？”用简明扼要的问题激发学生的好奇心，进而围绕主题发放“时光信封”，请各小组认领探究任务。“时光信封”以教材提供的素材为蓝本，设计了探究历史事件的穿越任务。学生打开“时光信封”即获得各自的穿越身份，从而展开小组合作。例如，穿越身份为屈原的，将小组合作完成讲述“我与我的楚国”的任务；穿越身份为两千年前的大汉帝国都城中欢迎队伍中的一员时，将小组合作完成“采访”的任务；穿越身份为六国君王的同学，在秦统一六国后，六国君王组了一个群，他们会聊什么？将小组合作完成“模拟场景，我们的对话”的任务；穿越身份为“李存勖的后人”的同学，将小组合作挑战“设计一份庄宗的履历表”的任务；穿越身份为秦始皇的同学，在一统六国后，择了一个黄道吉日，为自己举行了一个盛大的仪式，之后，很是得意，忍不住发了朋友圈，请完成朋友圈和图片，并为自己的设计说明理由。

如此，以穿越身份的认领赋予学生历史人物的代入感，激发学生探究的兴趣。学生兴致盎然，积极将自己当成历史中的一员，从而“浸入”历史深入了解“自己”的故事，为后续讲述任务做好准备。

美国心理学家布鲁姆说：“学习最大的动力是对学习材料的兴趣。”穿越任务的完成以历史学习材料为认知基础，让学生对学习材料感兴趣，是激发其主动学习、合作交流的重要前提。教材围绕相关事件提供的素材比较简单，需要补充相关历史知识素材。因此，“时光信封”围绕不同的穿越任务，从教科书、教参、书籍、权威网络平台上筛选了相关历史资料，力求既符合学生的阅读水平，又需要学生进一步思考，通过探究“跳一跳”了解知识，为完成穿越任务，解决合作困惑提供必要的支撑材料。

例如，“屈原”小组的“时光信封”提供的是一份节目《典籍里的中国》

中的《楚辞》片段和《跟着书本去旅行》中关于屈原的片段，让他们在影像中走近屈原；“汉朝欢迎队伍”小组拿到的则是北海牧羊的相关图文等，极具现场感。各小组学生迅速代入角色，结合“任务提示”从不同角度提取、整理关键信息。学生有分工、有合作，有争议、有协商，真正沉浸在历史的当下，通过对学习材料的共学共研，走进历史，获得更丰富、更全面的认知。

在这样的穿越情境之中，学生学习的情绪是饱满的，通过身份代入设身处地地感受角色的历史选择、情感。此时，他们不再是被动接受知识，而是主动“浸入”历史进程，与穿越人物同呼吸、共命运，在触摸历史的具体人物、事件中获得深度体验和真实感受。

二、浸入故事场景，以疑思辨探究人物思想

传统的作业设计更多聚焦于课堂所学知识的巩固与“诊断”，大多采取静态考查知识的方式，而任务型作业更重视学生整合迁移知识的综合能力，采用动态的实践探究的形式。譬如《苏武传》教学中，同学们就苏武的“忠君”思想（武曰：“臣事君，犹子事父也。子为父死，亡所恨。”）展开讨论。同学们会从文本中得出，苏武的“忠君”思想具体表现为高度自觉维护国家利益和大汉尊严。苏武出使匈奴，滞留十九年，持节牧羊，历经磨难、矢志不改。事实上，苏武的“忠君”思想就是“国家至上”的爱国思想，“以忠君为形，爱国为质，实际指向是爱国主义和民族气节”。而对于这样的“以忠君为形，爱国为质”思想是如何形成的，同学们却是陌生的。所以不妨在此生疑处布置这类任务型作业。布置此类作业，教师需要提供一些探讨问题的方法，如内因和外因的结合，也要提供相关的知识背景，让学生从课内延伸到课外，结合《史记》《汉书》让学生进行具体梳理。完成此项任务的过程中，学生当自觉地调动学习资源——文献资料、搜索引擎，在查阅资料的基础上，形成自己的判断，有理有据地阐述自己的观点，在探索实践中，实现知识的认知、发现与整合。

下面是学生的整理结果展示：

（1）儒学时风。汉武帝时期，采纳董仲舒等人“推明孔氏，抑黜百家”建议，“儒学六经”遂成为主流思潮。汉武帝尤其重视官宦子弟、朝廷官吏“春

秋大一统思想”与“君臣伦理观念”的强化。而苏武出生成长于儒学之风盛行的时代环境中。儒学成为社会主导思想的标志性事件是汉武帝的两次招贤良与太学的创建。“汉武帝首次诏举贤良是在建元元年（前140），时年苏武出生。汉武帝再次下诏征求治国方略是在元光元年（前134），时年苏武六岁。汉武帝创建太学是在元朔五年（前124），时年苏武16岁。”苏武从牙牙学语到人生观、价值观确立的关键时期，正是儒家思想与君臣伦理观念逐渐成为大汉王朝治国主流思想的历史阶段，从某种程度说，苏武是大汉帝国以儒学为指导思想培养出来的第一代人才。

（2）忠义家风。苏武父亲为汉代名将苏建。苏建“以校尉从卫将军青”击匈奴，累迁游击将军、右将军，后为代郡太守。苏建一生抗击匈奴，戎马边塞。这必然对苏武的成长产生重大影响，可以说，苏武的血液里与生俱来携有驰骋异域、扬威大汉的基因。苏武兄弟三人，“少以父任，兄弟并为郎”，郎，皇帝的侍从官。稍后，苏嘉为奉车都尉，秩比二千石，掌御乘舆车。苏贤为骑都尉，秩比二千石，掌监羽林骑。苏武为栘中厩监，监管驯养军马的马厩，又迁为皇帝亲信的侍中、中郎将等。可以说，杜陵苏氏一门皆为宫官、皇帝之家臣。苏武坦诚其父子“为陛下所成就，位列将，爵通侯，兄弟亲近”，所言非虚。儒学洗礼，深蒙皇恩，铸就苏门忠义家风。苏建卒官于代郡太守，苏嘉伏剑自刎，苏贤饮药而死，亦可见苏武父子对汉武帝的绝对忠诚。

（3）苏武“忠君”思想是历史的选择。西汉宣帝时期，连续对匈奴用兵，并取得决定性胜利。甘露三年（前51）春，匈奴呼韩邪单于来朝，“赞谒称籓臣而不名……郅支单于远遁，匈奴遂定”（《汉书·宣帝纪》）。同年，汉宣帝设麒麟阁，“乃图画其人于麒麟阁，法其形貌，署其官爵、姓名”（《汉书·李广苏建传》）。苏武因“以故二千石与计谋立宣帝”，得入麒麟阁，更以出使匈奴的功德，“是以表而扬之”。汉宣帝强化苏武的“忠君”思想是寄寓他宏大的政治意图，重塑汉武帝时期春秋大一统的君主关系。苏武事迹此后渐为流传。至班彪、班固父子，既秉承“家本北边，志节慷慨，数求使匈奴”的爱国精神，又抱有“宣汉德”的宏大书写目的，满怀深情将苏武“志士仁人，有杀身以成仁，无求生以害仁”的爱国精神永远定格于中华民族的历史长河。

三、打破单篇课文壁垒，发挥单元整合功效

无论是在组织本单元学习内容的过程和课后统整作业的过程中，应试图打破传统的单篇课文为单位的课时组织模式，将单元内各篇文本贯通起来，形成一个整体目标统摄下的大文本，并配以练习。

史传文学从叙事艺术方面看，有各种“文笔”，我们不妨以此为基，设置相应的练习，以此了解史传文学的叙事手法，见表3。

表3

叙事手法	课文	具体分析	总结

学生很容易发现史传文学多运用语言描写、动作描写来展示人物的形象，也有一些同学能就其中的对比手法和插入部分段落的议论中看出暗喻作者对人物的评判。例如，《屈原列传》中的第3段虽然实际上出自西汉淮南王刘安写的《离骚传》，但客观上造成了在叙事中融入大段议论的特色，再加上第8段的议论和篇首的“太史公曰”，清楚地表达了作者对屈原的赞美。再比如《苏武传》中，也有部分同学发现在本文中还运用了衬托或侧面描写来表现苏武的形象，也从中表达了作者对苏武的赞美。

除了了解史传文学的艺术手法外，我们还需要对史传文学中的历史事件的叙述原则可任务性探究，见表4。

表4

历史事件叙述原则	课文	作者所选材料	作者意图
大义			
因果			

通过以上的作业设计，使本单元的教学形成一个整体，从而在对历史著作的具体分析中落实“语言建构和运用”“思维发展和提升”，在学习活动中落实“审美鉴赏和创造”。

四、探讨合作，以对话体碰撞出思想火花

鲁洁先生指出：一线教师在组织教学的过程中要为对话创造有利条件，让对话成为常态。语文课堂的对话是学生与教师、学生与文本、学生与学生之间的对话，语文作业的设计也可以是学生与学生、学生与文本及学生与自己的对话，是虚拟与现实的对话、历史与当下的对话。展开深度对话，有助于引领学生在生命交流、精神相遇和经验共享中，习得当下的知识、激发情感、升华精神。

我们作业设计的形式也由个体的独立思考转向小组的合作，教师应当寻找契机为学生营造一个合作对话的空间，使学生通过对话、交流，实现思想碰撞，从而获得对当下生活的启发，形成新的认知。譬如在学习《过秦论》中，文章的最后一句话一直是争论的焦点，我们不妨找些观点，让学生就这些问题进行探讨辩论：

（1）残暴论——“仁义不施而攻守之势异也”。

（2）贪婪论——把天下的美女和金银财宝统统送进阿房宫，《阿房宫赋》中提醒“后人哀之而不鉴之，亦使后人而复哀后人也”。

（3）制度论——当秦国还是小国的时候，原来的管理制度是可行的，可是成为庞大的帝国时，仍沿袭原来的制度则捉襟见肘了。

还可对《五代史伶官传序》探讨“天命”“人事”与“盛衰兴亡”之间的关系，继而引用欧阳修《新唐书·五行传》中“天地灾异之大者，皆生于乱政”、《新五代史·司天考第二》中“人事者，天意也”的观点，发起学生对天人关系的讨论并在专题学习的课文中和其他史传文学文本中各举一例加以印证，以学习小组为单位书面整理对此问题的讨论结果。学生通过对话，自可认识到人事对历史进程的主宰作用，也可从历史叙事中读出史官出于“天命不可知”的敬畏之心，从而对天人关系有更全面的理解，潜移默化中形成一种思辨地看待问题的方式。

此次的教学和作业设计实际上是在对文言文教学的守正中加以变化，以调动学生积极性、结合个人的体验进行探究性学习为特征，将学习视为一个完整的、动态生成的研究过程，这也符合了新课标提出的“以学科核心素养为纲，以学生的语文实践为主线”的理念。作业设计也不再仅仅以知识检测为目的，而是以指向提升学科核心素养为指归，这样才能让学生在体验、探究、交流中挖掘自身的潜能。

优化单元视域下的作业设计

——以统编版高中语文选择性必修中册第四单元为例

玉环市楚门中学　张君飞

《普通高中语文课程标准（2017年版）》号召高中语文课程应积极响应时代发展的要求，积极谋求改变语文课程中教和学的方式，其中很重要的一环就是作业的设置。如何优化作业设计，这是新课程改革背景下，教师要认真完成的一项高难度的“作业”。笔者根据自己的教学实践和教学认知，结合统编版选择性必修中册第四单元的教学实践，也尝试去优化设计“单元视域下”的作业。

所谓“单元视域”，即“单元视角”下的作业设计，它以单元统整为目标，不着眼于“一课一练”“每课精练”，而是着眼于语文核心素养的发展提升，兼顾整个单元的学习任务、研习目标、单元主题等。所以“单元视域”下的作业设计，需要我们有“贯通”理念，所谓“贯”是指作业设计要遵循、渗透单元“学习任务群”的要求，所谓“通”是强调语文作业要考虑在具体情境、项目学习中落实作业要求。基于这样的认识，笔者在设计选必中册第四单元的作业时就以“丰富的心灵”这一人文主题贯通所有的作业，并对接相应的学习任务和学习项目。具体的优化策略笔者是这样尝试探究的。

一、作业内容的确立

“双新”“双减”背景下的作业设计，在内容上首先要考虑“着眼于核心素养的整体发展”“全面把握学习任务群的特点”、突出语文学科必备知识的积累、关键能力的训练和学科思维品质的提升。所以单元视域下的作业设计就以核心素养的落实为目标，教师要从单元导读开始，深入研究该单元的编写理念、编排结构、选文特点和单元研习任务，全面理解该单元的人文主题和学习任务群的说明，吃透每篇课文的内容、特点，依据单元教学目标，再适当细化课时作业目标，才能设计出既符合课程目标要求，又贴近学生学情阶段的作业。

统编版选择性必修中册第四单元追求“审美鉴赏与创造”“文化传承与理解”等语文素养的提升，对应的学习任务群是“外国作家作品研习”，以“丰富的心灵”为人文主题，从戏剧、诗歌方面承担“外国作家作品研习”的学习任务。

依据教学建议，统编版选择性必修第四单元相关课程目标概括如下：

（1）运用联想和想象，丰富学生对现实生活和文学形象的感受与理解，丰富学生的经验与语言表达。

（2）运用批判性思维审视语言文字作品，探究和发现语言现象和文学现象，使学生形成语言和文学的初认识。

（3）感受和体验文学作品的语言形象和情感之美，能欣赏、鉴别和评价不同时代、不同风格的文学作品。

（4）运用语言文字表达自己的情感、态度和观念，表现和创造学生心中的美好形象，讲究语言文字表达的效果及美感。

（5）通过文本作品的学习，初步理解、尊重包容不同民族、区域、国家的优秀文化，吸收人类文化的精华。

本单元的作业设计基于以上的目标引领，从单元导读的提示出发，我们就以“心灵的呼唤”为情境抓手，通过真实情境下的思维建构，结合贯通式的设计理念，培养学生将语文知识迁移运用到现实情境中的能力。

基于以上的认识，本单元的作业设计框架，见表1。

表1

作业任务	研习目标	作业形式
任务一：“心灵的呼唤”之作家初印象	收集整理本单元作家简介、相关创作、写作背景、知识支架等	自主信息整合

续 表

作业任务	研习目标	作业形式
任务二："心灵的呼唤"之文本细揣摩	梳理戏剧冲突，把握人物形象；赏析四首外国诗歌的意象、意境、情感等，读出诗人的情感	阅读鉴赏
任务三："心灵的呼唤"之倾听这声音	读懂文本深处的"声音"，体验文本中"丰富的心灵"，共感同情	组织戏剧表演、诗歌朗诵
任务四："心灵的呼唤"之情感与形式	品评诗歌的情感与形式的关系	小组讨论交流
任务五："心灵的呼唤"之鉴赏这一个	揣摩《玩偶之家》（节选）对白，梳理戏剧冲突，把握人物形象	撰写人物形象短评
任务六："心灵的呼唤"之读者交流会	梳理中外文化交流史，理解文化走出去的意义，写一篇中外文化交流的申论	开展多元文化交流的现实思考，撰写申论，深度交流

设计意图：教材总主编温儒敏先生指导我们，新的语文教材是"以'人文主题'和'学习任务群'两条线索组织单元"的，那相应的作业设计同样也需要从"人文主题"和"学习任务群"两条线索出发。作业是课堂教学的延伸，那么基于单元视角的作业设计首先就要立足单元教学，从单元课型出发，设计出能较契合课堂教学需要的配套作业，且要依据单元类型和教学课型进行适当而具体的分类。

二、作业形式的确立

裴斯泰洛齐说："教学的主要任务不是积累知识，而是发展思维。"但思维发展得通过知识的学习来实现，笔者认为要想促进学生思维能力、语文素养的提升，作业训练不失为一个好途径，我们所要做的是认真做一个学生思维发展的"引路人"。"双新""双减"下的单元作业设计理念，不仅要优化作业内容，还要创新作业形式，带领学生走出重压的困境。

1. 情境引领

《中国高考评价体系》着重指出"要在真实的问题情境中，培养学生解决问题的关键能力"。以语文核心素养为本，在真实问题情境中解决问题已成为一线语文教师的共识。对标新课标的解释，语文实践活动的情境主要有个人体验情境、社会生活情境和学科认知情境。教师要多尝试从社会生活的真实场景中发现、挖掘与单元作业相匹配的情境。学生的作业以走进真实的生活为前提，以解决有趣却复杂、真实而有挑战的问题或任务为起点，从而培养学生主动探索、合作探究的能力，进而培养学生解决问题和优化策略的能力。选必中册第四单元中的作业设计教师要精心设置情境，让学生在真实挑战中完成作业，在一定的社会参与中感受语文的实际功用，从而培养学生持续的探究和解决问题的能力。

例如，我们在作业任务六"'心灵的呼唤'之读者交流会"中，不妨这样设置作业。

作业要求：围绕"文化走出去"的话题，联系社会生活，任选一个角度，撰写一篇申论。要求立意明确，有思想性，不少于1000字。写好后选择其中一个片段与同学们进行交流。

亲爱的同学：

你好！自古洎今，中华民族在世界上颇有影响力，靠的不是穷兵黩武和野蛮扩张，而是中华文化自身强大的感召力和吸引力。今天，讲好"中国故事"，以理服人，以文服人，以德服人，是我们每位中国人的必修课。

在本届校文化艺术节中，学校文学社要承办一场"读者交流会"的活动，活动内容基于本单元所有课文内容学习的认知。请你积极思考，主动探究，拓展鉴赏不同文化背景下的文学形式，比较不同文化价值观的异同，联系社会生活，理解多元文化格局，并围绕"文化走出去"这一话题，撰写一篇申论。

设计意图：这是一个真实情境下的实践性作业，围绕着"文化走出去"这一社会热点展开思考、分享交流，这个情境实现了书本与现实、理论与实践、知识运用和经验积累融合提升的目的。它能使学生在教材知识内容和社会生活中建立起对应的关系，基于课文的认知，又不囿于教材，能以全新的角度看待问题，既可提高学生的社会参与度，也促使他们进行了一次有效度的思维过程，进而将学生的理论化的知识能力转化为一种实际应用能力，强化了语文的日常社会能力。

2. 分层选择

有这么个教育事实："学生的身心发展由于受先天禀赋以及后天诸多因素

的影响，存在着差异。”若不顾及这种差异，让所有学生做没有区别的作业，肯定有人会“吃不饱”，有人会“撑不了”。因此，我们在设计单元作业时，要从具体学情出发，对能力水平参差的学生，可以依次设定基础性作业、发展性作业、创造性作业，以此来匹配学生的差异化发展。为了让不同层级的能力水平参差的学生都能在作业上有所成就，教师在设置单元视域下的作业时可尝试把作业分成若干选项，让学生根据自己的能力水平选择性地做。这种分层选择性的作业成效必将优于被动接受型的作业，从而可以更好地提升学生的语文能力。

例如，我们在设置作业任务三“‘心灵的呼唤’之倾听这声音”这一作业时，考虑到实现情境真实性与个体学情差异之间的平衡。笔者是这样设置的。

作业要求：在校文化艺术节中，学生会要承办一次文艺演出，其中有戏剧演出和外国诗歌朗诵这两个节目，内容来自本单元的课文，请你以小组合作的形式，对照以下任务任选择其一进行创作。

（1）从《玩偶之家》（节选）中选择一个片段，细心揣摩人物的语言，进行话剧演出。

（2）《玩偶之家》首演剧终时娜拉摔门而出，以“嘭”的一声关门声结束了全剧，留给了世界一个巨大的问号。娜拉出走之后的命运众说纷纭，莫衷一是。请你根据自己的理解，续写《玩偶之家》娜拉出走后的结局，并组织排演。

（3）诗人在创作诗歌时常常会选择一些意象，并将它们有序组合，展现情感的起伏，形成诗歌特有的内在节奏。请你在四首外国诗歌中任选一首，要求配乐朗诵。

（4）改写《致大海》和《自己之歌》，要求不改变诗歌原有主题，用其中一首的形式改写另一首诗，改写后要求配乐朗诵。

设计意图：新课程理念下的作业设计注重实践性，因为实践是提高学生语言文字应用能力的主要途径。而在这样的实践过程中，学生的个体差异是明显存在的，作业哪怕是小组合作完成，也要考虑到情境实现的可能性和学生个体操作完成的可能性，这就需要对作业进行多层次多形式的设计。以上作业既有基础性的理解，也有发展性的排演和诵读，更有创新性的作业能力要求，这种自主选择性的作业，使学生在多个层次多种形式的选择中，在较宽松的氛围中发挥自己的特长，激活“超能力”，还会从整体上提升语文能力。这样的作业设计就较契合不同层级的学生需求。当然，我们还要多鼓励有“畏难”情绪的学生向“最近发展区”发起挑战，去“蹦一蹦、跳一跳”，让学生的素养能力得到更优质的发展。

3. 合作开放

常说语文即生活，那就可做这样的理解——语文学习资源和实践机会在生活中处处有、时时在。我们要做的，无非是在单元作业设计时，综合利用各种语文教育资源，想方设法搭建多渠道的融合桥梁，开展多样而又丰富的语文实践活动，从而丰富语文作业的内容、拓宽作业形式与渠道。单元视域下的语文作业设计也应该追求作业的生活化、实践性，设计此类作业时尽量取材于学生熟悉的生活环境，并融入社会热点、民生重点，在生活化实践性的作业中提升学生的语文能力。而不可否认的是这类作业往往涉及听、说、读、写、演等综合能力，学生个体要完成这样的一份作业，既要考虑时间精力投入的有限性，也要考虑作业的完成度和质量，因此单元视域下贯通性的作业就需要学生间的合作。

合作首先要了解学生的个性、能力、思维特征等，然后可以是教师有计划地指导、调控，也可以是学生自己针对某个作业自主分工任务，小组成员间相互配合、共同帮助性的作业形式，这样的作业既发挥了个体的特长，又优化了作业形式、提升了作业质量，还让合作走向深入。合作是为了更好地完成，合作也是为了碰撞出不一样的火花。同时，在单元视域下的作业设计也应去摸索具有开放性的语文作业，开放就意味着不同质，开放就意味着答案的丰富性，开放也意味着学生参与热情高，同时也意味着学生思维的尽情燃放，意味着学生学习动力的持久在场。

我们以选择性必修中册第四单元的作业任务四“‘心灵的呼唤’之情感与形式——品评诗歌的情感与形式”为例：

作业要求：在校文化艺术节中，为了让外国诗四首的朗诵节目有更好的演出效果，请你们组建一个四人团队，分工合作，积极筹备，准备演出。要求如下：

（1）在四首诗歌中任选一两首，推选一两位同学来朗诵。

（2）选择合适的音乐作为背景乐。

（3）团队要为朗诵的同学准备诵读提示：从音韵、诗行诗节、轻重音、艺术手法、节奏等方面进行标注提示。

设计意图：这是一份要求彼此合作的作业。我们得承认大多数学生不是一上台开口就能出朗诵效果的，但是通过彼此的合作就可以实现专人专用，能人多用。多人思维的碰撞，团队反复摸索，肯定会“多快好省”地完成这种综合性的作业，力量肯定强于个体，质量肯定优于个体。同时，这又是一份自主开放的作业，开放体现在作业数量的自我选择、作业任务和内容的自主选择上。这种开放式的探索性的作业没有固定的标准答案，这不仅给学生以自我发挥的余地，还让每个参与者在适己的作业中多感官地参与，体验感和成就感都将更强。比单纯的书面作业，会让孩子们的兴趣浓一点、思考广一点、体验深一点，何乐而不为呢？

三、作业评价的原则

“作业不是压力，而是魅力。”当我们教师一旦追求这种师生双向奔赴的作业时，对接新课标中提到的“语文课程的评价过程即学生学习的过程，应围绕阅读与鉴赏、表达与交流、梳理与探究等学习活动，在具体的语文学习情境和活动任务中，全面考查学生核心素养的发展情况”，那就需要我们多管齐下去跟进作业过程、反馈作业质量，于是及时的作业评价跟进就显得尤为重要。教学过程中会有这样的发现，从某种角度来分析，许多优等生是教师正确评价的结果，同理可知，一些后进生与教师的不正确评价也是相关的，因此在单元视域下的情境式作业中，教师对学生的评价应多些正面的鼓励和具体的指导，让学生明白该怎么做、如何去优化，这种评价指导不能只局限于结论性的评价，更应体现在过程中的指导反馈。

当然我们要想真正发挥作业评价的诊断、反馈等多种功能，教师的评价反馈更要讲究方法方式。

1. 评价主体的多元

新课标下的高中语文作业的评价，不管是书面作业，还是社会实践性作业，可以参与评价的主体有很多，主体可以是教师、学生、学习同伴，甚至是家长等。毋庸置疑，作业过程中，同伴的相互评价、教师的指导评价和学生的自我评价还是最主要的，尤其是同伴的评价，可以拓宽评价的维度，可以丰富评价的标准，可以收获更有价值的建议。当然这个过程中参与评价的同伴们，还能更明晰地认识到自身与他人的差距，从而主动找补、力求进步。

2. 评价角度的多维

既然作业设计可以分层自主地选择，那么作业评价也应可实现多维度的评价。教学实践中分层收取作业、分层批改，面对不同的学生主体，不轻易给出非对即错的绝对性评价，尤其是课前、课中的作业，我们对学生多角度、多层次的答案要予以重视，要诚恳地给出中肯的评价。评价的角度不妨是作业态度、参与热情、知识能力、完成效果等，这样可以让学生及时看到自己的努力成果、现状不足，可以更好地根据作业评价完善自身学习。

3. 评价形式的多样

新课标的评价建议中有一条："评价时要充分考虑语文实践活动的特点，注意考查学生在活动中表现出来的参与程度、思维特征，以及沟通合作、解决问题、批判创新等能力，记录学生真实、完整的任务群学习过程。"那我们不妨在评价形式上做一些改变，如多一些"口头"评价，多一些肢体肯定，多一些课前指导，多一些课中反馈等，想方设法变过去的"改"为现在的"导"，从而可以更好地发挥出作业评价的功能。

4. 评价实现互动性

评价形式的多样，也不能让教师在作业评价中"一厢情愿"地输出，我们要在作业评价中尽可能地实现师生的双向互动。一种做法，教师可以在条件允许的情况下，面对面地评价指导学生的作业，及时互动，成效立竿见影；另一种做法，可在作业批改后，指出学生需修改的地方，待学生修改后，再上交，再修改，形成一个互动的良性循环，长此以往，经过时间的沉淀、经验的累加，学生的作业和我们的教学必将迎来双轨并进。

高中课程标准的诸多目标的达成，既离不开课堂教学的改革创新，当然也离不开语文作业的精心设计和有效实施，单元视域下的作业设计不失为一种较好的导向，这类作业设计得好，实施得当，能提升学生的能力，提升学生的语文素养。相信只要我们做个教学"有心人"，朝着正确的方向有目的、有策略地设计作业，肯定会"教学相长"。

创新增效巧设计

——统编版高中语文选择性必修下册第一单元作业设计

台州市黄岩第二高级中学 金阳春

一、所对应的任务群

统编版高中语文选择性必修下册的第一单元收录了七篇古典诗词：《诗经》与《楚辞》分别开启了现实主义与浪漫主义两大文学传统，选录其中代表作《氓》与《离骚》；汉乐府继承了现实主义传统，选录"乐府双璧"之一《孔雀东南飞》；唐诗是古典诗歌发展史上的又一高峰，选录"诗仙"李白雄奇飘逸的歌行体作品《蜀道难》与"诗圣"杜甫沉郁顿挫的七律作品《蜀相》；至宋，词境渐拓展，技巧趋成熟，选录对宋词进行全面革新的词人柳永的《望海潮》与精通音律的"骚雅派"代表词人姜夔的《扬州慢》。

统编版高中语文共分必修上下两册、选择性必修上中下三册，其中必修教材每册8个单元，覆盖7个学习任务群；选择性必修教材每册4个单元，覆盖6个学习任务群。其中，选择性必修下册的第一单元所覆盖的学习任务群有三个：语言积累、梳理与探究，文学阅读与写作，中华传统文化经典研习。

"语言积累、梳理与探究"是第4个学习任务群，本任务群旨"在培养学生丰富语言积累、梳理语言现象的习惯，在观察、探索语言文字现象，发现语言文字运用问题的过程中，自主积累语文知识，探究语言文字运用规律，增强语言文字运用的敏感性，提高探究、发现的能力，感受祖国语言文字的独特魅力，增强热爱祖国语言文字的感情"。

"文学阅读与写作"是第5个学习任务群，本任务群旨在引导学生在阅读优秀文学作品时，在感受形象、品味语言、体验情感的过程中提升文学欣赏能力，并尝试文学写作，撰写文学评论，借以提高审美鉴赏能力和表达交流能力。

“中华传统文化经典研习”是第8个学习任务群，本任务群旨在“引导学生通过阅读中华传统文化经典作品，积累文言阅读经验，培养民族审美趣味，增进对中华优秀传统文化的理解，提升对中华民族文化的认同感、自豪感，增强文化自信，更好地继承和弘扬中华优秀传统文化”。

新课标对选择性必修部分和选修部分提出了四点学习要求，其中，作为选择性必修教材的第一单元，特别契合的应该是第一点学习要求：“学习多角度、多层次地阅读，对优秀作品能够常读常新，获得新的体验和发现。借助工具书、图书馆和网络查找有关资料，加深对作品的理解。”“在阅读鉴赏中，了解诗歌、散文、小说、戏剧等文学体裁的基本特征及主要表现手法，了解相关的中国古代文化常识，丰富传统文化积累，汲取思想、情感和艺术的营养，培养健康高尚的审美情趣，丰富、深化对历史、社会和人生的认识。”

二、单元导读要求

在“单元导读要求”里，提出了三项学习任务。第一个学习任务是“要围绕‘诗意的探寻’展开研习，品味诗歌之美，感受古人的哀乐悲欢，把握诗歌蕴含的传统文化精神，认识古代诗歌的当代价值”。这一项任务，指向核心素养中的审美鉴赏与创造、文化传承与理解，主要通过“阅读与鉴赏”“表达与交流”两大路径达成。第二个学习任务是“结合以前所学，了解我国古典诗歌的发展脉络”。这一项学习任务，指向核心素养中的思维发展与提升、文化传承与理解，主要通过“梳理与探究”“表达与交流”两大路径达成。第三个学习任务是“比较不同体裁的诗歌在节奏韵律、表现手法、艺术风格等方面的异同”。这一学习任务指向核心素养中的语言建构与运用、思维发展与提升，要完成这项学习任务，需要借助“阅读与鉴赏”“梳理与探究”“表达与交流”三大路径。

总的来说，这一单元是提升学生语文四大核心素养的重要载体，学习过程中，需要运用三大路径来提升语文学习的关键能力。

三、单元后任务群设计阐述

选择性必修下册第一单元的单元研习任务共有四题，其实是五个设计，概括如下：认识学习古诗词在当今社会的意义；比较《氓》和《孔雀东南飞》两首叙事诗的异同；学会分析古诗词虚实相生的艺术手法；比较《望海潮》《扬州慢》在意象选择和意境营造上的不同；分析阅读欣赏古诗词获得的审美体验。

第一个研习任务是关于对待学习古诗词的态度，思考角度有：古诗词是中华优秀传统文化的载体；学习古诗词是弘扬优秀传统文化，坚定文化自信的需要……关于古诗词对当今社会生活和文化的“渗透”，可结合《中国诗词大会》《中国好诗词》等电视栏目以及古诗词在当今一些流行文化形式（如电影、电视剧、短视频等）中的体现等进行分析。关于古诗词对语文素养的提升，思考角度有：丰富传统文化知识；感受古人的喜怒哀乐，丰富情感体验，陶冶情操；让诗意滋养心灵，让精神更具高贵气质等。

第二个研习任务是比较《氓》和《孔雀东南飞》两首叙事诗的异同。首先应该梳理两首叙事诗的情节，可以以人物或叙事主体为中心，概括其做了什么或怎么样了。如《氓》的情节可概括为由“相恋”到“婚变”再到“决绝”；《孔雀东南飞》可以按照“开端—发展—高潮—结局—尾声”的顺序进行梳理。其次是明确比较异同的角度，可从人物形象、表现手法、语言风格等入手。

第三个研习任务是学会分析古诗词虚实相生的艺术手法。虚实相生是中国古典诗歌鉴赏中重要的表现手法之一。“虚”是指直觉中看不见摸不着，却又能从字里行间体味出那种虚象和空灵的境界。“实”是指客观世界中存在的实象、实事、实境。总的来说，“虚”“实”是相对的：有者为实，无者为虚；有根据为实，假托他物为虚；客观为实，主观为虚；具体为实，隐者为虚；有行为实，徒言为虚；当前为实，未来为虚；已知为实，未知为虚……运用虚实相生的表现手法，是指虚与实二者之间互相联系，互相渗透，互相转化，以达到虚中有实，实中有虚的境界，从而丰富意象，开拓意境，突出主旨，为读者提供广阔的审美空间，充实人们的审美趣味。

第四个研习任务是比较《望海潮》《扬州慢》在意象选择和意境营造上的不同。首先是明确“意象”“意境”两个概念：意象，简单说就是寓“意”之“象”，就是用来寄托主观情思的客观物象；意境，指借助形象传达出的意蕴和境界。其次明确两者的关系：意象组合，是指具有不同属性的意象连缀在一起，从而组合成具有某种特质的画面或场面，意境的特点与意象的特点有密切关系，同时也与诗歌所要表达的情感密切相关。最后，分析意境的特点与意境的营造，离不开对诗歌情感主旨的分析鉴赏。

第五个研习任务是分析阅读欣赏古诗词获得的审美体验。这个研习任务又具体分为两项：撰写鉴赏文章和编一本《古典诗词鉴赏集》。第一项任务“撰写鉴赏文章”，步骤一般如下：选定诗歌，了解创作背景，把握诗歌主旨；了解作者生平、思想主张、创作风格等，把握感情基调；把握诗歌整体风格，分析诗意、手法、意象；抓住重点词语或句子，分析鉴赏其内涵与妙处。第二项任务是“编一本《古典诗词鉴赏集》”，编写思路一般如下：在体例架构上，可按照体式、题材、时代、风格流派等角度，也可从语言、构思、意象、情感等方面进行编排；在作品选择上，可从创作时期、诗歌流派、艺术特色等角度选材，形成不同的专辑；在鉴赏内容的分类上，或从语言、构思、意象、情感角度分，或从抒情类、说理类、言志类、咏物类、写景类等角度分，或从现实主义诗篇、浪漫主义诗篇、豪放类诗词、婉约类诗词等角度分。

选择性必修下册第一单元的研习任务还是比较重的，有些可以穿插在课堂教学中，如任务二、任务三、任务四，有些可以利用班会时间开展专题活动，如任务一，还有些可以利用课余时间，教师适当点拨，师生群策群力，完成后再进行展示及给予评价，如任务五。

四、整合与创生作业及开发理由

除了单元研习任务之外，我从“阅读与鉴赏”“表达与交流”“梳理与探究”三条路径出发，尝试为本单元设计了一些作业。

（一）单篇作业设计

氓

（1）王国维说：一切景语皆情语。《氓》中的典型意象之一是“淇水”，请寻找描写淇水的语言，并说说关于淇水的描写与女主人公的命运遭际、情感变化有什么关系?

设计理由与用意：意象是诗歌里表情达意的常见细节，设计此题就是让学生从梳理文本出发，学会鉴赏诗中意象与人物情感的关联，深入理解“一切景语皆情语”的古诗词鉴赏规律。

（2）诵读诗歌第五章节：“三岁为妇，靡室劳矣。夙兴夜寐，靡有朝矣。言既遂矣，至于暴矣。兄弟不知，咥其笑矣。静言思之，躬自悼矣。”这一节每一句都有一个相同的“矣”字，说说其中表达的情感有什么变化。

设计理由与用意：诗是最精妙的语言艺术，是抒写心灵的艺术。真正能凸显诗歌主旨或人物情感的，往往是一些毫不起眼的虚词，如这个章节中的“矣”字。让学生从诵读入手，品味语言，进而揣摩人物情感，是鉴赏古诗词的重要方法之一。

离 骚

（1）《离骚》被视为我国文学浪漫主义的直接源头，所谓浪漫主义的含义是“它在反映现实上，善于抒发对理想世界的热烈追求，常用热情奔放的语言、瑰丽的想象和夸张的手法来塑造形象”（《辞海·文学分册》）。诵读并分析此诗，说说它是如何体现浪漫主义特点的。

设计理由与用意：从浪漫主义的含义入手，引导学生从主旨、语言、手法等方面去分析诗歌，学习诗歌，尤其是理解“楚辞”中多用“兮”、连绵词、象征手法等，同时理解浪漫主义的主要特点，这是诗歌鉴赏的重要能力之一。

（2）阅读汉王逸的《离骚》序，回答相关问题。

《离骚经》者，屈原之所作也。屈原与楚同姓，仕于怀王，为三闾大夫。三闾之职，掌王族三姓，曰：昭、屈、景。屈原序其谱属，率其贤良，以厉国士。入则与王图议政事，决定嫌疑；出则监察群下，应对诸侯。谋行职修，王甚珍之。同列大夫上官靳尚妒害其能，共谮毁之，王乃疏屈原。屈原执履忠贞而被谗邪，忧心烦乱，不知所诉，乃作《离骚经》。离，别也；骚，愁也；经，径也。言已放逐离别，中心愁思，犹依道径，以风谏君也。

故上述唐虞三后之制，下序桀纣羿浇之败，冀君觉悟，反于正道而还已也。是时，秦昭王使张仪谲诈怀王，令绝齐交；又使诱楚，请与俱会武关，遂胁与俱归，拘留不遣。卒客死于秦。其子襄王复用谗言，迁屈原于江南。而屈原放在草野，复作《九章》，援天引圣，以自证明，终不见省。不忍以清白久居浊世，遂赴汨渊，自沉而死。《离骚》之文，依《诗》取兴，引类譬喻。故善鸟香草以配忠贞，恶禽臭物以比谗佞，灵修美人以媲于君，宓妃佚女以譬贤臣，虬龙鸾凤以托君子，飘风云霓以为小人。其词温而雅，其义皎而朗。凡百君子，莫不慕其清高，嘉其文采，哀其不遇，而闵其志焉。

① 通读此序言，说说屈原的人生经历，并分析他“愁”的原因。

② 王逸所说的“《离骚》之文，依《诗》取兴，引类譬喻”，即“香草美人”的象征手法，请在《离骚》（节选）中寻找运用此手法的句子，体味诗人的情志。在后世文人的诗词文赋中，你能看到以“香草美人”寄情言志、表达爱憎的手法吗？查阅资料做交流。

设计理由与用意：王逸的《离骚》序文本较短，言简意赅地介绍了屈原与楚国休戚相关的关系，也中肯地评价了《离骚》的艺术特色与艺术成就。借用此文，可以梳理屈原的人生经历，帮助学生理解教材节选部分。同时，理解“香草美人”的源起与表达形式，这也是中国文学史上一个重要的文化源头，可以进行有意义的探究。

（3）1926年出版《彷徨》时，鲁迅引《离骚》诗句作为书前的题词：“朝发轫于苍梧兮，夕余至乎县圃。欲少留此灵琐兮，日忽忽其将暮。吾令羲和弭节兮，望崦嵫而勿迫。路漫漫其修远兮，吾将上下而求索。”《离骚》打动人心的除了它在艺术上取得的巨大成就，与它流露的炽烈深沉的情感也关系密切，查阅屈原直接抒情的句子（不限于教材），并撰写300字的赏析文字。

设计理由与用意：《离骚》中除了“美人香草”的象征表达、语言的楚地风格之外，还有浓烈的“美政”理想与忧国忧民的爱国情怀，这是屈原的伟大之处，此题就是让学生除了教材之外，去查阅更多关于屈原的美句，从而更深刻地去理解屈原、热爱屈原，从而提升对中华民族文化的认同感、自豪感，增强文化自信，更好地继承和弘扬中华优秀传统文化。

孔雀东南飞

（1）乐府诗是汉魏六朝时期重要的诗歌类型，讲究“感于哀乐，缘事而发”。被誉为“乐府双璧”之一的《孔雀东南飞》就讲述了一个充满悲剧色彩的故事，请阅读全文，用自己的话讲述故事，并划分出开端—发展—高潮—结局。

设计理由与用意：这首诗歌是民间创作，语言并不艰涩，且篇幅较长，不应花费大量时间精读细读，设计此作业就是能用较短时间让学生对文章内容进行梳理，快速理解作品，也可以培养学生阅读能力与速度。

（2）通过有个性的人物对话塑造了鲜明的人物形象，是《孔雀东南飞》最大的艺术成就。全诗“共1785字，古今第一首长诗也。淋淋漓漓，反反复复，杂述十数人口中语，而各肖其声音面目，岂非化工之笔”（《古诗源》卷四，沈德潜按语）。

请细读文本，研究人物对话，分析刘兰芝、焦仲卿的形象特征。

设计理由与用意：作为本诗最大的艺术特点，丰富的人物形象是通过有个性的对话来塑造的，围绕此题，就是让学生深入文本、咀嚼文字，从而获得对人物、对文本的理解。

（3）诗以“孔雀东南飞，五里一徘徊”的起兴开头，结尾讲述两人死后合葬等内容，去掉诗的开头、结尾，并不影响情节的完整性。请将去掉后的诗与原诗进行阅读比较，体会艺术效果有什么不同？分别说一说它们的作用。

设计理由与用意：自《诗经》以来，古诗多以鸟兽草木起兴，并非随意为之。如本诗开头以“孔雀东南飞，五里一徘徊”起兴，应有烘托、渲染气氛的功用及象征意蕴。结尾部分，由现实的双双合葬的形象，到象征永恒的爱情与幸福的松柏、鸳鸯的形象，表现了民众的美好希冀。这是作为叙事长诗的《孔雀东南飞》的浪漫主义表达，是民间作品的一大特质，可以延伸出去，联系《白蛇传》《孟姜女哭长城》《梁山伯与祝英台》《牛郎织女》等民间爱情故事。

蜀道难

（1）阅读以下几句古人对《蜀道难》的评论：“笔势纵横，如虬飞蠖动，起雷霆于指顾之间。”（沈德潜云）“倏起倏落，忽虚忽实。真如烟水杳渺，绝世奇文也。”（《增订唐诗摘抄》）“妙在起伏，其才思放肆，语次崛奇，自不在言。”（刘须溪云）

说说它们各自从什么方面进行评说议论的。尝试着也做几条评点批注，并和同学交流。

设计理由与用意：李白的诗歌是盛唐气象的典型代表，他的诗歌内容丰富多彩，艺术手法变化多样，取得了后人难以追及的艺术成就。设计本题是让学生初步感知李白《蜀道难》的特征，从而了解他的古体诗想象奇特、笔意纵横、境界阔大的浪漫主义特点。

（2）《蜀道难》属魏晋早有的乐府旧题，一般用来歌咏蜀道之艰险，行旅之辛苦，据古诗文网统计，诗词中带“蜀道难”的作品共有60余首，独李白《蜀道难》诗名赫赫，流传千古。与张文琮的《相和歌辞·蜀道难》比较，说说李白的《蜀道难》在表现手法上有哪些特别之处？

相和歌辞·蜀道难

张文琮（唐代）

梁山镇地险，积石阻云端。
深谷下寥廓，层岩上郁盘。
飞梁架绝岭，栈道接危峦。
揽辔独长息，方知斯路难。

设计理由与用意：设计此题，首先是在题干中进行文化常识补充，也是解题的环节；其次是与张文琮的作品进行比较，在比较中感受李白《蜀道难》中运用神话传说、虚写映衬、摹写神情、借景抒情、运用夸张等手法来抒写的纵横恣肆，深刻理解浪漫主义的特征。

蜀相

（1）阅读本诗，仔细品味，说说诗中表达了对诸葛亮的什么情感？用了哪些表达情感的方式？颈联写了诸葛亮的哪些事？

设计理由与用意：用这三个问题首先是引导学生关注诗歌表达的情感以及表达情感的方式，尤其是在引导理解首联、颔联中设问开篇、情景交融、以乐景衬哀情等表现手法，体会诗歌的写法之精妙；其次是理解颈联浓缩密集的叙事特征，短短14个字可传达诸葛亮的雄才大略、宏伟业绩以及忠心爱国，为尾联传达的情感蓄势。

（2）中唐时，革新派首领王叔文在“永贞革新”失败时就曾吟诵本诗的尾联；南宋抗金名将宗泽因国事忧愤成疾，临终时也是吟诵本诗的尾联，三呼“渡河”而逝。那么，尾联传达了一种诗人的什么情感？为何会引起后人强烈的共鸣？你如何理解诗中的“英雄”？

设计理由与用意：此题设计是让学生去理解“英雄”的内涵，尤其是理解历史上一切事业未竟的英雄人物对其壮志未酬的深深遗憾和共鸣，同时可以联系杜甫生活的时代背景与“致君尧舜上，再使风俗淳”的政治抱负，感受其苦痛的根源与其诗歌“沉郁顿挫”的特征。

（二）对比阅读作业设计

（1）比较《诗经·卫风·氓》与《诗经·郑风·遵大路》

遵大路

遵大路兮，掺执子之袪兮，无我恶兮，不寁（zǎn，迅速）故也！

遵大路兮，掺执子之手兮，无我丑兮，不寁好也！

参考译文：

沿着大路走啊，拉着你的袖啊。莫要嫌我把气怄啊，不念旧情轻分手呀！

沿着大路走啊，抓紧你的手啊。莫要嫌弃把我丢啊，抛却恩爱不肯留呀！

朱熹评论《诗经·卫风·氓》说：“此淫妇为人所弃，而自叙其事以道其悔恨也。”当代学者鲍鹏山评价：“在《诗经》中最完美的女性，我以为便是那位卫国女子。”你认同谁的观点？你认为卫女是怎样的一位女子？请结合文本说明理由。与《诗经·郑风·遵大路》里的弃妇进行比较，说说两位女子的不同之处。

设计理由与用意：作为文学史上第一位弃妇形象，卫女身上有被时代所限的悲剧命运，也有超越了时代的清醒决绝，引导学生细读文本，分析人物的命运与性格特征，并通过对比阅读深刻理解卫女的勇敢与独立，从而培养学生健康高尚的审美情趣，丰富深化对历史、社会和人生的认识。

（2）比较《蜀相》（杜甫）与《书愤》（陆游）

书 愤

早岁那知世事艰，中原北望气如山。
楼船夜雪瓜洲渡，铁马秋风大散关。
塞上长城空自许，镜中衰鬓已先斑。
出师一表真名世，千载谁堪伯仲间！

比较阅读《书愤》和《蜀相》，从“社会背景”“作者经历”“主要意象”“诗人情感”等角度说说两首诗的异同。

设计理由与用意：两首诗都是以“诸葛亮”为话题，以比较方式，可以更细致地区分两位诗人所抒发情感、所用手法等的不同，也用比较手法让学生在阅读与鉴赏、表达与交流的过程中提升语言建构与运用、思维发展与提升等素养。

（3）比较《望海潮》（柳永）与《扬州慢》（姜夔）

① 作为以城市为写作对象的优秀词作，两首词在意象、意境的选择上有较大不同，请探讨交流。

② 意象是诗歌表情达意的基本单位，了解了意象之后，请再说说两首词在表达治世之幸与乱世之悲时，是如何结合意象体现的？请同学结合诗句进行赏析。

③ 陈振孙评《望海潮》为“承平气象，形容曲尽”；唐圭璋评《扬州慢》为“千岩老人，以为有《黍离》之悲，信不虚也”。两首词，一欢歌一悲吟，你更喜欢哪首？请写出一段鉴赏文字，并交流。

设计理由与用意：两首词都是以宋时的繁华都市为写作对象，但因为词人生存年代、表达情感等的不同，同样题材下写法与抒情迥异。在对两首词的意象、表现手法对比的研读过程中，引导学生深入文本，细抠字词，掌握鉴赏诗词的一些方法，提升语文素养。

（三）项目化学习作业设计

（1）关于诗歌中的意象，刘勰说："独造之匠，窥意象而运斤。"袁行霈先生指出："意象是融入了主观情意的客观物象，可以说是借助客观表现出来的主观情意。"多样的古诗词意象组成了一道道五彩缤纷的风景。请从本单元中至少选取三个意象，进行品析（结合PPT汇报，援引5—8个例子）。

设计理由与意图：意象，既指叙事诗中塑造的人物形象，又指抒情诗中的抒情主人公，更多的则是指诗歌中所描写的景或物。设计此题，就是对本单元的意象进行梳理并品析的过程，从而理解诗歌表达情感的重要方式。

（2）诵读本单元作品，联系必修上册第三单元"诗意人生"的作品和每册教科书的古诗词诵读篇目作品，梳理中国古典诗歌的基本脉络，总结古诗词鉴赏方法，做个课件和同学分享。

设计理由与意图：本题设计即单元提示中的第二个学习任务是"结合以前所学，了解我国古典诗歌的发展脉络"。这一项学习任务，指向核心素养中的思维发展与提升、文化传承与理解，在"梳理与探究""表达与交流"中达成了解中国传统文化、熟悉诗歌史的目的，培养文化自信。

（3）任选本单元两篇作品，每篇精选五条古人的诗话或词话，说说它们各自是从什么方面进行评说议论的。尝试着也做几条评点批注，并和同学交流。

设计理由与意图：评点批注是我国传统的读书方法和文学鉴赏、批评的重要形式，它直入文本，用简洁的语言记录阅读者的感悟、品味、思考，体现阅读者的眼光和情怀。学会读评点批注，就是学会以批评家的眼光去鉴赏诗词；学会写评点批注，就是学会用凝练语言概括对诗词的妙处体悟。

（4）在《氓》与《孔雀东南飞》中选择一首，以"卫国女子，我想对你说……"或"刘兰芝，我想对你说……"为开头，给她们写一封信，并选择合宜的背景音乐，制作PPT背景，有感情地诵读这封信。

设计理由与意图：给作品中人物"写信"，首先是要对作品中人物的生平遭际、性格特征、情感经历有深刻理解，也就是对文本有深刻理解，其次是要学会遣词造句传达自己的态度，是一项综合性极强的语文训练任务。

（5）模仿《蜀道难》的歌行体形式，歌咏家乡山水风物，如《天台山奇》《灵江美》《永宁秀》等。

设计理由与意图：这个环节通过比较原诗，使学生直观地感受到歌行体的特点，在诵读不同句式时应当体现出变化。同时，用“联读促写”的方式进行拓展与运用，充分发挥提升写作能力，并培养爱家乡的情感。

五、作业设计综述或反思

本单元是古典诗歌专题，学生有艰难的学习任务、繁重的背诵任务，如果仅用知识灌输的方式进行，会大大增加学习任务，且效果也不尽如人意。因此，我在本单元设计了三组作业共20题：单篇作业设计12题、对比阅读作业设计3题、项目化学习作业设计5题，侧重于从综合性角度、趣味性角度、文学史角度、写作角度等来考虑作业设计。

第一，综合性角度。要杜绝诗歌被肢解得支离破碎的现象，作业设计上就要考虑综合性，例如“单篇作业设计”的第3题，从浪漫主义的含义入手，引导学生从主旨、语言、手法等方面去分析《离骚》，从而理解浪漫主义的主要特点。又如“单篇作业设计”的第10题，将李白的《蜀道难》与张文琮的作品进行比较，在比较中感受李白《蜀道难》中运用神话传说、运用夸张、摹写神情、借景抒情等手法来抒写的纵横恣肆，深刻理解浪漫主义的特征。再如“项目化学习作业设计”的第1题，就是对本单元的意象进行梳理并品析的过程，从而理解诗歌表达情感的重要方式，也可以拓展关于意象的学习。

第二，趣味性角度。古诗词很美，但如果不能以有趣的方式进入，往往让学生望而生畏，所以趣味性是作业设计必然要考虑的重要因素。例如对《氓》的学习，就是紧扣住有趣又微小的两个点，意象“淇水”与虚词“矣”，来引导学生梳理文本，鉴赏人物情感的节奏。又如“单篇作业设计”的第9题和“项目化学习作业设计”的第3题，都是从有趣的评点批注入手，引导学生学会“读”与尝试“写”评点批注，也就是学会以批评家的眼光去鉴赏诗词并会用凝练语言概括对诗词的妙处体悟。

第三，文学史角度。中国是一个诗的国度，从朴素精练的四言发端，行至开阖抑扬的楚辞，再到感人肺腑的乐府诗，至浑厚雄壮的盛唐李杜，至合乐而作的宋词，诗歌在每个时代都有自己独有的表现形式，这些形式之间又关系密切，从文学史出发，才能更全面地理解诗歌的发展脉络。如“单篇作业设计”的第4题，通过阅读王逸的《离骚》序，理解“香草美人”的源起与表达形式，也对文学史上一个重要的文化源头进行有意义的探究。又如“项目化学习作业设计”的第2题，即单元提示中的第二个学习任务是“结合以前所学，了解我国古典诗歌的发展脉络”。在“梳理与探究”“表达与交流”中达成了解中国传统文化、熟悉诗歌史的目的，培养文化自信。

第四，写作角度。语文是一门与实际生活密切相关的学科，学生在生活中会发现处处都充满了语文相关的知识。而写作，更是一项极为重要的语文能力，也是生活能力。因此，引导学生在学习时能够与实际生活相结合，并能运用文字表达自己的所思所想，是需要得当的作业设计才能实现的。例如“单篇作业设计”的第5题，“对比阅读作业设计”的第3题，“项目化学习作业设计”的第4、第5题，分别以撰写鉴赏文字、写信、仿写歌行体等方式将诗歌学习与学生的生活相关联，由文字到情感再到结构，全方位地理解并进行表达。

在本单元的教学过程中，重视作业设计，遵从以上原则，精心设计适合学生阶段学习的作业，不但能够帮助学生主动探究教材，还能成为学生成长的生长点，成为学生学习的动力和源泉。从而让学生的知识在作业中运用，技能在作业中掌握，能力在作业中形成，思维在作业中发展，素养在作业中提升。

聚焦素养：教考同质，读写共生

——统编版高中语文选择性必修下册第二单元作业设计

浙江省三门中学　陈佳

一、立足学理认知，定位素养作业

（一）精准把握学习任务群

统编版选择性必修下册第二单元属于学习任务群10“中国现当代作家作品研习”。新课标指出：“本任务群研习中国现当代代表性作家作品，旨在大体了解现当代作家作品概貌，培养阅读现当代文学作品的兴趣，以正确的价值观鉴赏文学作品，进一步提高文学阅读和写作能力，把握中国现当代文学作品思想性、艺术性、观赏性有机统一的价值取向。”根据新课标要求，本单元学习目标和内容是精读代表性作家作品，把握其精神内涵与艺术价值；关注当代文学创作动态，选读有影响的作品及相关评论；养成撰写读书笔记的习惯；根据自己的兴趣，练习创作短篇作品。通过一系列的学习活动，感受和体验文学作品的语言、形象和情感之美，能欣赏、鉴别和评价不同时代、不同风格的作品。

（二）精准阐述单元导读

本单元选取了四篇课文七个文本，即《阿Q正传（节选）》《边城（节选）》《大堰河——我的保姆》《再别康桥》《一个消逝了的山村》《秦腔》《茶馆（节选）》，这些作品体现了中国现当代文学在小说、诗歌、散文、话剧创作领域的多方面成就。将这些作品进行集中研读，可以对现当代文学创作的概貌有大致的了解，加深对百年来中国社会变革与发展特别是对人的心灵变化的认识。本单元导读要求在研习时，结合特定的社会历史背景，理解作品的思想文化内涵。根据各种文学体裁不同的艺术表现方式，多角度、多层面探究作品的意蕴；注重对作品的个性化解读，获得鲜活的审美体验。因此，本单元作业设计围绕鉴赏和文化两个方面展开，就鉴赏而言，通过品味语言，探究各种文本的鉴赏方法，形成独到的感悟和理解，展开合理的联想，对作品的内容和形式做出评价，提高文学作品的审美鉴赏能力；就文化而言，理解现当代作家对作品内容、形式的不断创新发展，树立民族文化自信。

（三）精准理解单元学习任务

本单元涵盖了小说、诗歌、散文、话剧创作等新文学主要体裁的作品。根据不同的文学体裁，编者用心安排了不同的“学习提示”，体现教材的编写意图，提出了学习的路径。本单元设置了三个单元研习任务。单元研习任务一是研读本单元的《阿Q正传》《边城》两篇小说，基于问题导向，搜集并阅读相关评论，围绕相关话题，进行思考探究，形成自己的看法，加强对作品的理性认识。单元研习任务二是研读本单元课文，回顾学过的相关文章，拓展阅读一些现当代作品，在“中国现代文学的特征”和“不同作家的创作风格”两个任务中任选一项，举办一次“现当代文学读书研讨会”，多角度、多层面地探究文学作品的基本特征和风貌，提升自身的理解鉴赏水平和审美情趣。单元学习任务三要求结合本单元课文中的实例，探究语言的表达技巧，选择角度，完成语言鉴赏札记，力求写出观点鲜明、内容充实、布局合理、灵活生动的语言鉴赏札记。三个任务整合了阅读与鉴赏、表达与交流、梳理与探究三个方面实践活动的综合性，让学生在复杂情境、多种角度和开放空间中充分展示其富有创造性的个性化的学习成果，这就意味着本单元的作业设计要突出差异性和层次性，促进学生的个性化发展。

二、整合学习路径，设计素养作业

根据以上学理依据，围绕“中国现当代作家作品研习”的任务群要求，设计课前预习作业和课后统整作业两部分的素养作业。

第一部分：课前预习作业

精读本单元的四课七个文本，借助网络和教科书，积累知识储备，自主完成个性化预学任务单和精细化预学任务卡。如有疑问，通过小组合作探究或者课内讨论尝试解决，必要时教师提供支架帮助解决。

（一）个性化预学任务单

作业任务：个性化预学任务单

作业要求：精读文本，班级分若干小组，每组每人认领1—2个文本，依托网络和教材资源，每人从作者、文体、背景、风格、手法、主题和阅读困惑等角度对认领的文本进行全面而系统的梳理，并将梳理的内容制作成个性化预学任务单，以表单的形式在班级中展示。

（二）精细化预学任务卡

作业任务：精细化预学任务卡

作业要求：分为几个小组，以小组合作形式，设计下面两项预习作业。

（1）回眸现当代文学，为班级设计一处现当代文学主题角，选择一个专题设计，如百年小说史、百年散文史、百年诗歌史、百年戏剧史，可以是作家群像、作品流派、作品风格、产生根源、发展影响等，并配上图片和解说。

（2）班级准备开展以“百年中国文学”为主题的书签设计活动，备选的人物有鲁迅、沈从文、艾青、徐志摩、冯至、贾平凹、老舍，请从中任意选择一个人物，设计该人物的书签内容，可以是个人经历、主要作品、写作风格、名言警句、作品影响等。

“个性化预学任务单”和“精细化预学任务卡”的作业设计是具备知识梳理、情境活动、合作探究的语言实践，主要意图是了解现当代具有代表性的作家作品及其作品概貌、创作动态和创作成就，把握现当代文学作品思想性、艺术性、观赏性有机统一的价值取向。通过小组合作学习，加强合作探究意识，养成阅读文学的习惯，记录阅读感受，培养阅读兴趣。通过任务活动驱动，提升学生大单元的统整意识，结合社会历史背景思考作品的内涵，从而关注身边的文学，能够欣赏、鉴别和评价不同时代、不同风格、不同作家的作品，增强学生对不同文体、作家、风格、主题等作品的比较鉴赏意识，培养学生的审美鉴赏能力，提升学生的文学审美情趣和审美品位。

第二部分：课后统整作业

（一）依托文体特征，探究作品意蕴

作业要求：阅读与鉴赏——在群文联读中注重个性化解读

作业目标：初读《阿Q正传（节选）》《边城（节选）》《大堰河——我的保姆》《再别康桥》《一个消逝了的山村》《秦腔》《茶馆（节选）》，根据小说、诗歌、散文、话剧的文体特征，在相同文体的作品中梳理文本异同，把握作品的情节、结构、风格和情感以及写作意图和社会背景，多角度、多层面探究作品的艺术成就和思想意蕴。

作业任务一：梳理文体特征，统整作品内容

依照学生的阅读感受，梳理各类文本的思想内容。借助表格或思维导图直观地了解各类文本内容的异同，总结小说、诗歌、散文、话剧的体裁特征和作品的思想内容。作品文体特征和思想内容梳理表见表1。

表1

小说文本	故事梗概	人物形象	自然、社会环境	作品风格	思想主题
《阿Q正传（节选）》					
《边城（节选）》					
诗歌文本	意象意境	抒情脉络	推荐诗句	新诗特征	情感意蕴
《大堰河——我的保姆》					
《再别康桥》					
散文文本	文章脉络	典型场景	品读文句	语言风格	主旨意蕴
《一个消逝了的山村》					
《秦腔》					
话剧文本	文章脉络	人物形象	矛盾冲突	品味台词	创作意图
《茶馆（节选）》					

根据不同文体学习任务的侧重点，梳理不同文体在形象、结构、语言、思

路、风格、环境等方面的内容，梳理相同点，分析归纳不同点，使学习任务更加形象化、结构化和系统化，也为作品解读提供学习支架，初步完成这一作业目标。

作业任务二：注重个性解读，探究深层意蕴

阅读是学生个性化的行为，欣赏文学类作品时要引导学生整体把握作品中的形象和情感，丰富自身的情感体验，因此要鼓励学生进行个性化解读。通过单篇阅读和群文联读，探究作品整体风貌、创作意图、思想主题和深层意蕴。本环节依文设题，设计“问题卡片”让学生抽签，对抽到的问题以小组合作形式寻求“锦囊妙计”。通过交流感受，获得阅读体验。

1. 群文阅读《阿Q正传（节选）》和《边城（节选）》

（1）阅读《阿Q正传》，拥有“精神胜利法”的阿Q最后却被砍头，你认为鲁迅对阿Q这一形象的创作意图是什么？结合《祝福》《社戏》等作品，说说鲁迅乡土小说的整体风貌。

（2）《边城》是一篇带有田园牧歌情调的散文化小说。泛读整篇小说，沈从文为小说设计了一个开放又无望的悲凉结局，试着理解这种悲凉结局的深意，请谈谈作者的创作意图。

（3）比较《阿Q正传（节选）》和《边城（节选）》两篇小说，谈谈作者对主要人物的刻画手法有何异同？你从两篇小说中分别看到了当时农村怎样的社会环境？环境跟主人公性格有何关系？

（4）比较两篇小说的语言风格。请你结合作品的人物、景物、社会背景和作者独特的人生经历，谈谈散文化小说的特点。勾连已学的《百合花》《哦，香雪》《荷花淀》，明确散文化小说的风景之美、风俗之美、人性之美。

2. 群文阅读《大堰河——我的保姆》和《再别康桥》

（1）有感情地朗诵《大堰河——我的保姆》这首诗，感受现代自由体诗的特征，体会大堰河这一形象的意义。

（2）《再别康桥》这首诗体现了新月派“三美”的主张，即音乐美、绘画美和建筑美。反复诵读诗歌，体会诗的节奏韵律，感受诗句的美，思考诗人的情感与诗歌的形式是如何完美融为一体的。

（3）阅读两首诗歌，通过两首诗歌选取的不同意象，感受不同的诗歌风格。结合相关资料，了解中国新诗不同流派的特点，请举例谈一谈。

（4）阅读两首诗歌，摘录你欣赏的诗句进行语言积累。与中国传统诗歌相比较，这两首新诗在内容和形式上分别有哪些继承或突破？能否列举我们学过的西方诗歌，谈谈它们的相似之处。

3. 群文阅读《一个消逝了的山村》和《秦腔》

（1）阅读《一个消逝了的山村》，选择你喜欢的描写景物的句子进行品读，并发挥联想和想象，读出景物中蕴含的哲思之美，谈谈阅读感受。

（2）阅读《秦腔》，关注文中丰富的细节描写，体会作者是如何将秦腔所激发的喜怒哀乐场面表现出来，并与秦腔艺术的韵味融为一体的，谈谈阅读感受。

（3）冯至在西南联大时曾说："在抗战中最苦闷的岁月里，多赖那朴质的原野供给我无限的精神食粮。"再看20世纪80年代初的中国文坛，伤痕文学当道，文风压抑、充满小资小调，但贾平凹的散文却与众不同。结合两位作者的人生经历和时代背景，再读两篇文章，感悟两位作者借文章传达怎样的人生观和生命情怀。

4. 联读《茶馆（节选）》《窦娥冤》《雷雨》《哈姆莱特》《玩偶之家》

（1）了解《茶馆（节选）》创作的社会历史背景，品味剧中的京味语言，举二三例谈谈阅读体会。了解戏剧冲突，谈谈剧中的人物形象。

（2）话剧主张"一人一事，一线到底"，即剧中必须有一个贯穿始终并制约其他事件的主要事件，如《雷雨》中鲁侍萍与周朴园的爱恨情仇，《哈姆莱特》中哈姆莱特的复仇，《茶馆》采用的也是这种结构吗？

（3）泛读《茶馆》整部话剧，知人论世，谈谈老舍《茶馆》的创作意图。联系《窦娥冤》《玩偶之家》，分析《茶馆》对中国传统戏剧的突破表现在哪里？受西方现代戏剧的影响之处又体现在哪里？

本环节的作业设计是以问题为导向，通过单篇阅读和群文联读，拓展问题的广度和深度，有利于提升学生的探究能力和思维品质。根据小说、诗歌、散文、剧本不同的艺术表现方式，从语言、构思、形象、意蕴、情感等多个角度欣赏作品，感受作品中的艺术形象，理解欣赏作品的语言表达，把握作品的内涵，理解作者的创作意图。结合自己的阅读经历，发挥想象，加深对作品的理解，获得独特的审美体验，形成正确的审美意识和健康向上的审美情趣。

（二）梳理语言鉴赏角度，学写语言鉴赏札记

作业要求：鉴赏与表达——完成语言鉴赏札记

作业目标：本单元的“单元研习任务三”要求结合本单元课文中的实例，探究语言的表达技巧，选择一定角度，完成一篇不少于800字的语言鉴赏札记。

作业任务一：完成阅读批注，明确鉴赏角度

精读本单元的七个文本，从“语言”角度批注。班级分若干小组，每组每人认领1—2个文本，每个文本批注3—5处。由各组长摘选成员的精彩批注进行分享，小组成员补充完善批注，观察员记录本组的分享情况。借助网络和教科书查找资料，阅读教材中的《语言的锤炼》一文，梳理鉴赏语言的角度和具体内容，若不完整，教师提供鉴赏角度的支架，从词语句式的选用、修辞手法、谋篇布局、辞趣、语言风格、语体风格等角度鉴赏，学生结合文本举例，探究语言表达效果，分小组在课堂中进行分享。

本环节是积累和品味精彩词、句、段，探究语言表达的技巧，引导学生合作探究，对作品语言进行多角度鉴赏和对典型人物进行具体分析，加深对文本的理解，丰富对札记的补充，提高对作品的理解鉴赏能力和表达能力。

作业任务二：赏析札记样例，学写鉴赏札记

（1）题例呈现。本单元作品中有很多值得品味的精彩语句，如：《阿Q正传》中，多次用“飘飘然”来表现阿Q精神胜利后的得意忘形；徐志摩的潭水，“不是清泉，是天上虹”；冯至笔下，彩菌“不知点缀过多少民族的童话”。这些都是作者锤炼出来的精彩语言。教师挑选语言鉴赏札记的范文发放给学生，学生阅读并合作讨论，整理提炼出札记的写作方法。

（2）写作点拨。确定写作对象，选择恰当的写法，明确选择的任务。按照单元研习任务三的要求，重点解决“写什么”“如何写”的问题。在写作中，重点关注“语言”鉴赏，还要结合本单元作品的背景环境、人物特点、情节结构和主题思想去鉴赏。

（3）完成写作。完成一篇不少于800字的语言鉴赏札记，训练的重点放在“是否能结合文本做深入细致的分析”上，做到纲目并举，有血有肉。最后由小组或班级交流和评改。

这一环节为学生写札记提供范例，让学生在范例中揣摩方法，在讨论中形成看法，提炼写作的基本模板，为完善批注、构思写作做准备。通过交流构思和写作，明确选好写作角度，完成语言鉴赏札记。充分发挥评价功能，小组交流评改意见，通过评价反馈加以修改完善。

（三）研究命题之道，助力答题之术

作业要求：梳理与探究——文学阅读素养测评

作业目标：阅读小说《阿Q正传（节选）》《边城（节选）》和散文《一个消逝了的山村》《秦腔》，对接文学类文本阅读的考题，关注文体特征和考题特点，深入文本内部，根据文体特征、表达技巧、文学意蕴、文化心理等，随文设题，寻求教点和考点的同质同构。

作业任务一：关注考点，对接教材

按照教育评价原则，语文测试与语文学习要保持较高的一致性，才能对语文学习起到引导和促进作用。关注近几年全国高考真题卷，就文学类文本阅读专题选取典型的考题，关注文体特征、考点要求和能力指向，联系教材中的文本，寻找考点与教点的同质现象，考点与教点同质梳理表见表2。

表2

卷别	篇名	试题	对接教材	教考同质
2019 全国 Ⅰ卷	《理水》 鲁　迅	9.《理水》是鲁迅小说集《故事新编》中的一篇，请从“故事”与“新编”的角度简析本文的基本特征	《阿Q正传（节选）》 鲁　迅	创作心理和作品风格
2020 全国 Ⅰ卷	《建水记（之四）》 于　坚	8. 本文记建水城时，在饮食描写上花费了大量笔墨，对此你如何理解？	《秦腔》 贾平凹	文体和艺术特征
2021 全国 Ⅰ卷	《石门阵》 卞之琳	9. 小说中多次出现的“门”，在不同层面有不同含义，请结合文本加以分析	《阿Q正传（节选）》 鲁　迅	艺术形象
2021 浙江卷	《麦子》 红　柯	《麦子》是一篇诗化小说，“麦子”是文本的标题，在文本中有意象化的特征，有象征意义	《边城（节选）》 沈从文	文体特征

续 表

卷别	篇名	试题	对接教材	教考同质
2022全国Ⅰ卷	《江上》冯 至	8．舟行江上，子胥的思绪随着他在江上的所见所感而逐步生发展开。请结合文中相关部分简要分析	《一个消逝了的山村》冯至；《阿Q正传（节选）》鲁迅；《边城（节选）》沈从文	艺术形象与艺术特征
		9．本文将渔夫改写为一个普通渔人，这一改写带来了怎样的文学效果？谈谈你的理解		创作风格和艺术张力

作业任务二：观照考题，随文设题

关注和了解考情之后，我们发现教材是教学评估和考试命题的依据。根据表2内容，引导学生围绕这四个文本，从文体特征、语言表达技巧、作品风格、创作意图、艺术审美、主旨意蕴、民族文化心理等角度尝试拟题，并拟出答案，组织和设计语言实践活动，实现教点和考点的同构目标。

具体而言，以小说《祝福》和《边城》为例拟题，对两篇小说主人公的命运进行改写，或改写小说的结局，进而分析作家的创作心理；围绕小说的文体特征，分析乡土小说和诗化小说的创作特征和风格；围绕小说的主题意蕴，探究国民劣根性和人性美等。

以散文《一个消逝了的山村》和《秦腔》为例拟题，《一个消逝了的山村》哪些内容的描写或议论给你印象最深刻，你如何理解？请分析；《秦腔》中围绕秦腔进行的哪一次场面描写给你印象最深刻，你如何理解？请分析；选取两篇文章中典型的语段进行语言赏析；等等。

新教材应该与新高考的考点相契合。设计作业任务时，题干设问、答案设计要与教材中的重要内容建立知识链接，也要接轨语文测评的真题和典型试题，引导学生关注选文标准，关注文体特征，关注命题特点，在文本的语言实践中积累和内化知识，对文本进行迁移运用，提升阅读能力。以文本为中心、以切实提高文本解读能力为着力点的备考才是有效能的备考。

（四）开展语文实践活动，提升学生核心素养

作业要求：表达与交流——在语文活动中展示学习成果

作业目标：阅读和鉴赏诗歌《大堰河——我的保姆》《再别康桥》和话剧《茶馆》，以活动激趣，组织开展诗歌朗诵比赛、话剧展示，调动学生学习积极性，激发学生创作表达的热情，培养学生创造性思维，使不同层次和水平的学生都能发挥各自的潜能，获得满足和成功。

作业任务一：新诗朗诵比赛

学习本单元的两首新诗《大堰河——我的保姆》《再别康桥》，举行现代诗歌朗诵比赛，要求学生品读这两首诗歌，感受不同流派、不同艺术风格的诗歌特点，挑选最喜欢朗诵的一首诗参加比赛。通过朗诵活动，引导学生进行情感的深入体验和真挚表达。新诗朗诵比赛评价表见表3：

表3

评价内容	评价指标	个人评价	小组评价	教师评价
朗诵技巧	吐字清晰，准确把握节奏，韵律明显（10分）			
	脱稿朗诵，声情并茂，富有表现力（10分）			
	感情真挚饱满，准确表达主题意蕴（20分）			
精神仪态	衣着得体，精神饱满，姿态大方（15分）			
	表演能和朗诵融为一体，自然流畅（15分）			
艺术效果	形式新颖灵活，配以适当的音乐伴舞（30分）			
总分				

作业任务二：话剧表演

阅读和学习话剧《茶馆》，举行话剧展演。要求学生品读剧本，选择课文节选的第一幕，或《茶馆》的后两幕，适当删减或改编剧本，演员自由组合，分配角色，表演话剧，撰写评论文章。通过表演和评论，让学生品味作品的语言特色，体验人物丰富的内心世界，体会作品的思想性，了解其社会背景，发表独到的评论，让语文学习“活”起来。话剧表演评价表见表4。

表4

评价项目	个人评价	小组评价	教师评价
剧本创新（20分）			
整体形象（20分）			
台词表达（30分）			
表情动作（20分）			

续 表

评价项目	个人评价	小组评价	教师评价
表演特色（10分）			
总分			

文学作品需要鉴赏，感受文学作品的语言、形象和情感之美，也需要表达与创造，能运用不同的表现形式表达审美体验和情感态度，表现和创造心中的美好形象。本环节的作业设计围绕朗诵比赛和话剧展示，置身于真实的语文学习情境中，激发学生深入文本、体悟语言文字的表达效果，尝试用不同的表现形式表达思想情感，学会欣赏和评价不同时代、不同风格的作品，培养审美情趣和创新意识，积极参与现当代文化的传播与交流。

三、作业设计综述

核心素养视域下的单元作业设计在“三新”背景下，聚焦单元核心知识、关键能力，强调目标导向，依托文体特征，注重教考融合，读写共生，促进学生从“学会”到“会学”的转变。本单元作业设计是立足学理认知，精准把握学习任务群，精准阐述单元导读，精准理解单元学习任务，在充分解读新标准、挖掘教材资源、理解编者意图的前提下进行的。根据“中国现当代作家作品研习”学习任务群的特征和学习要求，围绕七个文本设计了课前预习作业和课后统整作业。课前预习作业注重个性化和精细化阅读，让学生初步形成阅读认知和问题意识。课后统整作业的四个环节，即依托文体特征，探究作品意蕴；梳理语言鉴赏角度，学写语言鉴赏札记；研究命题之道，助力答题之术；开展语文实践活动，提升学生核心素养。每一个环节都灵活设计阅读与鉴赏、表达与交流、梳理与探究等语文实践活动。通过阅读与鉴赏，能够理解文学类文本，并形成了独特的认知；梳理与探究是指向主动、个性的探究与建构和知识的结构化、情境化；表达与交流是一种目的，也是一种手段，更是一种情境。这三者发展的不仅仅是技能，还有语言、思维、审美、文化等素养。学生在真实的情境任务中、在个性化的鉴赏和实践活动中提升语文素养。同时，通过观百年文学镜像，积极关注现当代文化，理解和热爱民族优秀文化，树立民族文化自信。

修辞立其诚，言文知情理

——学习任务群视域下统编版高中语文选择性必修下册第三单元作业设计构想

浙江省诸暨市学勉中学　金建永

一、解析单元特征，定位作业设计

统编版高中语文教材选择性必修下册第三单元对应新课标中的“中华传统文化经典研习”学习任务群，教材选编了从西晋到明代中期的六篇散文名作，分别是《陈情表》《项脊轩志》《兰亭集序》《归去来兮辞并序》《种树郭橐驼传》《石钟山记》。六篇散文两两一组，既兼顾主题风格特点，又照应文学史脉络：《陈情表》《项脊轩志》以事见情，事中蕴情；《兰亭集序》《归去来兮辞并序》以情见理，情理交融；《种树郭橐驼传》《石钟山记》以事见理，叙议结合。六篇古代散文，有的以情见长，至情至性，感人肺腑；有的以理取胜，理趣盎然，发人深思。这些作品体裁不一，风格各异，呈现了我国古代散文的多样面貌。因此，作业设计需要充分考虑大单元背景下的文本解读、文史脉络的梳理，掌握彼此之间的关联以及突出主题、风格等方面的特点。

本单元以“至情至性”为人文主题，即体察古人的情感和生命思考，感受古文之美，获得情感浸润和审美体验；继承和弘扬中华优秀传统文化，增进对中华文化核心思想理念和中华人文精神的认识和理解，提升对中华文化的认同感、自豪感，增强文化自信。因此，作业设计需要在“至情至性”这个人文主题的框架内，充分调动学生的“情”与“理”，达到“言文知情理”。

基于单元特征，仔细解读和分析选材特点，从人文主题、语文素养和导读要求等视角，本单元的作业设计的定位为修辞立其诚，言文知情理。

二、整合研习任务，设计素养作业

本单元的研习任务共有四项，均紧扣“中华传统文化经典研习”内容展开。任务一指向课程标准要求的对作品“精神内涵”“文化价值”的体会与理解。任务二紧扣课程标准“研习传统文化经典作品的表达艺术”的任务，兼有读与写，有关阅读的任务，抓住古代散文语言、结构上的特点进行研习，有关评点的任务其实仍然是对经典文本的鉴赏，是以写促读、以评助赏。任务三是文言语法现象词类活用的梳理总结，是课程标准反复强调的内容。任务四是单元写作，跳脱开对技法、套路的过度关注，返璞归真，强调“说真话，抒真情”。这四大研习任务环环相扣，是一个兼顾统筹的有机体。在结合“阅读与鉴赏”“表达与交流”“梳理与探究”三条学习路径的基础上，设计了以下12个素养作业，以达到本单元研习目标。

（一）课前预习作业：修辞立其诚

在古代散文的教学中，言辞唯基，情理唯宗。言辞包含句读、诵读、词类变化、文化常识等，掌握言辞不仅为读懂课文，更是为涵养学生知识迁移的能力，将解读文言知识的能力转化为阅读古代文化典籍的能力，即语言建构与运用的能力，为传承中华优秀传统文化打下坚实的基础。

作业一：经典散文阅读

作业内容：请自由诵读六篇散文，自行疏通文意，及时记录阅读疑惑感想。

作业目标：根据语境猜读词义，掌握重点字词，梳理文言大意，提出疑问。

作业任务：①画出不能理解的字词，通过语境来猜读、或查字典、或与同学交流等方式理解基本意思；②总结如何猜读的方法；③运用旁批等方法，将诵读的疑惑、感想写在书本上。

作业二：词类活用梳理

作业内容：请找出六篇散文中各种词类活用现象，总结规律，完成词类活用预习任务单。

作业目标：了解文言词汇分类，认识词语用法的常规和特殊现象，由此探究词类活用的实质。

作业任务：①认识词类活用的不同状况；②理解不同词类活用的特点，探究词类活用的实质；③运用相关知识，从《古文观止》中挑选2—3篇文章，找出相关的词类活用现象。（表1）

表1

序号	原句	活用词	原词性及意义	活用词性及意义
1				
……				
探究活用规律				

作业三：文化常识探究

作业内容：请对照注释，摘录六篇散文中的文化常识并归类，记录有疑惑的古文化现象，完成文化常识梳理单（可扩展）。

作业目标：整理古汉语中的谦敬语，认识古汉语中的人称代词，了解文化常识。

作业任务：①整理六篇散文中的文化常识，遇到疑惑先注明；②以《陈情表》为代表，同学之间相互探讨古文中的谦敬词的使用场合以及分析伦理根据；③以《种树郭橐驼传》为代表，同学之间相互探讨古文中的人称代词背后的情感态度。（表2）

表2

篇目	文化常识词汇	释义
《陈情表》		
《兰亭集序》		
……		
我的疑惑		

设计意图：“经典散文阅读”“词类活用梳理”和“文化常识探究”三项预习作业，主要是为了落实文言文中“言”的基础知识。学生借助注释和工具书，尝试翻译文言文，自主完成，有疑问的地方尝试小组合作探讨，重难点的地方由教师进行支架帮助。改变之前以“教”为主导的教学模式，通过学生自

主合作探究，提高学生自主学习的能力。特别是文言语法现象词类活用的梳理总结，指向单元学习任务群的第三个任务，也是课程标准反复强调的内容。在把古文译成符合现代汉语语法规律的句子时，词类活用是比较常见的知识点，词类活用包括名词活用动词，动词、名词、形容词的使动用法，形容词、名词的意动用法，名词用作状语，动词用作状语等，用法多样，形式灵活，需要在研习过程中不断归纳总结词类活用的规律，熟练掌握词类活用的方法，同时也需要在课前做好相应的预习作业和课后的巩固练习。

（二）课后统整作业：言文知情理

1. 锚定思维统整，关注古文章法

作业一：章法结构梳理

作业内容：请梳理六篇散文的各自的段落内容，并思考各段之间的关系。

作业目标：梳理六篇散文的章法结构，建立起文章的整体意识，认识到每个段落之间存在着外显或者外显或深藏的联系，理解章法结构的合理性和重要性。

作业任务：抓住和围绕关键词句，用章法结构梳理单或思维导图等形式，将六篇散文结构化。（表3）

表3

篇目	内容	段落关系
1		
……		
我的感想		

设计意图：学习古文章法指向单元学习任务群中的第二项任务，包括布局、结构、脉络、关联等，这个任务需要教师在课堂上重点引发学生对文章内在结构的注意，指导学生学着从这一角度细读文章。古人创作的散文，虽不乏变体、破体之作，但大部分还是遵循传统文体的基本规范的。学生也可以在课外研习《古文观止》里的文章来印证古文写作的章法。

2. 深谙语言运用，鉴赏骈散效果

作业二：骈散运用鉴赏

作业内容：请在课外以学习小组合作形式，找寻六篇散文中骈句和散句写了什么内容，采用何种表达方式，并讨论这些内容用特定的句式表达的效果。

作业目标：通过梳理各篇目的骈散句的运用，发现骈散句的内容与表达方式的关联，以及产生的表达效果。

作业任务：①寻找六篇散文中骈散句运用的情况；②概括骈散句所写的内容，分析是如何表达的；③鉴赏骈散句表达的效果；④对上面的学习任务组内相互交流。（表4）

表4

篇目				
句式	例句	内容	表达方式	表达效果
骈句	1			
	……			
散句	1			
	……			

设计意图：研习骈散运用指向单元研习任务群第二个中的第一点任务。学生对骈散结合以调节文章节奏的作用在必修教材中已经有所涉及，但并不深入，因此选择研讨古代散文的骈散结合现象作为语言方面的研习点对学生来说是有一定困难的。要做好这个研习任务仍需在课外下功夫，特别是需要学习小组共同合作交流来完成。

3. 聚焦文化价值，领悟精神内涵

作业三：伦理基因表达

作业内容：学习完《陈情表》《项脊轩志》两篇散文后，请谈谈你对孝道、亲情的理解以及孝亲思想的现实意义。

作业目标：巩固课堂所学，拓展课外阅读，表达学习体会，批判继承孝亲文化。

作业任务：①感悟《陈情表》中所陈的“孝”；②体会《项脊轩志》中对亲人的“情”；③辩证探讨孝亲思想在现实生活中意义；④课外阅读：《晋

书·孝友传》《木兰诗》《孔雀东南飞》《窦娥冤》《乡土中国》。

作业四：生命价值表达

作业内容：学习完《兰亭集序》《归去来兮辞并序》两篇散文后，请借鉴古人的生死观以及人的生命价值追求，给自己信任的好友写一封信，表达自己人生选择的信念。

作业目标：巩固课堂所学内容，拓展课外阅读，深刻感悟生命的价值，表达自己的生命信念。

作业任务：①理解古人的生死观。②体会王羲之的生命追求和陶渊明的人生选择。③用生动的语言写一封书信。④课外阅读：《赤壁赋》、《齐物论》、《诗经·邶风·式微》、《史记·伯夷列传》（节选）、《论语》（“子在陈”“楚接狂舆”）、《离骚》。

作业五：精神归处表达

作业内容：学习完《归去来兮辞并序》后，请阅读陶渊明其他的作品或者他的传记，写一段文字来表达你眼中的陶渊明以及对我们现代人的启示。

作业目标：巩固课堂所学内容，拓展课外阅读，寻找陶渊明笔下诗意的田园生活，评析文中表现出来的诗人的“真性情”。

作业任务：①课后整理陶渊明作品，特别关注他的田园诗作：《归去来兮辞并序》《归园田居（其一）》《五柳先生传》《饮酒》《乞食》《杂诗》《读山海经》《陶渊明传》。②思考田园生活对于陶渊明的人生意义，反观现代人对田园生活的向往。

作业六：自然哲理交流

作业内容：学习完《种树郭橐驼传》后，请阅读其他有关顺应自然的思想的古文，然后以学习小组为单位，课外相互学习交流这种哲理。

作业目标：巩固课堂所学内容，理解顺应自然的哲理及其现实意义。

作业任务：①领悟郭橐驼种树所包含的哲理。②交流种树与治民之间的相似之处。③课外阅读：《老子》（第五章、第十章、第五十一章），对比阅读《萧规曹随》《文景之治》。

作业七：质疑求实表达

作业内容：在学习《石钟山记》的质疑和求实精神后，请举出一些遇到过质疑的问题，自己是怎么处理的，在学习小组内相互交流。

作业目标：巩固课堂所学内容，学会质疑与求实精神在现实生活中的应用。

作业任务：①探讨《石钟山记》作者质疑前人观点的理由和求证方法。②比较中国传统的道家、墨家关于“名实”的不同说法，加深对名实关系的理解。

设计意图：这五项作业设计从不同的视角指向单元研习任务群中的任务一“探究古代文化观念在当今社会的价值”。课程标准要求对作品“精神内涵”“文化价值”的体会与理解，在这六篇古代散文中，所体现的文化观念层次是非常丰富的，既包括体现中国文化基本特点的观念，还包括切合实际的“治世之道”和相对抽象的“致知之道”。因此，需要以多样的视角去考察文章所体现的文化观念，得到比较全面、辩证的认识。在此基础上才能客观地分析哪些主张在今天仍然很有价值，哪些主张则需要随时代发展而有所扬弃。这里所讲的“得到比较全面、辩证的认识”光是靠教师在课堂上的讲解，不仅在时间上不允许，在研习效果上更是会打折扣，需要学生通过课外作业的形式翻阅各种文献典籍来丰富自己的文化观念。

（三）明辨至情至性，表达真话真情

作业八：至情至性探究

作业内容：学校文学社举办以“至情至性”为主题的中国古代经典抒情散文共读共品活动，请你课后做好准备：重读六篇散文，完成至情至性任务单，在此基础上做好发言稿。

作业目标：体验古代抒情散文“至情至性”的丰富内涵，提高鉴赏表达能力，增进学生对中华优秀传统文化的理解。

作业任务：从六篇散文的表达方式入手，探究事、景、情、理之间的内在联系，或梳理作者复杂的内在情感，或分析深刻的生命哲理。（表5）

表5

篇目	表达对象	表达方式	表达何种“情”或“理”
《陈情表》			
《兰亭集序》			
……			

作业九：真话真情表达

作业内容：请在课外思考以下问题：你认为高中时代的重要选择，其重要性是如何体现的？你为何会做出这样的选择？选择的背后包含着怎样的经历和考量？为什么要写给这位友人，而不是别人？为什么要把你的选择告诉他？不同的收信对象对你的书信的结构和语言有没有影响？

作业目标：通过写作前的思考，来激发思维，拓展写作思路，搭建文章框架以及能够综合运用多种表达方式和不同的句式结构表达自己的真情实感。

作业任务：思考高中时代你做出了哪些重要选择，你会给哪位友人写信谈这个问题，以及选择这位友人的原因，思考书信体应如何设计章法结构，如何综合运用多种表达方式和整散句式，以及完成真话真情记录单。（表6）

表6

问题	我的想法
高中时代的重要选择，其重要性是如何体现的？	
你为何会做出这样的选择？选择的背后包含着怎样的经历和考量？	
为什么要写给这位友人，而不是别人？	
为什么要把你的选择告诉他？	
不同的收信对象对你的书信的结构和语言有没有影响？	

设计意图：这两项作业设计指向单元研习任务群的任务四，也是本单元最核心的研习任务。单元写作，跳脱开对技法、套路的过度关注，返璞归真，强调“说真话，抒真情”，与本册第二单元的写作任务“语言的锤炼”形成呼应，带有总括高中阶段写作研习任务的意图。这个写作任务的价值取向在于“求、真”，也就是说真话、抒真情、求真知、谈真理。这既是本单元散文作品的共同特征，也是学生写作的原则，更是对当下写作教学中过于重视技法、套路训练的一种反驳。因此，需要教师找准写作的触发点，自主设计“求真”价值取向的写作任务，作为课后作业让学生完成。

三、综述作业设计，以“道”唯“实”

本单元共设计了12个作业题，前3个为课前作业，以预习文言知识为主线，达到“修辞立其诚”的定位，后9个为课后作业，以“情理”为主线，达到“言文知情理”的定位。内容涵盖了整个单元的核心任务以及相应的语文核心素养。每个作业主题的表达上都紧扣三条学习路径：阅读与鉴赏，表达与交流，梳理与探究，因此在形式上也多样化。其中，部分课后强化了课外阅读，列举了不少需要阅读的文章，以此来佐证、对比、巩固课内的教学重点。

课前预习作业注重古文基础知识的掌握。散文的阅读，强调自学能力以及阅读习惯；类活用现象的梳理，总结词类活用的规律，能够举一反三，活学活用；文化常识探究，是新高考中强调传统文化的一个知识点，在这里做了一个很好的总结归纳。这些作业，都是学生通过查阅书籍资料，可以自行完成，难度不大。

课后统整作业，有一定的难度，需要在教学之后完成，有的作业是当天课堂的教学知识巩固，有的作业是下一节课需要完成的教学任务，有的作业是对整个单元的汇总探究，形式不一，要求不一。章法结构梳理，是要学生建立起文章的整体意识；骈散运用鉴赏，是让学生发现骈散句的内容与表达方式的关联，以及产生的表达效果；伦理基因表达，是让学生深刻理解孝道、亲情的含义以及孝亲思想的现实意义；生命价值表达，是让学生表达自己人生选择的信念；精神归处表达，是让学生明白陶渊明的精神归处对我们现代人的启示；自然性理交流，是让学生理解顺应自然的哲理及其现实意义；质疑求实表达，是让学生要有质疑和求实精神；至情至性探究，是让学生学完整个单元后探究事、景、情、理之间的内在联系；真话真情表达，是让学生学会如何综合运用多种表达方式和不同的句式结构来展现自己的真情实感。

《中国高考报告（2023）》中指出“三线三无三不”，即核心价值金线，能力素养银线，情境载体串联线；无价值，不入题，无思维，不命题，无情境，不成题。本单元设计也充分考虑了这些因素，但因一些古文的特殊性，在作业设计过程中情境创设不多，这也是这个设计构思的最大缺憾。因此，会在今后的教学过程中，尽量做到情境的设置。

“道”亦有道，行则将至

——以统编版高中语文选择性必修下册第四单元为例的自主作业设计

浙师大附属泽国高级中学　朱敏丽

作业是完成学习方面的既定任务而进行的重要活动，不仅能够帮助学生巩固学习内容，掌握学习方法，养成学习习惯，提高思维品质，更具有促进学生核心素养发展的功能。它能使学生形成学科概念、掌握知识、获得方法技能、培养创新意识。无论是2019年发布的《关于深化教育教学改革全面提高义务教育质量的意见》，还是2021年发布的《关于加强义务教育学校作业管理的通知》，都强调了教师自主设计作业的重要性以及作业类型的多样性。《普通高中语文课程标准（2017年版）》中同样明确指出，高中语文课程学习是在义务教育段的基础上，进一步提升学生语文素养，从而形成良好道德素养和科学人文素养，为终身学习和全面个性发展奠定基础。想要达成这一育人目标，科学的自主作业设计无疑是其中重要的一个环节。

一、目前作业现状

在课改不断深化而“双减”任务快速落地的当下，作业问题引发的关注更是空前的。然而目前的高中语文作业设计普遍存在一定的问题。表现如下：

（一）学生对语文作业比较消极

语文教育专家刘国正曾形象而精准地把当前的语文作业现状做了具体概

括：作业设计脱离学生的生活实际和思想状况，只是纯粹的技巧训练；教学环节模式化、机械化，枯燥乏味；学生陷入“题海”战术，苦不堪言。同时，在各类考试的“指挥棒”下，高中语文作业更侧重于对题型的研究和模仿，往往忽视了对学生学习方法的指导，更忽略了教学的重点：学生情感态度与价值观的培养。

在这样的大前提下，相当一部分高中生对待语文作业的态度是比较厌烦的、消极的，甚至有部分学生从性价比角度考虑，认为语文作业并不重要，要提高分数，做语文作业可能还不如多刷几道理科题来得有效，使得语文课外作业真正成了高中生学习过程中的“鸡肋”。究其原因，是目前的高中语文作业可能更多强调的是教师“教”的延伸性，却往往忽视了学生“学”的主动性，导致学生慢慢丧失完成语文作业的内驱力。再加上高中语文作业不仅形式单一，内容枯燥，目的性指向不明确，因而学生对其态度也会相应表现出消极状态。

（二）教师对语文作业设计比较无力

整体来看，教师对作业设计仍深受传统的作业设计影响，即大致以三种价值取向为主：一是教师中心取向，二是教材中心取向，三是课程中心取向。这三种作业设计模式，曾经在一定程度上各自做出历史贡献，但如今已难以适应课改新理念。在新形势下，教师也普遍认识到应该及时更新自主作业设计观念，但实践过程中依然存在重视重复练习、忽视过程性评价标准、简单提出完成要求等具体问题。这种无意识的重蹈覆辙让教师们难以适应课改新理念。在作业设计时会出现重复性、机械性作业，甚至惩罚性作业，缺少探究性、实践性、综合性作业。作业审计作业质量有待提高，基础性作业设计不够精心，作业的思维含量、能力分量和素养体量不够。学生的个性差异没有得到充分尊重，不能更好地促进学生有个性发展。因此，教师必须与时俱进，用“教—学—评”一体化来进行作业设计，围绕“学生中心”的价值取向来重构“学习作业”。

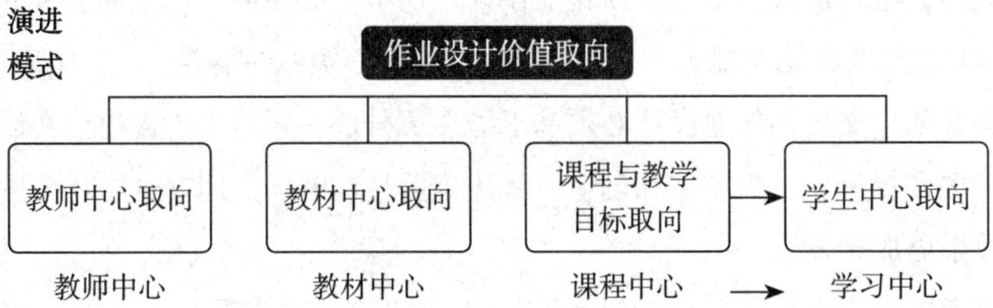

图1

（三）教材与高考未通过自主作业设计紧密关联

2023年浙江高考将回归高考卷，将历年浙江卷与新高考卷结构比较不难发现，在信息性文本阅读题的设置中，浙江卷设2客1主，新高考卷设3客2主，无论从题量还是分值上都有加大。如新高考第二年，即2021年，新高考全国卷Ⅱ现代阅读1选用连续性文本——科普文化材料。文本信息量巨大，旨在提升信息化时代考生的快速阅读和获取有效信息的能力。这种科学性强的选文，旨在开阔学生的学习视野，让学生接受新事物，把握新动态，进而提升学生的辩证思维运动能力和迁移运动能力。这就要求浙江考生必须更加注重信息性文本阅读的学习。

然而，统编版教材中信息性文本的比例较低，作为科普文化的教材典型，选必下第四单元显得弥足珍贵，但这个单元往往不被教师们重视，一直遭到师生有意无意的冷落甚至无视，没有发挥其承载的对科普文阅读的巨大作用，不禁令人扼腕叹息。本单元所呈现的三篇专业论著《自然选择的证明》《宇宙的边疆》及《天文学上的旷世之争》体量大、专业性强，如果教师能进一步思考如何配合教学内容，设计“精练”和“高效”的作业，就能达到巩固所学内容、监测学习效果的目的，从而落实“教—学—评”一体化，打通教材与高考之间的壁垒。

二、作业设计的实施策略（以选必下第四单元为例）

要实现科学自主的作业的设计需要多方面探求本质性转变。我们要依据语文学科本身的特点，结合自身的教学实践经验，精准分析当前高中语文课外作业的现状，着眼于学生的具体学情，寻找科学自主作业创新设计的创新思路，打破束缚，进行适合学生的创新作业设计，让学生更加从容地直面高考的同时进一步培养学生的语文能力，实现对学生语文核心素养的培养。

科学的语文自主作业设计必须基于语文学科核心素养（语言建构和运用、思维发展和提升、审美鉴赏和创造、文化传承与理解），用好这个环节可以使教学效果更加显著。

笔者以为，语文自主作业设计可分为以下几个基本步骤：

（一）明确作业目标

回扣教学目标，再次聚焦学习目标。

要根据教学目标的设计，有针对性、可行性地明确作业设计的目标。同时，加强作业设计的程序性，明确各环节（如课前预习、随堂练习、课后巩固、复习拓展、实践探究等）的质量标准，分阶段、分层次、分对象设计。

如选必下第四单元所对应的任务群为“科学与文化论著研习”及“学术论著专题研讨”。要求学生能认识验证与科学研究的关系，训练实验报告的基本写法，就困惑处、怀疑处、否定处提出疑问和质询，引起回应，学会设计和报告。能尊重学术规范，学习小论文的写作，在学术活动中为自己的科研成果或论文进行解释并答复提问。

选必下第四单元的单元学习目标为：“感受论著中所体现的理性、严谨的科学精神；应掌握阅读自然科学论著的一般方法，注意抓住关键概念，梳理思路，把握逻辑，理解主要内容；体会自然科学论著的表达方式和语言特点，学习科学的思维方式和研究方法；结合理科课程的学习，拓展阅读，用恰当的方式呈现自己的学习成果。”教师在明确单元学习目标后，就可以在课前预习环节让学生尝试梳理行文思路，在随堂练习环节讨论其表达方式和语言特点，在课后巩固阶段设计作业让学生进一步学习科学思维方式和研究方法，在拓展和实践探究阶段让学生阅读相关科普文章，甚至结合理科课程学习，做一些科普知识的罗列和整理。尽量加强作业设计的程序性，明确各环节的质量标准，作业设计时尽量做到分阶段、分层次、分对象设计。

（二）建构作业内容

在设计作业的时候，我们必须以单元目标为中心，紧扣核心知识，夯实内化学习内容。因此，设计的作业内容应具备基础性与整体性，同时兼具丰富性与差异性。体型丰富的同时还要注重知识之间的基础、续动和升维关系。以下为《自然选择的证明》自主作业设计内容。

1. 依次填入下面一段文字横线处的语句，衔接最恰当的一项是（　　）

我们探索宇宙的时候，________。________，________。________，________。________，它有典雅的事实，错综的关系，微妙的机制。

① 没有想象，我们就到处碰壁

② 还可以检验我们的推测

③ 怀疑可以使我们摆脱幻想

④ 想象经常能够把我们带领到崭新的境界

⑤ 既要勇于怀疑，又要富于想象

⑥ 宇宙神秘非常

A. ⑥②③④①⑤　　　　B. ⑥③②④①⑤

C. ⑤④①③②⑥　　　　D. ⑤④②①③⑥

此题主要考查文段主要阐明的内容：我们探索宇宙的时候，既要勇于怀疑，又要富于想象。可以帮助学生理解主要内容，感受论著中所体现的理性而浪漫的科学精神。

2. 下列各项对语句所用修辞手法及效果的分析，不正确的一项是（　　）

A. 我们心情激动，感叹不已，如同回忆起许久以前的一次悬崖失足那样令人晕眩战栗。我们知道我们在探索最深奥的秘密。（这个句子运用比喻的修辞手法，自然真诚，犹如面对面谈心，给人以亲切感，具有启发性和诱导性）

B. 其中有些是孤独的徘徊者，大部分则群集在一起，挤作一团，在大宇宙的黑夜里不停地飘荡。（这个句子运用了拟人的修辞手法，形象、贴切，能让读者更深刻地想象这些星系的存在状态）

C. 但是从远处着眼，星系更多地使人想起一堆动人的发现物——贝壳，或许是珊瑚——大自然在宇宙的汪洋里创造的永恒的产物。（这句话运用了比喻的修辞手法，用“贝壳”“珊瑚”来比喻“星系”，更能激发读者的想象以及探索宇宙的欲望）

D. 人类有幸来到地球这个行星上。这里有充满氧气的蓝天，有碧波荡漾的海洋，有凉爽的森林，还有柔软的草地。这无疑是一个生机勃勃的星球。（运用排比句，增强语势，描绘了地球的美丽，表达了对地球的热爱、赞美之情）

3. 下列几句分别运用的说明方法，对应正确的一项是（　　）

（1）梦想你们也在设计其他的异想天开的技术，例如物质——反物质发动机（一种能将在空间广泛分布的氢原子聚集和集中起来用作核燃料的新发明）。

（2）我们现在所用的化学推进火箭不能提供完成远程飞行所需的推力。

（3）光年是光在真空中传播一年的距离，约为5. 9万亿英里。

（4）岩石从高层建筑物上落下时，1秒钟后速度达到32英尺每秒，2秒钟后为64英尺每秒，3秒钟后为96英尺每秒，依此类推每秒钟增加32英尺。

A. 举例子、作比较、列数字、分类别

B. 举例子、作比较、下定义、列数字

C. 下定义、分类别、列数字、作比较

D. 下定义、分类别、作比较、列数字

这两题旨在通过对修辞手法的及效果的分析和说明方法来考查学生对科普文修辞和说明方法的理解与分析能力，以达到体会自然科学论著的表达方式和语言特点的目的。

4. 下面是自然选择过程的图示框架，请根据图示分点概括自然选择过程。要求内容完整，语言简洁、准确。

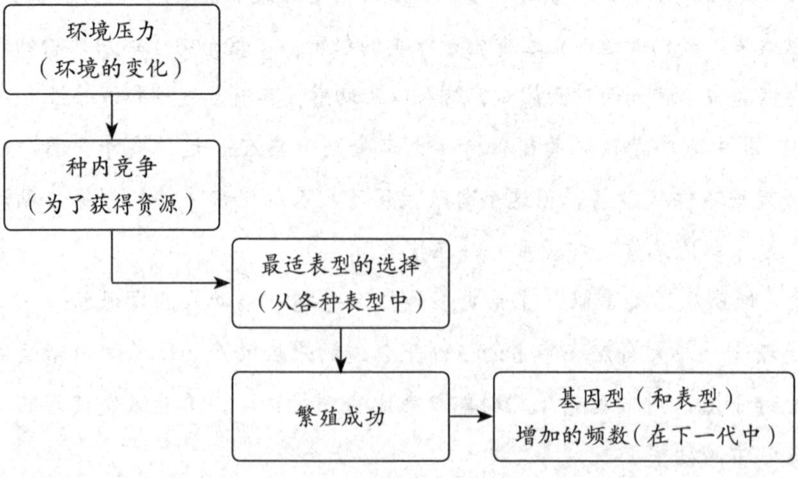

图2

5. 古人在研究宇宙结构时秉持的原则有哪些？透过“浑盖之争”，我们可以感受到一种怎样的科学传统？请结合材料内容简要概括。

6. 《天文学上的旷世之争》，在学生研究层面，本文体现出跨学科和哲学思辨的特点，试结合文本进行分析。

此三题考查学生图文转化能力及对文章内容的理解和概括的能力，有些答案呈现出跨学科的基本特点。作为科学研究，文章涉及天文学研究的基本概念和天文学研究的方法理论；作为史学研究，本文运用史学研究方法，体现了史学比较、联系，由表象探究规律的方法特征。有些答案表现出哲学思辨的特点。本文既对史料进行搜集和梳理，还原历史面貌，又以史料中体现的科学思维和科学方法为评价重点，重在发掘观念、思想的内在联系。如作者对这场论争进行了哲学思考，并肯定其学术意义。

7. 结合其他学科的学习，选择一个有兴趣的课题，或者从“中国古代科学发展”“人类认识宇宙的过程”“进化论简史”等角度作为研究课题，做拓展阅读和研习。

（1）选择与自己的研习课题有关的自然科学著作或科技论文，认真阅读后，撰写一份读书报告。注意正确的格式，并尽量用科学严谨的语言组织材料。

（2）文章写完后，在相关学科教师的帮助下进行修改，并与同学交流成果。

此项作业是为了触发学生的科学精神，激发学生探索科学的兴趣。不但能采取合理的阅读策略对自然科学著作或论文进行阅读和理解，充分体会其思维和表达方式上的特点，还能初步形成尊重学术规范的意识，学习小论文的撰写，并为学生培养在与同学的交流中为自己的科研成果或论文进行解释的能力提供了很好的平台。

（三）确定作业形式

为了调动学生完成作业的兴趣，教师要制定契合学情、内容和目标的自主作业，以助学生高质量高效高兴地完成。

布置作业的时候，尽量根据学生学习特点、课堂学习内容、学习方式、学习基础等确定作业形式。

作业形式包括赏析、阅读、图表、模仿、写作、陈述、辩论、实践、探究等。选必下第四单元，可以抓住学生对最新科学知识的浓厚兴趣，让学生在网上搜索最新科技前沿知识，与同学参与讨论。还可以组织学生选择自己感兴趣的课题研习一本自然科学著作或者科技小论文，尝试撰写读书报告。有条件还可以安排观看科学纪录片或科幻影视作品作为补充材料，以培养学生热爱科学，崇尚科学，探索科学的精神。让学生在文字叙述的基础上，学会穿插运用图片、图表、视频等，使抽象难懂的科学知识更生动形象，直观明了地被理解。

三、关于自主作业设计实践过程中的反思

第一，统编版高中语文教材跟旧教材形式上最大的不同是基本没有课后题，这就导致没有课后作业和针对性的学习支架，所有作业需要教师自行设计，这一安排给一线教师的作业设计带来非常大的自由度，同时也带来极大的挑战性。让普通教师设计出与新课标理念对标、与新教材特点和课程内容贴合的作业是具有一定难度的，特别是自然科学论著的学习，需要跨学科融合，更是在主观和客观上加大了作业设计的难度。如果自主作业设计质量不能保证，那么语文课程的教学效果必将大打折扣。同时还可能导致一个令人担忧的后果：一线教师只能退而求其次选用一些应试式的，或者是与旧理念、老教材更贴近的作业作为学生的习题，甚至重蹈覆辙，导致学、教、练不一致。

第二，在作业设计方面还存在各种问题。

在作业设计理念方面，很多教师的观念还没有及时全面更新，学生“学习中心”理念在作业设计上不能保证得到充分体现。教师仍需要用新课标精神来武装头脑，进一步更新作业设计观念。

在作业功能方面，功能较为传统和单一，很多教师在对待自然科学论著研习时，基本上等同于传统说明文的作业设计，作业仍主要体现为对课堂知识的熟练化巩固，这当然也需要但不能成为唯一的形式，目前更需要的是高质量的综合性、拓展性、探究性作业，而这类作业明显偏少。

在作业类型方面，评价方式欠灵活，像辩论赛、交流分享会、时事点评、PPT答辩、书面批阅等方式开展生生评价和自我评价较少，作业仍以书面作业

为主，类型单一，表现性、活动性、实践性和项目式等类型的作业较少。

总之，统编版高中语文必修教材作业的自主科学设计是个值得探索并亟须解决的课程领域，任重而道远，需要广大教师及时更新观念，把握教材和课标，要将教材烂熟于心，对教学目标有整体观和全局观，这样作业设计才能得心应手、有理有据。

后记

历时两年，从动心起念到付诸行动，从问卷设计到调查落实，从数据分析到聚焦问题，从具体教学到反思现实，从案例撰写到结集出版，这中间有太多的困惑，也有太多的感动。

正如连中国老师为本书所作的序言中所说，各省、市使用统编版高中语文教材教学已经完成了一个循环。在使用这一教材的过程中，第一轮执教的老师们，在专家的引领下，边探索边实践，边兴奋边埋怨，我们既感受新教材、新教学的新鲜与挑战，又承受新选文、新任务的陌生与艰难。我们面对大单元、任务群、项目化学习等全新的概念，既难以找到明晰的界定，又没有可依循的权威解读；既缺少自身可依凭的实践经验，也没有他人可模仿的规范样式。在困惑中，渴盼专家的指引；在迷惘中，摸索着前行。好在我们在实践过程中得到了蔡可老师、连中国老师、陈兴才老师、徐志伟老师、陈鲁峰老师、褚树荣老师、郭吉成老师、程继伍老师等的悉心指导，他们不仅为我们廓清了概念的迷雾，还指导我们教学的实践；不仅为我们设计了作业的样式，还为我们阐明了设计的价值。他们带给我们太多的感动，在此，我代表省、市两级工作室的成员们表示深深的感谢！

这本《指向核心素养的高中语文作业设计》是在完成了统编版高中语文项目化学习设计的基础上工作室的又一成果，也是在完成省教研重点课题的过程中成员们研究成果的物化。

在近两年时间的研究中，我们将调查问卷中的问题一一加以梳理；在梳理的过程中将存在的问题按主次轻重一一加以排列；在排列时，我们又将需要引起重视并且要急于改变和重点解决的问题做了归类。在设计作业时，我们把核心素养当作出发点和归结点，既指向语文学科的核心素养，又指向当下教学中的实际问题，尝试着尽量去回应问题，并以具体的设计及可行的实践去回答问题，如连中国老师在序言中所说的一样，我们的作业设计体现了基础性、科学性、适切性、激励性、创新性、实效性和可操作性，发挥了语文课程的“独特功能”。在当下强调教考一体、课内外关联的背景下，我们的教师将语文教材中的任务设计，与学生实情和高考实际做了整合与梳理，以教带考，以考促教，既着眼于学生整体的核心素养提升，又着手于学生高考关键能力的培养。成员们求真务实、执着努力的态度让我感动，而且他们都承担着学校繁重的教学任务，有的甚至是学校的领导。

当然，尽管我们走过了三年一轮的新教材教学，但我们仍然有许多的困惑没有澄清，我们的实践也只是在困惑中的一种探索，书中的作业设计或许还很稚嫩，有的可能还有不妥，敬请读者批评指正，但我们相信这本书对于一线高中教师有一定的实用价值，而且我们不会止步不前，我们会像连中国老师期望我们的一样：不畏蹭蹬再出发，跬躞之积致千里。

衷心感谢一直以来支持工作室工作的相关单位和个人，衷心感谢连中国老师为本书作精当的序言，当然也感谢我们自己不畏艰难的努力探索。

项香女

2023年6月6日